백장어록

백장어록

초판 1쇄 발행일 2016년 9월 24일
　　　2쇄 발행일 2024년 6월 1일

지은이 김태완

펴낸이 김윤
펴낸곳 침묵의 향기
출판등록 2000년 8월 30일, 제1-2836호
주소 10401 경기도 고양시 일산동구 무궁화로 8-28, 삼성메르헨하우스 913호
전화 031) 905-9425
팩스 031) 629-5429
전자우편 chimmukbooks@naver.com
블로그 http://blog.naver.com/chimmukbooks

ISBN 978-89-89590-61-3 03220

백장어록

김태완 역주

침묵의 향기

머리말

약산(藥山)이 어떤 승려에게 물었다.

"최근 어디에서 떠나왔는가?"

그 승려가 답했다.

"백장(百丈)에서 떠나왔습니다."

약산이 말했다.

"백장 스님은 하루 종일 대중에게 무슨 법을 말씀하시는가?"

그 승려가 말했다.

"'분별심 밖에서 깨달아라.' 하기도 하고, '모든 생각을 벗어나라.' 하기도 하고, '아직 현묘한 마음거울을 얻지 못한 자는 먼저 불이중도의 가르침에 의지하여야 가까이 다가갈 것이다.' 하기도 합니다."

약산이 말했다.

"삼천리 밖으로 벗어났으니 전혀 상관이 없다."

약산이 다시 물었다.

"또 무슨 말씀이 있던가?"

그 승려가 답했다.

"어떤 때에는 설법이 끝나 대중이 법당을 내려올 때에 백장 스님은 대중을 부르고서 대중이 머리를 돌리면 이렇게 말합니다. '뭐냐?'"

약산이 말했다.

"백장 스님이 있다는 것을 왜 일찍 말하지 않았느냐? 그대로 말미암아 백장 스님을 알아보았다."[1]

방편의 말만 지껄이면 죽은 선(禪)이다.

잠자는 사람을 흔들어 깨워야 살아 있는 선이다.

선이 무엇인지 묻는다면

벌써 삼천리 밖으로 벗어났다.

선이 무엇인지 묻지 않는다면

본래 삼천리 밖의 사람이다.

그러면 대체 어쩌란 말이냐?

맑은 하늘에 햇살이 따가우니

오월인데 벌써 여름이로구나.

2016년 부산 해운대

무심선원 김태완

---

1) 『조당집(祖堂集)』 제4권.

::일러두기

1. 원저자 소개

백장회해 (百丈懷海; 749년-814년)

중국 복건성(福建省) 복주(福州) 장락(長樂) 출신이고, 성(姓)은 왕(王)씨다.

법명(法名)은 회해(懷海)이고, 대지(大智)·각조(覺照)·홍종묘행(弘宗妙行) 등의 시호(諡號)가 있으며, 일반적으로는 '백장선사(百丈禪師)'라고 불린다.

20세에 서산혜조(西山慧照)에게 출가하였고, 남악(南岳)의 법조(法朝) 율사(律師)에게서 구족계(具足戒)를 받고, 안휘성(安徽省) 여강(廬江)에서 대장경(大藏經)을 열람하였다.

그 뒤 선종(禪宗)의 마조도일(馬祖道一) 선사(禪師)를 찾아가 그의 지도로 깨닫고서 마조의 법을 계승하였다.

선종(禪宗)의 계보로 보면 육조혜능(六祖慧能; 638-713) → 남악회양(南嶽懷襄; 677-744) → 마조도일(馬祖道一; 709-788)로 이어지는 남악(南嶽)의 문하이다.

회해(懷海)에게 귀의한 사방의 승려와 속인들어 상의하여 강서성(江西省) 홍주(洪州) 봉신현(奉新縣)의 대웅산(大雄山)에 사찰을 건립하였는데, 이 산에 솟아 있는 바위가 매우 높아 백장(百丈)이나 된다고 하여 백장산(百丈山)이라고도 불렀다. 그리하여 백장산(百丈山) 대지수성선사(大智壽聖禪寺)에서 회해는 개조(開祖)가 되었고, 여기에서 선풍(禪風)을 크게 고취시켰다.

백장이 건립한 대지수성선사는 선원(禪院)으로서는 최초의 사찰이다.

중국에 조사선(祖師禪)이 보리달마(菩提達磨)에 의하여 6세기경에 전해지고 7세기 말에서 8세기 초에 걸쳐서 육조혜능(六祖慧能; 638-713)이 크게 부흥시켰지만, 여전히 기존의 종단에 비하여 아직 교단으로서 본격적으로 자리를 잡지 못하여 선승(禪僧)들은 대부분 율사(律寺)에 의탁하여 생활하고 있었다.

이에 백장은 선종(禪宗)에 알맞은 청규(淸規)를 새로 정하고, 그에 따라 기존의 교종(敎宗) 사찰과는 다른 형식의 선원(禪院)을 개창한 것이다.

그로부터 중국의 선종은 본격적으로 교단을 세우고 그에 걸맞은 생활을 하게 되었으며 선이 더욱 널리 유행하는 계기가 되었다.

당(唐) 원화(元和) 9년[2](서기 814년)에 입적(入寂)하였으니, 세수 66세였다.

백장은 문하에 위산영우(潙山靈祐), 황벽희운(黃檗希運), 서원대안(西院大安), 열반대의(涅槃大義) 등의 제자를 배출하였는데, 위산영우는 위

---

2) 원화(元和)는 당(唐) 11대 임금인 헌종(憲宗)의 연호. 원화 9년은 서기 814년임.

앙종(潙仰宗)의 개조(開祖)가 되었고 황벽희운은 임제종의 개조인 임제의현(臨濟義玄)을 배출하여 중국 선종의 가장 큰 맥을 형성하였다.

백장의 행적(行蹟)에 관한 기록은 다음의 문헌들에 남아 있다.

『전당문(全唐文)』 제446권 탑명(塔銘). 818년 작성.

『조당집(祖堂集)』 제14권. 952년 편찬.

『송고승전(宋高僧傳)』 제10권. 988년 편찬.

『경덕전등록(景德傳燈錄)』 제6권. 1004년 편찬.

『천성광등록(天聖廣燈錄)』 제8,9권. 1036년 편찬.

『건중정국속등록(建中靖國續燈錄)』 제1권. 1101년 편찬.

『연등회요(聯燈會要)』 제4권. 1183년 편찬.

『오등회원(五燈會元)』 제3권. 1252년 편찬.

『불조역대통재(佛祖歷代通載)』 제15권. 1333년 편찬.

『석씨계고략(釋氏稽古略)』 제3권. 1354년 편찬.

2. 번역 판본 소개

백장어록(百丈語錄)은 백장 사후 4년 뒤인 818년에 쓰여진 탑명(塔銘)[3]에 의하면, 백장의 문인(門人)인 신행(神行)과 범운(梵雲)이 애초에 모으고 기록하였다고 한다. 여기에서 번역에 사용한 판본은『만신찬속장경(卍新纂續藏經)』제78책에 No. 1553으로 실린『천성광등록(天聖廣燈錄)』제8권「홍주백장산대지선사(洪州百丈山大智禪師)」와 제9권「홍주대웅산회해선사(洪州大雄山百丈懷海禪師)」이다.『천성광등록』은 1036년에 편찬된 것이다. 부록에『탑명(塔銘)』(818년),『조당집(祖堂集)』(952년),『송고승전(宋高僧傳)』(988년),『경덕전등록(景德傳燈錄)』(1004년),『사가어록(四家語錄)』(1066년) 등에 기재된 백장회해에 관한 기록들을 번역하여 참고로 소개하였다. 단,『천성광등록』의 기록과 동일한 기록은 본문의 번역에서 각주로 소개하고 부록에선 제외하였다.

---

3) 이 탑명(塔銘)은『전당문(全唐文)』에 실려 있는 것인데, 이 책 부록에 번역하여 첨부하였다.

3. 번역에 참고한 사전류

(1) 『당오대어언사전(唐五代語言詞典)』 강람생(江藍生), 조광순(曹廣順) 편저. 상해교육출판사(上海敎育出版社). 1997년.

(2) 『송어언사전(宋語言詞典)』 원빈(袁賓) 등 4인 편저. 상해교육출판사. 1997년.

(3) 『중한대사전(中韓大辭典)』 고대민족문화연구소 중국어대사전편찬실 편. 고려대학교민족문화연구소. 1995년.

(4) 『한한대사전(漢韓大辭典)』 단국대학교 동양학연구소 편찬. 단국대학교출판부. 2000-2008년.

(5) 『한어대사전(漢語大詞典)』 한어대사전편집위원회 편찬. 상해(上海) 한어대사전출판사. 1994-2001년.

(6) 『신판선학대사전(新版禪學大辭典)』 구택대학(駒澤大學) 선학대사전편찬소 편. 동경(東京) 대수관서점(大修館書店). 1985년.

(7) 『불교대사전(佛敎大辭典)』 길상(吉祥) 편. 서울 홍법원(弘法院). 1998년.

(8) 『가산불교대사림(伽山佛敎大辭林)』 지관(智冠) 편저. 서울 가산불교문화연구원. 1998년-2014년.

(9) 『선어사전(禪語辭典)』 고하영언(古賀英彦) 편저. 경도(京都) 사문각출판(思文閣出版). 1991년.

(10) 『선종사전(禪宗詞典)』 원빈(袁賓) 편저. 호북인민출판사(湖北人民出

版社). 1994년.

(11) 『송원어록사전(宋元語錄辭典)』 용잠암(龍潛庵) 편저. 1985년.

(12) 『주해어록총람(註解語錄總覽)』 이동술 편집. 서울 여강출판사.
1992년.

(13) 『중국고금지명대사전(中國古今地名大辭典)』 사수창(謝壽昌) 외 6인
편집. 대북(台北) 대만상무인서관(臺灣商務印書館). 1983년.

(14) 『조정사원(祖庭事苑)』 목암선경(睦庵善卿) 편(編). 1108년.

4. 번역 소개

백장어록(百丈語錄)은 1989년에 도서출판 장경각(藏經閣)에서 선림고
경총서(禪林古鏡叢書) 제11권 『마조록·백장록』으로 처음 한글로 번역
되어 출간되었다. 그러나 이 책은 주석도 달려 있지 않고 번역의 정밀
도도 신뢰하기 어려운 수준이어서 백장어록의 진면목을 제대로 살펴
보기에는 어려움이 있었다.

역자는 2013년 11월부터 매주 수요일 법회를 백장어록을 가지고 행
하면서 조금씩 번역하여 2015년 9월에 드디어 번역을 완료하였다. 긴
시간을 두고 천천히 번역을 진행하면서 각종 관련 사전류를 참고하고
인용문은 그 원전을 모두 확인하여 한 글자 한 구절도 이해되지 않는

것이 없도록 꼼꼼하고 정밀하게 번역하여 백장 선사의 가르침의 진면목을 맛볼 수 있도록 하였다고 자부한다. 그렇더라도 착오가 없을 수는 없으므로 독자 가운데 혹시 잘못된 부분을 발견하선 분이 계시면 알려주시기 바란다.

번역문은 가능한 한 쉬운 현대 우리말을 사용하려고 하였다. 그러나 선어록(禪語錄)에는 불교경전에 등장하는 불교용어들과 또 중국 당대(唐代) 선종에서 사용하였던 고유한 용어들이 많이 등장하는데, 이들 용어들은 우리말로 번역하기가 어려우므로 그 용어의 의미는 각주에서 자세히 해설하였다. 편집은 번역문을 앞에 놓고 원문을 뒤에 놓는 형식으로 하고, 역자가 임의로 내용에 따라 문단을 나누고 차례를 매기고 알맞은 제목을 붙여 읽기에 편하도록 하였다.

교정은 강경희 보살과 윤상일 거사가 수고해 주셨다. 어려운 형편에도 마음공부 관련 서적을 꾸준히 출판하고 계신 도서출판 침묵의 향기 김윤 사장님께 다시 한 번 감사드린다.

:: 목차

제2부 : 법어

부록

『천성광등록』제8권

홍주 백장산 대지선사

天聖廣燈錄卷第八

洪州百丈山大智禪師

1. 마조의 입실제자

스님의 이름은 회해(懷海)이며, 복주(福州)의 장락(長樂) 사람이고, 속
성(俗姓)은 왕(王) 씨[4]이다. 어린 나이[5]에 출가하여 계정혜(戒定慧) 삼학
(三學)을 모두 익혔다. 마조(馬祖)[6]가 강서(江西)에서 교화를 펼침[7]을 보

---

4) 『조당집』에서는 황(黃) 씨라 하였다. 『사가어록』에서는 왕(王) 씨라 되어 있다.

5) 관세(丱歲) : 어린 나이. 관(丱)은 어린아이의 총각머리를 뜻함.

6) 마조도일(馬祖道一) : 709~788. 당대(唐代) 선승. 남악회양(南嶽懷讓)의 법제자. 신라승
   무상(無相)에게서도 공부하였다. 성은 마(馬) 씨. 한주(漢州; 사천성(四川省)) 시방(什邡)
   사람. 용모가 기이하여 소처럼 걷고 호랑이처럼 노려보며 혀가 길고 발에 두 개의 바퀴무
   늬가 있었다 한다. 어려서 여러 학문을 공부하였고, 근처 나한사(羅漢寺)의 자주처적(資
   州處寂)에게 출가하였다. 뒤에 남악(南嶽)에서 육조(六祖)의 제자 회양(懷讓)의 깨우침에
   의하여 깨달음을 얻었다. 천보(天寶) 원년(742) 건양(建陽) 불적암(佛蹟巖)에서 개법(開
   法)한 후 대력(大曆) 4년(769)에는 종릉(鐘陵; 강서성(江西省)) 개원사(開元寺)에 머물며
   종풍(宗風)을 드날렸다. 만년에 늑담(泐潭; 정안현(靖安縣)) 석문산(石門山) 보봉사(寶峰
   寺)에 머물다가 정원(貞元) 4년 2월 입적하였다. 세수 80세. 문인 권덕여(權德輿)가 '탑명
   병서(塔銘幷序)'를 짓고 석문산에 탑(塔)을 세웠다. 시호는 대적선사(大寂禪師; 헌종), 조
   인(祖印; 송(宋) 휘종)이라 했다. 그의 가풍은 '평상심시도(平常心是道)', '즉심시불(卽心是
   佛)'을 표방하는 대기대용(大機大用)이었다. 당시 사람들이 강서마조(江西馬祖)와 호남석
   두(湖南石頭)를 선계(禪界)의 쌍벽이라 하였다. 문하에 백장회해(百丈懷海), 서당지장(西
   堂智藏), 남전보원(南泉普願), 염관제안(塩官齊安), 대매법상(大梅法常) 등 뛰어난 종장
   (宗匠)들이 많다. 설법과 문답을 모은 『마조어록(馬祖語錄)』이 남아 있다.

7) 천화(闡化) : 법석(法席)을 열어 널리 교화하다.

8) 속(屬) : 만나다. 마주치다.

9) 경심(傾心) : ①마음을 기울이다. 사모하다. 마음에 꼭 들다. ②마음속을 털어놓다. 성심
   을 다하다.

고서[8] 마음에 꼭 들어[9], 마조를 의지하여 따랐다. 서당지장(西堂智藏),[10] 남전보원(南泉普願)[11]과 더불어 마조에게 입실(入室)[12]한 세 보살[13]이라고 불린다.[14]

---

10) 서당지장(西堂智藏) : 735-814. 당대(唐代) 선승. 서당(西堂)은 머물렀던 곳의 지명. 속성은 요(廖) 씨. 마조도일의 문하에서 공부하여 마조의 법을 이었다. 건주(虔州)의 서당(西堂)에 머물면서 마조의 종풍(宗風)을 널리 선양하였다. 시호는 대각선사(大覺禪師). 신라말에 명적도의(明寂道義)와 체공혜철(體空惠哲)이 그의 문하에서 공부하여 그의 법을 받아 왔다.

11) 남전보원(南泉普願) : 748-834. 마조도일(馬祖道一)의 법제자. 속성이 왕(王) 씨여서 흔히 '왕노사(王老師)'라고도 한다. 정주(鄭州, 하남성) 신정(新鄭) 사람. 지덕(至德) 2년(757) 부모에게 원하여 밀현(密縣, 하남성) 대외산(大隈山)의 대혜(大慧)에게 수업을 받았다. 대력(大曆) 12년(777) 30세 때에 숭악(嵩嶽, 하남성) 회선사(會善寺)의 호율사(暠律師)에게 구족계를 받았다. 처음에는 성상(性相)의 학을 닦고, 뒤이어 삼론(三論) 등을 배웠지만 현기(玄機)는 경론(經論)의 밖에 있다는 뜻을 깨닫고, 뒤이어 마조도일을 찾아가 가르침을 받고 그의 법을 이었다. 정원(貞元) 11년(795) 지양(池陽, 안휘성) 남전산(南泉山)에 머물렀고, 선원(禪院)을 짓고, 사립(蓑笠: 도롱이와 삿갓)을 씌운 소를 기르고 산에 들어가서 나무를 자르고 밭을 경작하면서도 선도(禪道)를 고취하고 스스로 왕노사(王老師)라 칭하면서 30년 동안 산을 내려오는 일이 없었다. 태화(太和: 827-835) 초에 지양의 전 태수인 육긍(陸亘)이 남전을 찾아뵙고 스승의 예를 취하였다. 조주종심(趙州從諗), 장사경잠(長沙景岑), 자호이종(子湖利蹤) 등 많은 제자를 교화하였다. 태화 8년 10월 21일 병이 들어 동년 12월 25일 시적(示寂)하였다. 세수 87세이고 법랍(法臘)은 58세였다. 태화 9년 전신(全身)을 탑에 넣었다.

12) 입실(入室) : 학인이 방장이나 조실의 방에 들어가 공부를 점검받는 것. 입실제자(入室弟子)란 입실하여 지도 받고서 선지(禪旨)에 눈뜬 제자란 말이다.

13) 대사(大士) : 마하살(摩訶薩)의 번역. 보살(菩薩)과 같은 뜻.

14) 『사가어록』은 여기의 기록처럼 셋을 마조 문하에서 두각을 드러낸 대사(大士)라고 하였으나, 『조당집』에는 이런 내용이 없고, 『전등록』에서는 서당지장과 백장회해가 두 대사(大士)로서 두각을 드러냈다고 기록하였다.

師諱懷海, 福州長樂人也, 俗姓王. 丱歲離塵, 三學該練. 屬大寂闡化江西, 乃傾心依

附. 與西堂智藏, 南泉普願, 同號入室三大士焉.

2. 선(禪)은 바다로

　어느날 저녁 세 사람이 마조를 모시고 달구경을 할 때에 마조가 물었다.

　"바로 이러한[15] 때에는[16] 어떠냐?"

　서당이 말했다.

　"공양(供養)하기에 딱 좋습니다."

　백장이 말했다.

　"수행하기에 딱 좋습니다."

　남전은 소매를 털고서 곧 가 버렸다. 마조가 말했다.

　"경(經)은 장(藏)[17]으로 들어가고, 선(禪)은 바다[18]로 돌아가는데, 오직 보원만이 홀로 사물 밖으로 벗어났구나."[19]

一夕三大士隨侍馬祖翫月次, 祖問: "正當與麼時如何?" 西堂云: "正好供養." 師云: "正好修行." 南泉拂袖便去. 祖云: "經入藏, 禪歸海, 唯有普願獨超物外."

---

15)　여마(與麼) : 임마(恁麼)라고도 쓴다. 문어(文語)의 여시(如是), 여차(如此)와 같은 뜻이다.

16)　정당(正當) : 마침 −한 때에 이르러. 바야흐로 −한 때에 즈음하여.

17)　서당지장(西堂智藏)을 가리킴.

18)　백장회해(百丈懷海)를 가리킴.

19)　『조당집』과 『사가어록』에는 이런 기록이 없고, 『전등록』에는 백장과 서당 두 사람만 등장한다.

3. 물오리의 소식

어느 날 마조를 모시고 길을 갈 때에 물오리[20]의 소리가 들리자 마조가 물었다.

"무슨 소리냐?"

백장이 말했다.

"물오리 소리입니다."

잠시 말없이 있다가 마조가 말했다.

"아까 그 소리는 어디로 갔느냐?"

백장이 말했다.

"날아가 버렸습니다."

마조가 머리를 돌려 백장의 코를 잡자 백장은 아파서 소리를 질렀다. 마조가 말했다.

"날아가 버렸다고 다시 말해라."

백장은 그 말을 듣고서[21] 깨달음이 있었다.[22]

---

20) 야압(野鴨) : 물오리. =수압(水鴨).

21) 언하(言下) : ①말하는 사이에. ②바로 그 자리에서. 즉시. ③말을 들으며. 말을 듣고서.

22) 『조당집(祖堂集)』 제15권 '오설화상(五洩和尙)'에 기록된 다음 이야기에 의하면 이 이야기는 마조(馬祖)의 제자인 백장유정(百丈惟政) 선사(禪師)의 일화이다 : 어느 날 마조 대사가 대중을 이끌고 외출하여 서쪽 담장 아래를 지나갈 때에 문득 물오리가 날아갔다. 마조 대사가 주위 사람들에게 물었다. "무엇이냐?" 정상좌(政上座)가 말했다. "물오리입니다." 마조가 말했다. "어디로 갔느냐?" 정상좌가 답했다. "날아갔습니다." 마조가 정상좌

一日隨侍馬祖路行次, 聞野鴨聲. 祖云: "什麼聲?" 師云: "野鴨聲." 良久, 祖云: "適來聲
向什麼處去?" 師云: "飛過去." 祖迴頭, 將師鼻便扭, 師作痛聲. 祖云: "又道飛過去." 師
於言下有省.

의 귀를 잡아당기자 정상좌는 아파서 소리를 질렀다. 마조가 말했다. "여전히 여기에 있는
데, 어찌 날아갔단 말이냐?" 정상좌는 문득 크게 깨달았다. 이 일 때문에 오설화상은 기분
이 좋지 않아서 곧 마조에게 말했다. "저는 과거 보러 가는 것을 포기하고 스님을 의지하
여 출가하였는데, 오늘도 이러한 소식이 전혀 없습니다. 아까 정상좌에게 이런 일이 일어
났으니, 이 기회에 스님께서 자비를 베풀어 저에게도 가리켜 주십시오." 마조가 말했다.
"출가하는 일에서는 내가 그대의 스승이지만, 깨닫는 일에서는 그대의 스승은 다른 사람
이다. 그대가 내 곁에 아무리 있어도 깨달음을 얻지는 못할 것이다." 오설화상이 말했다.
"그렇다면 저의 스승이 될 만한 분을 가리켜 주십시오." 마조가 말했다. "여기에서 700리
떨어진 곳에 남악석두(南岳石頭)라고 불리는 선사(禪師)가 있다. 그대가 그곳으로 간다
면 반드시 얻는 것이 있을 것이다." 오설화상은 곧 마조를 작별하고 길을 떠났다.(有一日
大師領大衆出, 西墻下遊行次, 忽然野鴨子飛過去. 大師問身邊: "什摩物?" 政上座云: "野鴨子." 大
師云: "什摩處去?" 對云: "飛過去." 大師把政上座耳拽, 上座作忍痛聲. 大師云: "猶在這裏, 何曾飛
過?" 政上座豁然大悟. 因此師無好氣, 便向大師說: "某甲抛却這个業次, 投大師出家, 今日並無个
動情. 適來政上座有如是次第, 乞大師慈悲指示." 大師云: "若是出家, 師則老僧, 若是發明, 師則
別人. 是你驢年在我這裏也不得." 師云: "若与摩則乞和尙指示个宗師." 大師云: "此去七百里, 有
一禪師呼爲南岳石頭. 汝若到彼中, 必有來由." 師便辭.) 『조당집』에서 백장회해가 마조에게 법
을 얻은 이야기는 "스님이 된 이후에는 상승(上乘)을 흠모하여 곧장 마조의 회상을 찾아
갔는데, 마조는 백장을 한 번 보고서 입실(入室)하게 하였다. 백장은 현묘한 종지에 남몰
래 계합하고서 다시는 다른 곳으로 가지 않았다."(自後爲僧, 志慕上乘, 直造大寂法會, 大寂
一見延之入室. 師密契玄關, 更無他往.)라고 짧게 언급되어 있을 뿐이다. 『연등회요』, 『사가
어록』, 『오등회원』은 모두 『천성광등록』의 기록과 동일하게 마조가 백장회해(百丈懷海)의
코를 잡아당겨서 백장이 깨달은 일화라고 기록하고 있다. 『경덕전등록』에는 백장회해가
깨달은 일화가 실려 있지 않다.

4. 대자리를 말다

다음 날 마조가 법당(法堂)[23]에 올라서 법좌(法座)[24]에 앉자마자 백장이 앞으로 나와 대자리를 말아 버렸다. 마조는 곧 법좌에서 내려왔는데, 백장은 마조를 따라 방장(方丈)[25]에 이르렀다. 마조가 물었다.

"아까 공부에 관한 이야기[26]를 하려고[27] 하였는데, 그대는 무엇 때문에 대자리를 말았는가?"

백장이 말했다.

"제 코가 아팠기 때문입니다."

마조가 말했다.

---

23) 법당(法堂) : 법(法)을 드러내어 전해 주는 집이라는 뜻으로, 불상(佛像)을 모신 불전(佛殿)과는 대비되는 말이다. 조실(祖室)이나 방장(方丈) 등 사찰의 지도자가 대중을 위하여 법(法)을 말하는 장소이다. 본래 중국의 선종 사찰에서는 앞쪽에 불전을 뒤쪽에 법당을 배치하여, 불전에서는 불상 앞에서 행하는 사찰의 여러 가지 법식(法式)을 행하고, 법당에서는 주로 설법(說法)을 하여 이심전심(以心傳心)의 장소로 삼았다.

24) 법좌(法座) : 선승(禪僧)이나 법사(法師)가 올라앉아 설법(說法)하는 좌석. 설법을 행하는 법당(法堂)에 설치되어 있다.

25) 방장(方丈) : ①4방으로 1장(丈)이 되는 방. 또는 절의 주지가 거처하는 방. 유마 거사가 4방 1장(丈; 10척. 약3미터) 되는 방에 3만 2천 사자좌(師子座)를 벌려 놓았다는 말에서 비롯됨. ②방장에 있는 사람. 곧 주지(住持)를 일컫는 말. ③총림(叢林)의 최고 어른을 일컫는 말.

26) 인연(因緣) : 학인의 깨달음에 원인이 될 수 있는 부처나 조사의 언행, 일화. 기연(機緣)과 같은 말.

27) 거전(擧轉) : (어떤 이야기를) 말하여 다루다. (어떤 이야기를) 언급하여 취급하다.

"그대는 어디에 갔다 왔느냐?"

백장이 말했다.

"어제는 우연히 나갔다 오느라고 모시지[28] 못했습니다."

마조가 "악!" 하고 한번 고함을 지르자, 백장은 곧 나가 버렸다.[29]

---

28) 참수(參隨) : 동행(同行)하다. 뒤따르다.

29) 『전등록』에는 백장이 법석(法席)을 말자 마조가 법당(法堂)에서 내려왔다는 이야기만 기록되어 있고, 『사가어록(四家語錄)』에는 전체 내용이 있으나 다음과 같이 좀 다르게 기록되어 있다 : 시자료(侍者寮)로 돌아와 슬프게 울었다. 동료가 물었다. "그대는 부모가 생각나는가?" 백장이 말했다. "아니다." "남에게 욕을 먹었는가?" "아니다." "통곡은 왜 하는가?" 백장이 말했다. "내 코가 마조 대사에게 붙잡혀 아팠으나 밝게 통하지 못했어." 동료가 말했다. "무슨 까닭이 있어서 계합하지 못했는가?" 백장이 말했다. "그대가 마조 스님께 물어봐." 동료가 마조 대사에게 물었다. "회해(懷海) 시자는 무슨 까닭으로 계합하지 못하고 시자료에서 울고 있습니까? 스님께 여쭤보라고 하였으니, 저에게 말씀해 주십시오." 마조 대사가 말했다. "그가 알고 있으니, 그대 스스로 그에게 물어보라." 동료가 시자료에 돌아와 말했다. "스님은 그대가 안다고 말씀하시고 나더러 그대에게 물어보라고 하셨다." 백장이 "하! 하!" 하고 크게 웃었다. 동료가 말했다. "아까는 울더니 지금은 무슨 까닭에 도리어 웃는가?" 백장이 말했다. "아까는 울었으나, 지금은 웃는다." 동료는 어쩔 줄을 몰랐다. 다음 날 마조는 법당에 올랐는데, 대중이 모이자마자 백장이 앞으로 나아가 법석(法席)을 말아 버렸다. 마조는 곧 법좌(法座)에서 내려와 방장으로 돌아갔는데, 백장이 방장으로 따라가자 마조가 말했다. "내가 아까 아직 설법을 하지도 않았는데, 그대는 무엇 때문에 곧장 법석을 말았는가?" 백장이 말했다. "어제는 스님께 코가 붙잡혀서 아팠습니다." 마조가 말했다. "그대는 어제 어디에다 마음을 두고 있었더냐?" 백장이 말했다. "코가 오늘은 아프지 않습니다." 마조가 말했다. "그대는 어제의 일을 깊이 밝혔구나." 백장은 절을 하고 물러갔다.(卻歸侍者寮, 哀哀大哭. 同事問曰: "汝憶父母邪?" 師曰: "無." 曰: "被人罵邪?" 師曰: "無." 曰: "哭作甚麼?" 師曰: "我鼻孔, 被大師搊, 得痛不徹." 同事曰: "有甚因緣不契?" 師曰: "汝問取和尙去." 同事問大師曰: "海侍者, 有何因緣不契, 在寮中哭? 告和尙爲某甲說." 大師曰: "是伊會也, 汝自問取他." 同事歸寮曰: "和尙道, 汝會也. 令我自問汝." 師乃呵呵大笑. 同事曰: "適來哭, 如今爲甚卻笑?" 師曰: "適來哭, 如今笑." 同事罔然. 次日馬祖陞堂, 衆纔集師出卷

明日, 祖昇堂纔坐, 師出來卷卻簟. 祖便下座, 師隨至方丈. 祖云: "適來要擧轉因緣, 你爲什麼卷卻簟?" 師云: "爲某甲鼻頭痛." 祖云: "你什麼處去來?" 師云: "昨日偶有出入, 不及參隨." 祖喝一喝, 師便出去.

卻席. 祖便下座, 師隨至方丈, 祖曰: "我適來未曾說話, 汝爲甚便卷卻席?" 師曰: "作日被和尙搊, 得鼻頭痛." 祖曰: "汝昨日向甚處留心?" 師曰: "鼻頭今日又不痛也." 祖曰: "汝深明昨日事." 師作禮而退.) 『조당집』과 『전등록』에는 이런 내용이 없다.

5. 침묵이 스승이다

마조는 어느 날 법당에 올랐는데,[30] 대중이 모이자 손으로 불자(拂子)[31]의 손잡이를 세 번 두드리고는 곧장 법좌에서 내려왔다. 백장은 침묵 속에서 깨달은 바가 있어서, 3일 뒤에 마조에게 그 일을 말했다.[32] 마조가 상당하여 대중에게 말했다.

"내가 어찌 근심하겠느냐? 원래[33] 커다란 침묵이 있어서 그대들의

---

30) 상당(上堂) : 법당에 들어가서 설법하다. 또는 법상(法床)이나 법좌(法座)에 오르다는 뜻. 당시 풍습으로는 상당법문 중에 대중은 일어서서 설법을 들었다고 한다.

31) 불자(拂子) : 불자는 수행자가 마음의 티끌·번뇌를 털어 내는 상징적 의미의 법구로 불(拂) 또는 불진(拂塵)이라고도 하며 범어로는 vijana라고 한다. 짐승의 털이나 삼(麻) 등을 묶어서 자루 끝에 맨 것으로 원래는 벌레를 쫓는 데 쓰는 생활용구였다. 생김새는 우리나라의 총채와 비슷하며 인도에서는 일반이 다 사용한다. 『마하승기율』 제6에 관음보살은 왼손에, 보현보살은 오른손에 백불을 잡은 모습으로 그리는 것이 원칙이라고 하였다. 관음보살 40수 중의 하나로서 불자를 지물(持物)로 하는 뜻은 신상의 악한 장애나 환란을 없애기 위함이라고 한다. 우리나라에서는 조사(祖師)의 영정에 백불을 지물로 그리는 경우가 많다. 불자의 자루에는 장식으로 흔히 용의 문양을 새긴다. 중국에서는 특히 선종의 장엄구로서 주지 또는 수좌가 불자를 잡고 법좌에 올라 대중에게 설법을 했다. 이를 병불(秉拂)이라고 한다. 병불의 자격이 있는 사람은 전당수좌(前堂首座)·후당수좌·동장주(東藏主)·서장주·서기(書記)로서 5두수(五頭首)라고 한다. 또 불자는 전법의 증표로 사용되기도 했다.

32) 거사(擧似) : 있었던 일을 그대로 이야기해 주다. 사(似)는 동사의 접미사로서 '–주다(與)'의 뜻을 부가해 주는 어조사. =설사(說似), 거향(擧向), 거념(擧拈).

33) 자유(自有) : 저절로 –이 있다. 자연히 –이 있다. 응당 –이 있다.

스승인 것을."[34]

馬祖一日上堂, 衆集, 以手點拂柄三下, 便下座. 師默有省, 三日後, 擧似祖. 祖上堂, 告
衆曰: "吾何憂矣? 自有大默在, 是汝諸人之師也."

———————
34) 이 내용은 『조당집』, 『전등록』, 『사가어록』에서는 발견되지 않는다.

6. 나의 허물

마조가 어느 날 백장에게 물었다.

"어디에서 오느냐?"

백장이 말했다.

"산 뒤쪽에서 옵니다."

마조가 말했다.

"한 사람을 만났느냐?"[35]

백장이 말했다.

"만나지 못했습니다."

마조가 말했다.

"무엇 때문에 만나지 못했느냐?"

백장이 말했다.

"만약 만났더라면, 스님께 그대로 말씀드렸을 것입니다."

마조가 말했다.

"어디에서 이런[36] 소식을 얻었느냐?"

백장이 말했다.

"저의 허물입니다."

---

35) 환(還) – 마(麽) : –인가? –이냐?

36) 자개(者箇) : 이. 이것.

마조가 말했다.

"도리어 나[37]의 허물이다."[38]

馬祖一日問師: "什麼處來?" 師云: "山後來." 祖云: "還逢着一人麼?" 師云: "不逢着." 祖

云: "爲什麼不逢着?" 師云: "若逢着, 卽擧似和尙." 祖云: "什麼處得者個消息來?" 師

云: "某甲罪過." 祖云: "卻是老僧罪過."

---

37) 노승(老僧): 선승(禪僧)이 자신을 가리킬 때에 사용하는 말.

38) 『사가어록』에 동일한 내용이 있다.

7. 크게 깨닫다

백장이 다시 마조를 찾아뵙자 마조는 불자(拂子)를 세웠다. 백장이 말했다.

"이것에서 작용합니까? 이것을 떠나 작용합니까?"

마조는 불자를 원래 있던 자리에 다시 걸어 놓고는 잠시 말없이 있다가 말했다.

"그대는 이후 입을 열어[39] 법을 말할 때에 무엇을 사람들에게 보여 줄 것이냐?"

백장은 이에 불자를 집어서 세웠다. 마조가 말했다.

"이것에서 작용하느냐? 이것을 떠나 작용하느냐?"

백장도 불자를 원래 있던 자리에 다시 걸어 놓자, 마조는 곧장 "악!" 하고 고함을 질렀다. 백장은 이후 내리 3일 동안 귀가 먹먹하다가 비로소 크게 깨달았다.[40]

---

39) 개양편피(開兩片皮) : 입을 열다. 입을 열어 말을 하다. 양편피(兩片皮)는 주둥이, 부리라는 뜻으로서 입을 낮추어 부르는 말인데, 이 표현에는 불립문자(不立文字)를 취하는 선종의 입장이 담겨 있다.

40) 이 내용은 『조당집』에는 등장하지 않고, 『전등록』과 『사가어록』의 내용은 다음과 같이 조금 다르다 : 백장이 하루는 마조의 법탑(法塔)을 방문하였는데, 마조는 선상(禪床)의 모서리에서 불자(拂子)를 집어서 백장에게 보여 주었다. 백장이 말했다. "다만 이것뿐입니까? 또 다른 것이 있습니까?" 마조는 불자를 있던 자리에 내려놓고서 말했다. "그대는 이후에 무엇을 가지고 어떻게 사람들을 위하겠느냐?" 백장이 도리어 불자를 집어서 마조에

師再參馬祖, 祖豎起拂子. 師云: "卽此用? 離此用?" 祖掛拂子於舊處, 良久, 祖云: "你已後開兩片皮, 將何示人?" 師遂取拂子豎起. 祖云: "卽此用? 離此用?" 師亦掛拂子於舊處, 祖便喝. 師直得三日耳聾, 方乃大悟.

게 보여 주자, 마조가 말했다. "다만 이것뿐이냐? 또 다른 것이 있느냐?" 백장이 불자를 있던 자리에 다시 걸어 놓고서 마조를 모시고 서 있는데, 마조가 백장에게 크게 소리를 질렀다. 이로부터 백장의 명성이 널리 알려지니 마침내 시주가 홍주(洪州) 신오현(新吳縣) 경계에 있는 대웅산(大雄山)에 머물기를 청하였다. 머무는 곳의 바위산이 험준하고 높았기 때문에 백장(百丈)이라고 불렀다. 그곳에 머물기 몇 달이 지나지 않아서 참선하는 무리들이 사방에서 찾아왔는데, 위산(潙山)과 황벽(黃檗)이 그들 가운데 가장 뛰어났다.(師一日詣馬祖法塔, 祖於禪床角取拂子示之. 師云: "只遮箇? 更別有?" 祖乃放舊處云: "爾已後將什麼何爲人?" 師卻取拂子示之, 祖云: "只遮箇? 更別有?" 師以拂子挂安舊處, 方侍立, 祖叱之. 自此雷音將震, 果檀信請, 於洪州新吳界住大雄山. 以居處巖巒峻極故, 號之百丈. 旣處之未期月, 玄參之賓四方麇至, 卽有潙山黃檗當其首.)(『전등록』) 백장이 다시 마조를 찾아서 모시고 서 있을 때에 마조는 승상(繩床) 모서리에 걸어 놓은 불자(拂子)를 보고 있었다. 백장이 말했다. "이것에서 작용합니까? 이것을 떠나 작용합니까?" 마조가 말했다. "그대가 뒷날 설법을 하게 될 때에 무엇을 가지고 사람들을 위하겠느냐?" 백장이 불자를 붙잡아 세우자 마조가 말했다. "이것에서 작용하느냐? 이것을 떠나 작용하느냐?" 백장이 불자를 있던 자리에 걸어 놓자 마조는 큰 소리로 "악!" 하고 고함을 질렀다. 백장은 이에 내리 사흘이나 귀가 멍멍하였다. 이로부터 백장의 명성이 널리 알려졌는데, 어떤 신도가 홍주(洪州) 신오현(新吳縣)의 경계에 있는 대웅산(大雄山)에 머물게 하였다. 그 머무는 곳의 바위산이 험준하고 높았기 때문에 백장(百丈)이라고 불렀다. 그곳에 머문 지 몇 달 지나지 않아서 선을 공부하는 무리들이 사방에서 모여들었는데, 위산(潙山)과 황벽(黃檗)이 그들 가운데 가장 뛰어났다.(師再參侍立次, 祖目視繩床角拂子. 師曰: "卽此用? 離此用?" 祖曰: "汝向後開兩片皮, 將何爲人?" 師取拂子豎起, 祖曰: "卽此用? 離此用?" 師挂拂子於舊處, 祖振威一喝. 師直得三日耳聾. 自此雷音將震, 檀信請於洪州新吳界, 住大雄山. 以居處巖巒峻極故, 號百丈. 旣處之, 未期月, 參玄之賓, 四方麇至, 潙山黃檗當其首.)(『사가어록』)

8. 부모의 죽음

어떤 승려가 곡(哭)을 하면서 법당(法堂)에 들어오자, 백장이 말했다.

"뭐 하느냐?"[41]

승려가 말했다.

"부모가 모두 돌아가셨으니, 스님께서 초상 치를 날을 잡아 주십시오."

백장이 말했다.

"내일 일시에 파묻어 버려라."[42]

有一僧哭入法堂, 師云: "作什麼?" 僧云: "父母俱喪, 請師揀日." 師云: "明日一時埋却."

---

41) 작십마(作什麼) : 무엇을 하겠는가? 무엇을 하느냐?
42) 『조당집』, 『전등록』, 『사가어록』 모두에 이 내용이 있다.

9. 기특한 일

어떤 승려가 물었다.

"어떤 것이 기특한 일입니까?"

백장이 말했다.

"대웅산(大雄山)[43]에 홀로 앉아 있는 것이다."

그 승려가 절을 하자, 백장은 곧 때렸다.[44]

問: "如何是奇特事?" 師云: "獨坐大雄山." 僧禮拜, 師便打.

---

43) 대웅산(大雄山): 백장회해(百丈懷海)가 머물렀던 절이 자리한 산 이름. 이 산에 솟아
    있는 바위가 매우 높아 백장(百丈)이나 된다고 하여 백장산(百丈山)이라고도 불렀다. 한
    편으로 대웅(大雄)은 석가모니불(釋迦牟尼佛)을 가리키기도 한다.

44) 『사가어록』에 동일한 내용이 있다.

10. 가르침의 방편

서당(西堂)이 백장에게 물었다.

"그대는 이후에 어떻게[45] 사람들을 가르칠[46] 것인가?"

백장이 양손을 쥐었다가 양쪽으로 펴자, 서당이 말했다.

"다시 어떻게 하겠는가?"

백장은 손을 세 번 끄덕였다.[47][48]

西堂問師: "汝向後作麼生開示於人?" 師以手卷舒兩邊, 堂云: "更作麼生?" 師以手點頭三下.

---

45) 작마생(作麼生) : 어째서? 왜? 어떻게? 어떠하냐? 무엇하러? =작마(作麼), 즉마(則麼), 자심마(子甚麼), 자마(子麼).

46) 개시(開示) : 개(開)는 개제(開除), 미정(迷情)을 깨뜨리고 제법(諸法)의 실상(實相)을 보임. 시(示)는 현시(顯示), 번뇌가 사라지고 지혜가 나타나 우주의 만덕(萬德)을 밝게 나타내 보임. 선지식이 범부를 가르쳐 교화하는 일.

47) 점두(點頭) : 머리를 끄덕이다.

48) 『사가어록』에 동일한 내용이 있다.

11. 신령스러운 빛

상당(上堂)하여 말했다.

"신령스러운 빛이 홀로 밝아

주관(主觀)과 객관(客觀)[49]을 멀리 벗어나서,

진실되고 항상됨[50]을 몽땅 드러내고[51]

문자에 얽매이지 않는다네.

마음은 오염됨 없이

본래[52] 완성되어[53] 있으니

허망한 인연에서 벗어나기만 하면

곧장 여여(如如)한 부처로다."[54]

上堂云: "靈光獨耀, 迥脫根塵, 體露眞常, 不拘文字. 心性無染, 本自圓成, 但離妄緣, 卽如如佛."

---

49) 근진(根塵) : 육근(六根)과 육진(六塵). 근경(根境)이라고도 한다. 눈·귀·코·혀·
몸·의식의 육근(六根)과, 빛·소리·냄새·맛·촉감·분별의 육진(六塵)을 가리킨다.

50) 진상(眞常) : 진실(眞實)하고 항상(恒常)함. 허망(虛妄)하지 않아 진실하고, 무상(無常)
하지 않아 항상함은 곧 마음의 본래 모습인 진여자성(眞如自性)을 가리킨다.

51) 체로(體露) : 몽땅 드러내다. 온통 나타내다. 빠짐없이 표현하다.

52) 본자(本自) : 본래. 원래. 자(自)는 어조사.

53) 원성(圓成) : 완성되다. 완성시키다.

54) 『사가어록』에 동일한 내용이 있다.

12. 의지함과 벗어남

물었다.

"경(經)에 의지하여 뜻을 풀이하면 삼세(三世)의 부처가 원수(怨讐)이고, 경을 떠난 한 글자는 마귀의 말과 같으니, 어떻게 해야 합니까?"

백장이 말했다.

"움직임과 고요함을 굳게 지키면 삼세의 부처가 원수이고, 이것 밖에서 따로 구하면 도리어 마귀의 말과 같다."[55]

問: "依經解義, 三世佛寃, 離經一字, 如同魔說, 是如何?" 師云: "固守動靜, 三世佛寃, 此外別求, 還同魔說."

---

55) 『조당집』, 『전등록』, 『사가어록』에 모두 이 내용이 있다.

13. 된장 항아리

마조가 사람을 시켜 편지를 보내면서 된장 세 항아리도 함께 백장에게 보내 주었다. 백장은 된장 항아리를 법당(法堂) 앞에 메어다 놓도록 시키고는 법당에 올랐다. 대중이 모이자마자 백장이 주장자로 된장 항아리를 가리키면서 말했다.

"말할 수 있으면 때려 부수지 않겠지만, 말하지 못하면 때려 부수겠다."

대중이 말이 없자, 백장은 곧 된장 항아리를 때려 부수고는 방장(方丈)으로 돌아갔다.[56]

馬祖令人馳書, 幷醬三甕, 與師. 師令挑向法堂前, 乃上堂. 衆纔集, 師以拄杖, 指醬甕云: "道得, 卽不打破, 道不得, 卽打破." 衆無語, 師便打破, 歸方丈.

---

56) 『조당집』과 『전등록』에는 이런 내용이 없고, 『사가어록』에만 동일한 내용이 있다.

14. 무엇이냐

법당에 올라 대중이 모이자마자 백장은 주장자를 가지고 내쫓고는
다시 대중을 불렀다. 대중이 머리를 돌리자 백장이 말했다.
"뭐냐?"[57]

上堂, 衆纔集, 師以拄杖趁下, 卻召大衆. 衆迴頭, 師云: "是什麼?"

---

57) 『조당집』에는 이런 내용이 없고, 『전등록』과 『사가어록』의 기록은 다음과 같이 조금 다르
다 : 어느 날 설법이 끝나고 대중이 법당을 내려갈 때에 백장은 그들을 불렀다. 대중이 머
리를 돌리자 백장이 말했다. "뭐냐?"(師有時說法竟, 大衆下堂, 乃召之. 大衆回首, 師云: "是甚
麼?")

15. 스승의 안목을 넘어서야

황벽(黃檗)[58]이 백장이 있는 곳에 왔다가 어느 날 하직 인사를 하였다.

"마조 스님께 절을 올리고 싶습니다."

백장이 말했다.

"마조 스님은 이미 돌아가셨다."

황벽이 말했다.

"마조 스님은 무슨 가르침의 말씀을 하셨습니까?"

백장은 이에 마조를 거듭 찾아뵙자 마조가 불자를 세운 이야기를 해 주었는데,[59] 황벽은 이야기를 듣고서 자기도 모르게 혀를 내둘렀

---

58) 황벽희운(黃檗希運) : ?-856년경. 남악(南嶽)의 아래. 민현(閩縣; 복건성(福建省) 복주(福州)) 사람이다. 복주(福州)의 황벽산(黃檗山)에서 출가하였다. 그 후 천태(天台)를 여행하다가 다시 백장산(百丈山; 강서성(江西省)) 회해(懷海)의 제자가 되어 그의 현지(玄旨)를 얻었다. 대안사(大安寺)에서 주석할 때 그 회하(會下)에 많은 제자들이 모였다. 또 상국(相國) 배휴(裴休)의 청에 응하여 종릉(鍾陵; 강서성(江西省))에 가서 옛 산을 그리워하여 황벽산의 이름을 따서 개조(開祖)하였다. 그 후 회창 2년(842)에 용흥사(龍興寺)로 옮기고, 대중 2년(848) 완릉(宛陵; 안휘성(安徽省))의 개원사(開元寺)에 주석하였다. 대중 10년(856)경에 입적하였다. 제자로는 중국 임제종(臨濟宗)의 시조인 임제의현(臨濟義玄)이 있다. 배휴가 집록한 법어집인 『전심법요(傳心法要)』가 있는데, 선가(禪家)의 '심(心)'에 대하여 자세하게 설명하고 있다. 단제선사(斷際禪師)라는 시호를 받았다.

59) 거(擧) : 말하다.(『廣韻, 語韻』 擧, 言也. 『正字通, 臼部』 擧, 稱引也. 『禮記, 雜記下』 過而擧君之諱則起. 『鄭玄注』 擧, 猶言也. 唐, 韓愈 『原道』 不惟擧之于其口, 而又筆之于其書.) 말해 주다. 예를 들다. 일화를 말하다. 인용하여 말하다. 제시(提示)하다. 기억해 내다(=

다.[60]

백장이 말했다.

"그대는 이후에 마조 스님의 뒤를 잇지[61] 않겠느냐?"[62]

황벽이 말했다.

"아닙니다. 오늘 스님의 이야기를 듣고서 마조 스님이 뛰어난 기지
(機智)[63]를 활용함을 보았습니다만, 마조 스님을 전혀 알지 못합니다.
만약 마조 스님의 뒤를 계승한다면, 이후에 저의 후손을 잃을 것입니
다."

백장이 말했다.

"안목이 스승과 같으면 스승의 공덕을 반감시키고, 안목이 스승을
넘어서야 비로소 스승의 법을 전해 줄 수 있다. 그대에게는 확실히[64]
스승을 넘어서는 안목이 있구나."

기득(記得)). 거(擧)는 이전의 이야기나 남의 말을 그대로 인용하여 타인에게 말해 준다는
뜻.

60) 토설(吐舌) : 혀를 내두르다. (놀라움, 감탄의 표시)

61) 승사(承嗣) : 뒤를 잇다. 후계자(後繼者)가 되다.

62) 막(莫) : (의문부사) ~가 아닌가? 마(麼), 마(摩), 부(否), 무(无) 등이 문장 끝에 온다.

63) 대기(大機) : 뛰어난 기지(機智). 그때그때 경우에 따라 재빠르게 활용하는 재치. 뛰어
난 계략. 기(機)는 소질, 자질, 천성, 계책, 계략, 심정, 생각, 뜻, 영감, 기지라는 뜻을 가
지고 있다.

64) 심(甚) : 참으로. 정말. 확실히.

뒷날 위산(潙山)⁶⁵⁾이 앙산(仰山)⁶⁶⁾에게 물었다.

"백장이 마조를 거듭 찾아뵙자 마조가 불자를 세운 이야기에서 이 두 스님의 뜻이 어떠하냐?"

앙산이 말했다.

"이것은 뛰어난 기지의 활용을 드러낸 것입니다."

---

65) 위산영우(潙山靈祐) : 771-853. 속성은 조씨(趙氏)이고, 복건성(福建省) 복주(福州)의 장계(長溪) 출신이다. 위산에 머물렀기 때문에 위산영우라 일컬어졌다. 제자 앙산혜적(仰山慧寂)과 함께 선풍(禪風)을 크게 드날렸기 때문에 그 법계(法系)를 위앙종(潙仰宗)이라 하고, 위산을 종조(宗祖)로 한다. 15세에 출가하여 절강성(浙江省) 항주(杭州)의 용흥사(龍興寺)에서 경율을 배웠고, 강서성(江西省) 홍주(洪州)의 백장회해(百丈懷海)의 문하에 출입하여 그 법을 이었다. 같은 문하에 황벽이 동년배로 있었고, 함께 선계(禪界)에서 명성을 떨쳤다. 위산은 호남성(湖南省) 담주(潭州)의 대위산(大潙山)에 주석하면서 종풍을 거양(擧揚)하였고, 수많은 용상(龍象)들을 배출하였다. 입실(入室) 제자만도 41명이나 된다고 하며, 그 가운데서도 앙산혜적은 특히 빼어났고, 이외에도 향엄지한(香嚴智閑)·연경법단(延慶法端)·경산홍연(徑山洪諲)·영운지근(靈雲志勤)·왕경초상시(王敬初常侍) 등의 빼어난 인물들이 있었다. 대중(大中) 7년 정월 9일에 입적하였다. 시호는 대원(大圓) 선사이다. 그의 가르침은 『위산경책(潙山警策)』(1권)에 수록되어 있으며, 『담주위산영우선사어록(潭州潙山靈祐禪師語錄)』(1권)도 있다.

66) 앙산혜적(仰山慧寂) : 807-883. 광동성(廣東省) 소주(韶州)의 회화현(懷化縣) 사람으로 속성은 섭씨(葉氏)이다. 15세에 출가에 뜻을 두었으나 부모의 반대에 부닥쳤다. 17세에 손가락 둘을 잘라서 정법(正法)을 구할 것을 맹세하고는 남화사(南華寺)의 통(通)선사를 찾아가 사미(沙彌)가 되었다. 수계(受戒)한 후에는 율장(律藏)을 배웠고, 후에 암두(巖頭)와 석실(石室)에게 참학하였다. 또 탐원응진(耽源應眞)에게서 원상(圓相)의 의리를 배웠고, 나아가 위산을 섬긴 지 15년만에 그 법을 이었다. 왕망산(王莽山)에 주석하였고, 후에는 강서성(江西省)의 앙산(仰山)에 머물면서 선풍을 고취하였다. 중화(中和) 3년—일설에는 정명(貞明) 2년(916) 또는 대순(大順) 2년(891)이라고도 한다—에 입적하였다. 시호는 지통(智通) 대사이다. 위앙종은 스승인 위산과 앙산의 머릿글자를 따서 종명(宗名)으로 삼은 것이다.

위산이 말했다.

"마조가 문하에서 84인의 선지식을 배출하였는데, 몇 사람이 뛰어
난 기지를 얻었고, 몇 사람이 뛰어나게 활용하였느냐?"[67]

앙산이 말했다.

"백장이 뛰어난 기지를 얻었고, 황벽이 잘 활용하였습니다. 나머지
는 모두 스승의 법을 알리는 나팔수[68] 정도일 뿐입니다."

위산이 말했다.

"그래! 그래!"[69]

---

67) 대기대용(大機大用) : 뛰어난 기지를 잘 활용하다. 뛰어난 안목을 가지고 학인을 잘 다
루다. 대기(大機)는 뛰어난 안목으로 그때그때 경우에 따라 재빠르게 활용하는 기지를 말
하고, 대용(大用)은 그 뛰어난 기지를 잘 활용하여 학인을 잘 다룸을 말한다.

68) 갈도지사(喝道之師) : 자신의 법이 없이 스승의 법만 알리는 승려. 스스로의 안목이 부
족한 선승(禪僧)을 비난하는 말. 갈도(喝道)는 가도(呵導)라고도 하는데, 옛날 관리가 길
을 갈 때에 길을 인도하는 사람이 앞장서서 가면서 길을 비키라고 소리치는 것을 가리킴.

69) 『사가어록』에는 동일한 내용이 있으나, 『전등록』의 기록은 다음과 같이 좀더 간략하다 :
어느 날 백장이 대중에게 말했다. "불법(佛法)은 작은 일이 아니다. 내가 옛날 마대사(馬
大師)의 일할(一喝)에 거듭 은혜를 입었을 때에 곧장 3일 동안 귀가 먹먹하고 눈이 어질
어질하였다." 황벽(黃蘗)이 이 이야기를 듣고서 자기도 모르게 혀를 내두르며 말했다. "저
는 마조 대사를 모릅니다만, 마조 대사를 뵙고 싶지는 않습니다." 백장이 말했다. "그대는
이후에 마조 대사의 뒤를 이어야 하지 않겠느냐?" 황벽이 말했다. "저는 마조 대사의 뒤를
잇지 않겠습니다." 백장이 물었다. "왜?" 황벽이 말했다. "그러면 이후에 저의 후손을 잃
어버릴 것입니다." 백장이 말했다. "그렇다. 그렇다."(一日師謂衆曰: "佛法不是小事. 老僧昔
再蒙馬大師一喝, 直得三日耳聾眼黑." 黃蘗聞擧不覺吐舌曰: "某甲不識馬祖, 要且不見馬祖." 師
云: "汝已後當嗣馬祖?" 黃蘗云: "某甲不嗣馬祖." 曰: "作麼生?" 曰: "已後喪我兒孫." 師曰: "如是如
是.")

黃檗到師處, 一日辭云: "欲禮拜馬祖去." 師云: "馬祖已遷化也." 檗云: "未審有何言句?" 師遂擧再參馬祖豎拂因緣, 檗聞擧不覺吐舌. 師云: "子已後莫承嗣馬祖去麼?" 檗云: "不然. 今日因師擧, 得見馬祖大機之用, 然且不識馬祖. 若嗣馬祖, 已後喪我兒孫." 師云: "見與師齊, 減師半德, 見過於師, 方堪傳授. 子甚有超師之見."

後潙山問仰山: "百丈再參馬祖豎拂因緣, 此二尊宿意旨如何?" 仰山云: "此是顯大機之用." 潙山云: "馬祖出八十四人善知識, 幾人得大機? 幾人得大用?" 仰山云: "百丈得大機, 黃檗得大用. 餘者盡是喝道之師." 潙山云: "如是, 如是."

16. 밭 일구기

백장이 밭을 일구는 울력을 갔다가 돌아오면서 물었다.

"희운 스님![70] 밭 일구는 일이 쉽지 않지?"

황벽이 말했다.

"여러 스님들이 일을 하였습니다."

백장이 말했다.

"번거롭게도 도(道)를 실천[71]하였구나."

황벽이 말했다.

"어찌 감히 노고(勞苦)를 사양하겠습니까?"

백장이 말했다.

"밭을 얼마나 일구었느냐?"

황벽이 밭을 매는 시늉을 하자, 백장은 곧 "악!" 하고 고함을 질렀다.

황벽은 귀를 막고서 가 버렸다.[72]

---

70) 사리(闍梨) : =아사리(阿闍梨; acarya). 아기리(阿祇利). 아차리야(阿遮利夜·阿遮梨耶)라고도 쓰며, 교수(教授)·궤범(軌範)·정행(正行)이라 번역. 제자의 행위를 교정하며 그의 사범이 되어 지도하는 스님.

71) 도용(道用) : ①불도(佛道)의 활용, 선(禪)의 활용. 도(道)를 올바르게 실천하는 것. ② 불도를 수행하는 데 쓰는 용구. 스님들이 사용하는 용구, 도구.

72) 『사가어록』에만 동일한 내용이 있다.

師因普請開田, 迴問: "運闍梨! 開田不易?" 檗云: "衆僧作務." 師云: "有煩道用." 檗云:

"爭敢辭勞?" 師云: "開得多少田?" 檗作鋤田勢, 師便喝. 檗掩耳而出.

17. 호랑이

백장이 황벽에게 물었다.

"어디에서 오느냐?"

황벽이 말했다.

"산 아래에서 버섯을 뜯어 옵니다."

백장이 말했다.

"산 아래에 호랑이 한 마리가 있는데, 너는 보았느냐?"

황벽이 곧 호랑이 울음소리를 내자, 백장은 허리춤에서 도끼를 끄집어내어 찍는 시늉을 하였다. 황벽은 백장을 꽉 붙잡고서[73] 곧장 손바닥으로 때렸다.

백장은 저녁법회[74]에서 법당에 올라 말했다.

"여러분, 산 아래에 호랑이 한 마리가 있으니, 그대들은 모두 출입할 때에 조심하여라.[75] 나는 오늘 아침에 한 번 물렸다."

뒷날 위산이 앙산에게 물었다.

"황벽의 호랑이 이야기가 어떠냐?"

---

73) 약주(約住) : 가로막다. 저지하다. 꼼짝 못하게 붙잡다.

74) 만참(晩參) : 저녁에 조실이 대중에게 설법(說法)하는 것. 약식 설법으로서 소참(小參)이라고 함.

75) 호간(好看) : 잘 살피다. 조심하다.

앙산이 말했다.

"스님께선 어떻습니까?"

위산이 말했다.

"백장이 당시에 곧장 도끼로 한 번 찍어 죽였어야 하는데,[76] 무엇 때문에 이 지경까지 왔을까?"

앙산이 말했다.

"그렇지 않습니다."

위산이 말했다.

"너는 그럼 어떠냐?"

앙산이 말했다.

"호랑이의 머리에 올라탈 줄 알았을 뿐만 아니라, 호랑이의 꼬리도 잡을 줄 알았습니다."

위산이 말했다.

"혜적(慧寂)은 참으로 험준(險峻)한 말[77]을 하는구나."[78]

師問黃檗: "甚處來?" 檗云: "山下採菌子來." 師云: "山下有一虎子, 汝還見麼?" 檗便作虎聲. 師於腰下取斧作斫勢. 檗約住便掌師. 師晩參上堂云: "大衆, 山下有一虎子, 汝等諸人出入好看. 老僧今朝親遭一口."

---

76) 합(合) : =당(當). 응당 −해야 한다. 마땅히 −해야 한다.

77) 호랑이의 머리에 올라타고 호랑이의 꼬리를 붙잡는다는 말은 보통 사람이 할 수 있는 말이 아니라는 뜻.

78) 『사가어록』에만 동일한 내용이 있다.

後潙山問仰山云: "黃蘗虎話作麼生?" 仰山云: "和尚如何?" 潙山云: "百丈當時便合一斧斫殺, 因什麼到如此?" 仰山云: "不然." 潙山云: "子又作麼生?" 仰山云: "不唯騎虎頭, 亦解把虎尾." 潙山云: "寂子甚有險崖之句."

18. 붉은 수염 오랑캐

　백장이 상당설법을 할 때에 늘 법문을 듣는 노인이 있었는데, 법문이 끝나면 대중과 함께 흩어졌다.

　어느 날은 법문이 끝났는데도 남아서 가지 않기에 백장이 물었다.

　"서 있는 사람은 누구인가요?"

　노인이 말했다.

　"저는 과거 가섭불(迦葉佛)[79] 시대에 이 산에 머물렀습니다. 그때 어떤 학인이 물었습니다. '지극히[80] 수행한 사람도 인과(因果)[81]에 떨어집니까?' 저는 '인과에 떨어지지 않는다.'고 대답하여 여우의 몸이 되었습니다. 이제 스님께서 저를 대신하여 한마디 구제하는 말[82]을 해 주십시오."

---

79)　가섭불(迦葉佛) : Kasyapa Buddha. 석가모니를 포함하여 그 이전의 과거칠불(過去七佛) 가운데 여섯 번째 부처. 현겁(賢劫) 천불(千佛)의 세 번째로 석가모니의 전생(前生)이다. 사람의 수명이 2만 세인 때에 출현한 부처님으로, 가섭(迦葉)이라는 성의 바라문 씨족이다. 급비왕(汲毘王)의 수도 바라나시에서 태어나 니야그로다 나무 아래에서 깨달았다. 한 번의 설법으로 2만 명을 제도하였다고 한다.

80)　대(大) : 매우. 지극히. 심하게.

81)　인과(因果) : 인과법(因果法). 원인과 결과가 있는 법. 인과응보(因果應報)의 법. 업을 지으면 과보를 받는 법. 세간의 이법(二法)을 말한다. 불법은 비인비과(非因非果), 불생불멸(不生不滅)의 불이중도(不二中道)이다.

82)　일전어(一轉語) : 그때그때의 상황에 알맞은 말을 자유자재하게 사용하여 선지(禪旨)를 가리키는 것. 심기(心機)를 바꾸어서(一轉) 깨닫게 하는 힘이 있는 말이라는 뜻.

백장이 말했다.

"물어만 보시오."

노인이 곧 물었다.

"지극히 수행한 사람도 인과에 떨어집니까?"

백장이 말했다.

"인과에 어둡지 않습니다."

노인은 그 말을 듣고서 크게 깨닫고는 백장에게 작별 인사를 하면서 말했다.

"저는 이미 여우의 몸을 벗었습니다. 산 뒤쪽에 있으니 죽은 스님의 예법에 따라 화장하여 보내 주시기 바랍니다."

백장은 유나(維那)[83]에게 명하여 백추(白槌)[84]하여 대중에게 식사한 뒤에 죽은 스님을 장사 지낸다고 알리게 하였다. 대중은 모두 깜짝 놀랐

---

83) 유나(維那) : 선원(禪院)의 기강(紀綱)을 바로잡는 직책. 범어 Karmadana의 음역(音譯)이다. 의역(意譯)으로는 열중(悅衆)이라고 한다.

84) 백추(白槌) : 백추(白椎)라고도 한다. 『조정사원(祖庭事苑)』에 다음과 같은 설명이 있다 : 세존(世尊)의 율의(律儀)에 의하면, 설법(說法)을 하고자 할 때에는 반드시 먼저 대중에게 알리는 말을 하여 대중을 경건하고 엄숙하게 만드는 법을 행하였다. 오늘날 선종(禪宗)에서는 법을 아는 존숙(尊宿)에게 그 소임(所任)을 맡겨서, 장로(長老)가 법좌에 앉자마자 말하기를 "법회에 모인 여러 스님네들이여, 마땅히 제일의제(第一義諦)를 보아야 합니다."라고 한다. 장로가 대중들의 역량을 살펴서 행하는 법회(法會)에서의 문답(問答)이 끝나면, 소임을 맡은 존숙은 다시 알려서 말하기를 "법왕(法王)의 법을 잘 보십시오. 법왕의 법은 이렇습니다."라고 말한다. 이것이 대체로 앞선 분들의 참된 규범(規範)이니, 모두 부처님의 뜻을 잃지 않고 있다.(世尊律儀, 欲辨佛事, 必先秉白, 爲穆衆之法也. 今宗門白椎, 必命知法尊宿以當其任, 長老才據座已, 而秉白云: "法筵龍象衆, 當觀第一義." 長老觀機, 法會酬唱旣終, 復秉白曰: "諦觀法王法, 法王法如是." 此蓋先德之眞規, 皆不失佛意.)

다. 식사한 뒤에 대중이 산 뒤로 가니 바위 속에 과연 한 마리 죽은 여우가 있었기에, 땔나무를 모아 화장을 하였다.

백장은 저녁에 상당하여 낮에 있었던 일을 이야기하였는데, 황벽(黃蘗)이 곧 물었다.

"옛사람은 한마디를 잘못 말하여 여우의 몸이 되었습니다. 그런데 오늘날 사람이 말할 때마다[85] 잘못 말하지 않는다면, 또 어떻습니까?"

백장이 말했다.

"가까이 오너라. 너에게 말해 주겠다."

황벽은 백장에게 다가가서 백장을 손바닥으로 한 번 때렸다. 백장이 말했다.

"오랑캐의 수염이 붉은 줄은 알고 있었지만,[86] 붉은 수염의 오랑캐[87]가 또 있구나."

그때 위산이 백장의 문하에서 전좌(典座)[88]로 있었는데, 사마두타(司

---

85) 전전(轉轉) : ①점점(漸漸). 차츰차츰. 차차. ②하나하나. 한마디 한마디.

86) 장위(將謂) : -라고 여겼는데(결국 그렇지 않다는 뜻을 내포함). -라고 잘못 알다. =장위(將爲).

87) 적수호(赤鬚胡) : 수염이 붉은 오랑캐. 호(胡)는 중국 서쪽이나 북쪽의 오랑캐를 이르는 말. 수염이 붉은 오랑캐란 곧 인도에서 온 보리달마(菩提達摩)를 가리킨다. 또는 보리달마가 전한 선법(禪法)을 가리킨다. 호수적(胡鬚赤)과 적수호(赤鬚胡)라는 구절을 가지고 뜻을 만들어 말한 것.

88) 전좌(典座) : 6지사(知事)의 하나. 선원에서 중승의 방실(房室)·이부자리·음식 등을 담당하는 소임.

馬頭陀)[89]가 여우 이야기를 가지고 전좌에게 물었다.

"어떻습니까?"

전좌가 손으로 문짝을 세 번 흔들자 사마두타가 말했다.

"매우 엉성합니다."[90]

전좌가 말했다.

"불법은 이런[91] 도리(道理)가 아닙니다."

뒷날, 황벽이 백장에게 여우 이야기를 물은 일을 가지고 위산이 앙산에게 묻자, 앙산이 말했다.

"황벽은 늘 이러한 솜씨[92]를 부리는군요."

위산이 말했다.

"날 때에 타고난 솜씨일까? 남에게 배운 솜씨일까?"

앙산이 말했다.

"스승에게 이어받은[93] 것이기도 하고, 스스로 근본에 통한[94] 것이기도 합니다."

---

89) 사마두타(司馬頭陀) : 사마(司馬) 성씨를 가진 선승(禪僧). 두타(頭陀)란 번뇌의 티끌을 떨어 없애고, 의식주에 탐착하지 않으며, 청정하게 불도를 수행하는 두타를 행하는 승려, 즉 선승(禪僧)을 가리킴.

90) 태추생(太麤生) : 매우 엉성하다. 매우 조잡하다. 매우 경솔하다. 매우 촌스럽다.

91) 자개(者箇) : 이. 이것.

92) 기(機) : ①기관. ②기틀. ③작용. ④기회. ⑤재치.

93) 품수사승(稟受師承) : 제자가 스승에게 학문 또는 교법(敎法)을 이어받는 것.

94) 종통(宗通) : 종지의 근본을 깨닫다.

위산이 말했다.

"그렇다, 그렇다."[95]

師每上堂, 常有一老人聽法, 罷皆隨衆散去. 一日, 留身不去, 師問: "立者何人?" 老人曰: "某甲於過去迦葉佛時曾住此山. 有學人問: '大修行底人還落因果也無?' 對云: '不落因果.' 墮在野狐身. 今請和尚代一轉語." 師云: "汝但問." 老人便問: "大修行底人還落因果也無?" 師云: "不昧因果." 老人於言下大悟, 告辭師云: "某甲已免野狐身. 住在山後, 乞依亡僧燒送." 師令維那白槌告衆, 齋後普請送亡僧. 衆皆愕然. 齋後衆去山後, 岩中果見一死野狐, 積薪燒訖.

師至晚上堂, 擧前因緣次, 黃檗便問: "古人錯對一轉語, 墮在野狐身. 今人轉轉不錯, 又且如何?" 師云: "近前來. 向汝道." 檗近前打師一掌. 師云: "將謂胡鬚赤, 更有赤鬚胡."

時潙山在會下作典座, 司馬頭陀擧野狐語問典座: "作麼生?" 典座以手撼門扇三下, 司馬云: "大麤生." 典座云: "佛法不是者箇道理."

後潙山擧黃檗問野狐話問仰山, 山云: "黃檗常用此機." 潙山云: "汝道天生得? 從人得?" 仰山云: "亦是稟受師承, 亦是自宗通." 潙山云: "如是, 如是."

95) 이 이야기는 『천성광등록』 이전의 문헌인 『조당집』이나 『전등록』에는 등장하지 않는다.

19. 그런 사람

황벽이 물었다.

"옛날 사람들은 어떤 법을 사람들에게 보여 주셨습니까?"

백장이 말없이 있자, 황벽이 말했다.

"뒷날 후손들에게 무엇을 전해 주어야 할까요?"

백장이 말했다.

"그대 같은 이런[96] 사람이 그런 사람[97]인 줄 알았는데."[98]

그러고는 곧장 방장(方丈)으로 돌아갔다.[99]

黃檗問: "從上古人以何法示人?" 師良久, 黃檗云: "後代兒孫將何傳授?" 師云: "將謂

汝者漢是箇人." 便歸方丈.

---

96) 자(者) : =차(此), 저(這), 이.

97) 개인(箇人) : 그 사람. 개(箇)는 '이 =저(這)' 혹은 '저, 그 =나(那)'와 같은 뜻.

98) 장위(將謂) : -라고 여겼는데(결국 그렇지 않다는 뜻을 내포함). -라고 잘못 알다. =장
위(將爲).

99) 『사가어록』에 이 내용이 있다.

20. 위산의 불씨

위산(潙山)이 어느 날 저녁에 방장에서 백장을 모시고 서 있었는데, 시간이 꽤 지나서[100] 백장이 화로를 휘저으라고 시키고는 말했다.

"불이 있는지 보아라."

위산은 화로를 휘저어 보고서 말했다.

"불은 없습니다."

백장은 손수 일어나 화로를 휘저어 불씨 한 점[101]을 찾아서 집어 보이며 말했다.

"너는 불이 없다고 했는데, 이것은 뭐냐?"

위산은 이 말을 듣고서 깨달음이 있었다.

그 뒤 어느 날 일을 하고 있을 때에 백장이 위산에게 물었다.

"불이 있느냐?"

위산이 말했다.

"있습니다."

백장이 말했다.

"어디에 있느냐?"

위산은 조그마한[102] 땔나무 조각을 하나 집어서 입으로 훅 불고서 백

---

100) 기구(旣久) : 오래도록. 오래되다. =장구(長久).
101) 일성(一星) : 작은 한 점을 형용함.
102) 일근(一崖) : 작은 한 점을 형용함. =일성(一星).

장에게 건네주었다. 백장이 말했다.

"벌레 먹은 나무 같구나."[103]

潙山一夜方丈中侍立, 旣久, 師令撥爐中: "看有火麼?" 山撥云: "無火." 師自起, 撥得一
星火, 挾示云: "汝道無火, 者箇是什麼?" 山因此有省. 後一日作務次, 師問潙山云: "還
有火麼?" 潙山云: "有." 師云: "在什麼處?" 潙山把一莖柴吹度與師, 師云: "如蟲蝕木."

---

103) 『조당집』에는 전체 이야기가 동일하게 나오고, 『전등록』과 『사가어록』에는 위산이 깨달
은 앞 이야기는 없고 위산이 나무를 불어서 건넨 뒤 이야기만 나온다.

21. 관음의 문

호미로 땅을 파는 울력[104]을 하고 있었는데, 어떤 승려가 북소리를 듣고서 호미를 들어 올리며 "하하하!" 하고 크게 웃고는[105] 절로 돌아갔다. 이에 백장이 말했다.

"훌륭하도다! 관음(觀音)의 문(門)으로 들어가는구나."[106]

뒤에 백장은 그 승려를 불러서 물었다.

"그대는 아까[107] 무슨 도리(道理)를 보았는가?"

그 승려가 말했다.

"저는 배가 고팠는데 북소리를 듣고서 밥을 먹으러 돌아왔습니다."

백장은 "하하하!" 하고 크게 웃었다.[108]

因普請鋤地次, 有僧聞鼓聲, 擧起鋤頭, 呵呵大笑而歸. 師云: "俊哉! 從觀音門而入."

後喚其僧, 問云: "汝適來見什麼道理?" 僧云: "某甲肚飢, 聞鼓聲, 歸喫飯." 師呵呵大

笑.

---

104) 보청(普請): 공덕을 널리 청해 바란다는 뜻. 선림(禪林)에서 승중(僧衆)을 모이게 하여 노역에 종사시키는 것. 선원(禪院)의 수행자가 모여 노역에 종사하는 것. 대중 울력.

105) 가가대소(呵呵大笑): "하하하!" 하고 크게 웃다. 가가(呵呵)는 "하하!" "허허" 하는 웃음소리.

106) 관음(觀音)의 문으로 들어간다는 것은 북소리를 듣고서 깨달음을 얻었다는 말.

107) 적래(適來): ①지금 막. 방금. 이제 금방. 조금 전에. ②요즈음. 근래. 얼마 전에.

108) 『조당집』, 『전등록』, 『사가어록』 모두에 동일한 이야기가 실려 있다.

22. 부처

물었다.

"어떤 것이 부처입니까?"

백장이 말했다.

"그대는 누구냐?"[109]

답했다.

"아무개[110]입니다."

백장이 물었다.

"그대는 아무개를 아는가?"

답했다.

"분명히[111] 압니다."

백장은 불자(拂子)를 세우고서 물었다.

"그대는 불자를 보는가?"

답했다.

"봅니다."

---

109) 아수(阿誰) : 누구?

110) 모갑(某甲) : ①아무개. 어떤 사람.(이름을 밝히기 어렵거나 불확실한 경우에 사용) ②아
   무개.(자신의 이름 대신 사용해 자신을 존대하는 어기(語氣)를 나타냄)

111) 개(箇) : ①조사(助詞). =저(底), 지(地). 쌍음절 형용사 뒤에 흔히 쓰임. ②사철(詞綴).
   형용사 뒤에나 대명사 뒤에 흔히 붙여 씀.

백장은 더 이상 상대하지 않았다.[112]

問: "如何是佛?" 師云: "汝是阿誰?" 云: "某甲." 師云: "汝識某甲否?" 云: "分明箇." 師乃

豎起拂子問: "汝見拂子否?" 云: "見." 師不顧.

---

112) 『조당집』, 『전등록』, 『사가어록』 모두에 동일한 이야기가 실려 있다.

23. 나의 허물

백장은 어떤 승려를 장경(章敬)[113]이 있는 곳으로 보내면서 말했다.

"그가 법당에 올라 법을 말하거든 너는 곧장 좌구(座具)[114]를 펴고서 절을 올리고 일어나 신발 한 짝을 들어 소매로 먼지를 털고 뒤집어엎어[115] 놓아라."

그 승려가 장경이 있는 곳에 이르러 백장이 시킨 대로 행하니, 장경이 말했다.

"나의 허물이다."[116]

師令僧去章敬處: "見伊上堂說法, 汝便展開座具, 禮拜起, 將一隻鞋, 以袖拂卻上塵, 倒頭覆下." 其僧到章敬處, 一依師旨, 章敬云: "老僧罪過."

---

113) 장경회휘(章敬懷暉) : 754–815. 당대(唐代) 선승(禪僧). 장경(章敬)은 머물렀던 절 이름. 속성은 사(謝) 씨. 복건성(福建省) 천주(泉州) 동안(同安) 출신. 마조도일(馬祖道一) 문하에서 공부하여 깨달은 뒤에 제주(齊州) 운암산(雲巖山) 장경사(章敬寺) 비로사나원(毘盧舍那院)에 머물렀다.

114) 좌구(坐具) : =좌구(座具). 절을 하거나 앉을 때 쓰는 도구, 즉 돗자리나 방석 등을 말한다. 비구가 소지하는 6물(物) 중의 하나. 베를 가지고 사각형 모습으로 만든 자리 깔개.

115) 도두복하(倒頭覆下) : 엎어져 눕다. 뒤집어엎어 눕히다. 엎어지다. 뒤집어엎다.

116) 『조당집』과 『사가어록』에 동일한 이야기가 있다.

24. 입 다물고 말하기

백장이 법당에 올라 말했다.

"목구멍과 입술을 합치고서[117] 얼른 말하라."[118]

위산(潙山)이 말했다.

"저는 말할 수 없습니다. 스님께서 말씀해 주십시오."

백장이 말했다.

"그대에게 말하는 것을 사양하지는 않으나, 그것이 훗날 우리 후손 들에게 해를 끼칠 것이다."

오봉(五峰)[119]이 말했다.

"스님께서도 목구멍과 입술을 합치셔야 합니다."

백장이 말했다.

"사람 없는 곳에서 이마에 손을 얹고서[120] 멀리 있는 그대를 바라볼 것이다."

---

117) 병각(併却) : ①합하다. 합치다. ②나란히 하다. 가지런히 하다. ③물리치다. 버리다. 제거하다. =병(屏).

118) 장래(將來) : −장래(將來)에서 장(將)은 지속 혹은 개시를 나타내는 조동사, 래(來)는 방향보어로서 동작의 방향을 나타낸다.

119) 오봉상관(五峰常觀) : ?−?. 당대(唐代) 선승. 오봉은 머물렀던 산 이름. 서주(瑞州) 출신. 백장회해(百丈懷海)의 제자. 강서성(江西省) 균주(筠州) 오봉산(五峰山)에 머묾. '위산 청도(潙山請道)'와 '오봉병각(五峰併却)'의 공안(公案)에 이름이 보임.

120) 작액(斫額) : (높은 곳에서) 이마에 손을 얹고 (멀리 바라봄).

운암(雲岩)¹²¹⁾이 말했다.

"저에게는 말하는 곳이 있습니다. 스님께서 그것을 말씀해 주십시오."

백장이 말했다.

"목구멍과 입술을 합치고서 얼른 말하라."

운암이 말했다.

"스님에게도 지금 말하는 곳이 있습니다."

백장이 말했다.

"후손에게 해를 끼쳤구나."¹²²⁾

上堂云: "倂卻咽喉脣吻, 速道將來." 潙山云: "某甲道不得. 請和尙道." 師云: "不辭向汝道, 他後喪我兒孫." 五峰云: "和尙亦須倂卻." 師云: "無人處斫額望汝." 雲岩云: "某甲有道處. 請和尙擧." 師云: "倂卻咽喉脣吻, 速道將來." 岩云: "師今有也." 師云: "喪兒孫."

---

121) 운암담성(雲嵓曇晟) : 782–841. 청원(靑原) 문하의 당대(唐代) 스님. 속성은 왕 씨. 어려서 출가하여 백장회해(百丈懷海)에게 참학한 후 약산유엄(藥山惟儼)의 법을 이음. 조동종(曹洞宗)의 개조인 동산양개(洞山良价) 스님이 운암담성의 법을 이음. 세수 60세로 입적.

122) 『조당집』, 『전등록』, 『사가어록』에 모두 이 이야기가 실려 있다.

25. 말 전하기

백장이 법당에 올라 말했다.

"한 사람이 서당(西堂)[123] 스님에게 가서 내 말을 전하기 바란다.[124] 누가[125] 갈 수 있느냐?"

오봉(五峰)이 말했다.

"제가 갈 수 있습니다."

백장이 말했다.

"그대는 어떻게 말을 전하겠느냐?"

오봉이 말했다.

"서당 스님을 만나면 말하겠습니다."

백장이 말했다.

"무엇을 말할 것이냐?"

오봉이 말했다.

"돌아와서[126] 스님께 그대로 말씀드리겠습니다."[127]

---

123) 서당지장(西堂智藏).

124) 요(要) : ①-해야 한다. ②바라다.

125) 아수(阿誰) : 누구? 묻는 사람.

126) 각래(卻來) : ①돌아오다. ②도리어. 사실은.

127) 『조당집』, 『전등록』, 『사가어록』에 모두 이 이야기가 실려 있다.

上堂云: "我要一人去傳語西堂和尙, 阿誰去得?" 五峰云: "某甲去得." 師云: "汝作麽生

傳語?" 峰云: "待見西堂卽道." 師云: "道什麽?" 峰云: "却來, 擧似和尙."

26. 어린 백장

백장 스님은 어린 시절 어머니를 따라 절에 가서 불상을 보고 절을 하고는 불상을 가리키면서 어머니에게 물었다.

"이것은 누구입니까?"

어머니가 말했다.

"부처님이시다."

어린 백장이 말했다.

"모습이 사람을 닮았군요. 저도 나중에 이렇게 되겠습니다."[128]

師童年之時, 隨母入寺拜佛, 指尊像問母: "此是何物?" 母云: "是佛." 童云: "形容似人. 我後亦當作焉."

---

128) 『조당집』과 『사가어록』에 동일한 이야기가 있다.

27. 열심히 일하다

백장은 절에서 할 일이 있으면 반드시 대중에 앞서서 일을 하곤 하였다. 대중이 백장의 노고를 견디지 못하여 일하는 도구들을 몰래 감추고서 백장에게 쉬기를 청하였다. 이에 백장이 말했다.

"나에게 덕(德)이 없는데, 어찌 남을 수고롭게 할 수 있겠느냐?"[129]

곧 이곳저곳에서 일하는 도구를 찾았으나 찾지 못하자 밥을 먹지 않았다. 그리하여 "하루 일하지 않으면 하루 먹지 않는다."는 말이 세상에 널리 퍼졌다.[130]

師凡作務執勞, 必先於衆. 衆不忍其勞, 密收作具而請息之. 師云: "吾無德矣, 爭合勞人." 旣遍求作具不獲, 而亦不食. 故有一日不作一日不食之言流播寰宇矣.

---

129) 쟁합(爭合) : 어찌 −해야 할까? 어찌 −할 수 있을까? 합(合)은 당(當)과 같음.
130) 『조당집』과 『사가어록』에 동일한 이야기가 있다.

28. 백장의 시적

　백장은 원화(元和)[131] 9년(814년) 정월 17일에 시적(示寂)[132]하였는데, 나이가 95세였다.
　장경(長慶)[133] 원년(821년)에 임금이 대지선사(大智禪師)라는 시호(諡號)를 내렸고, 탑호(塔號)는 대승보륜(大勝寶輪)이다.[134]

師於元和九年正月十七日示寂, 春秋九十五. 長慶元年, 敕諡大智禪師. 塔曰大勝寶輪.

『천성광등록』 제8권 끝

天聖廣燈錄卷第八

---

131)　원화(元和) : 당(唐) 11대 임금 헌종(憲宗)의 연호. 806년~820년.
132)　시적(示寂) : 적(寂)은 적멸(寂滅)의 뜻. 승려가 죽는 것을 부처의 입멸(入滅)에 견주어 하는 말.
133)　장경(長慶) : 당(唐) 제12대 임금 목종(穆宗)의 연호. 821년~824년.
134)　『조당집』에는 백장이 시적한 연월일에 대한 자세한 내용은 없고, 『전등록』과 『사가어록』에는 동일한 내용이 기록되어 있다.

제2부 법어 法語

『천성광등록』 제9권

홍주 대웅산 백장회해 선사

天聖廣燈錄卷第九

洪州大雄山百丈懷海禪師

1. 알맞은 방편

무릇 말을 함에는 승(僧)과 속(俗)[135]을 구분하여야 하고, 총상(總相)과 별상(別相)[136]의 말을 알아야 하고, 요의교(了義教)와 불료의교(不了義教)[137]의 말을 알아야 한다.

요의교는 깨끗함으로 구분되고, 불료의교는 더러움으로 구분된다.

더러운 법 쪽의 때를 말하여 범부를 골라내고, 깨끗한 법 쪽의 때를 말하여 성인을 골라낸다.

---

135) 치소(緇素) : ①의복의 검은색과 흰색. 치(緇)는 검은색. 소(素)는 흰색으로, 승의(僧衣)와 속의(俗衣)를 말함. ②출가자는 검은 의복을 입으므로, 출가자를 치(緇)라 하고, 재가자는 하얀 의복을 입으므로 소(素)라고 함. 출가 · 재가의 병칭으로, 도속(道俗) · 승속(僧俗) 등의 말과 같다. 출가인과 세속인. ③흑백 · 정사(正邪) · 미오(迷悟) 등 서로 대립하는 두 가지의 것을 의미함.

136) 총별(總別) : 총상(總相)과 별상(別相). 모든 유위법(有爲法)에는 총상(總相)과 별상(別相)이 있음. 만법(萬法)에 보편적으로 통하는 모습을 총상이라 하고, 개개의 법에 구분되어 있는 모습을 별상이라 한다. 무상(無常) · 무아(無我)와 같이 일체에 통하는 것이 총상이고, 땅의 굳은 것, 물의 젖는 것 같은 것은 별상이다.

137) 요의교(了義教)와 불료의교(不了義教) : ①만법의 진실한 뜻을 모두 밝혀서 말한 완전한 가르침을 요의교라 하고, 불완전한 가르침을 불료의교라 함. 유식종(唯識宗)에서 주장하길, 설일체유부(說一切有部)의 유교(有教)와 중관(中觀)의 공교(空教)는 아직 완전한 뜻을 설명하지 않고 방편에 그친 불료의교라 하고, 유식중도교(唯識中道教)를 요의교라 함. ②대승에서는 소승을 부처님의 가르침을 완전하게 드러내지 못했다고 하여 불료의교라 하고, 대승을 부처님의 가르침을 완전하게 드러낸 요의교라 함.

구부(九部)[138]의 가르침의 말씀을 따라 나아감에[139] 중생에게는 보는 눈이 없으므로, 반드시 다른 사람이 가르쳐야[140] 한다.

만일 듣는 귀가 없는 속인(俗人) 앞에서 말한다면, 반드시[141] 그를 출가(出家)시켜 계를 지키고 선정을 닦고 지혜를 배우게 해야 한다.

만약 보통을 넘는 뛰어난 역량을 가진[142] 속인이라면, 그에게는 그와 같이[143] 말해서는 안 되니,[144] 유마힐(維摩詰)[145]이나 부대사(傅大士)[146] 같

---

138) 구부(九部) : 구부경(九部經)의 약칭. ①소승 12부경 가운데 방광(方廣), 수기(授記), 무문자설(無問自說)의 3부를 제외한 소승교(小乘敎)의 구부(九部). ②대승 12부경 가운데 인연(因緣), 비유(譬喩), 논의(論議)의 3부를 제외한 대승교(大乘敎)의 구부. 일반적으로 는 소승의 구부교를 가리킴.

139) 향전(向前) : ①이전(以前). 종전(從前). 지난번. 얼마 전. ②앞으로. 장래. ③앞으로 나 아가다. 전진하다.

140) 조탁(雕琢) : ①(옥석을) 조각하다. ②(문구를) 지나치게 수식하다. ③(인간이나 기술 을) 연마하다. 갈고 닦다. 훈련시키다.

141) 직수(直須) : 반드시. 마땅히.(-해야 한다)

142) 과량(過量) : 보통이 넘는 뛰어난 역량을 가진.

143) 임마(恁麼) : =임(恁), 임적(恁的), 임지(恁地). 그와 같은. 그렇게. 여차(如此).

144) 부득(不得) : ①-하지 못하다. ②-해서는 안 된다.

145) 유마힐(維摩詰) : Vimalakirti. 부처님의 재가(在家) 제자. 비마라힐(毘摩羅詰)이라고도 음역. 정명(淨名)·무구칭(無垢稱)이라 번역. 인도 비야리국 장자(長者)로서, 속가(俗家) 에 있으면서 보살행업을 닦은 이. 그 깨달음이 높아서 불제자로도 미칠 수 없었다고 함. 『유마경(維摩經)』의 주인공.

146) 부대사(傅大士) : 497-569. 중국 양(梁)나라 말의 거사(居士). 497년 무주(婺州)에서 출생하였다. 성은 부(傅)이며 이름은 흡(翕), 자는 현풍(玄風)이다. 부대사라는 별칭 외에 쌍림대사(雙林大師), 동양거사(東陽居士), 선혜대사(善慧大士)라고도 한다. 24세에 숭두 타(嵩頭陀)에게 감동 받아 송산(松山)에 숨어 살며 수행하였다. 쌍림수(雙林樹) 아래에서 깨달음을 얻었으며, 거침없는 언행으로 출가자와 재가자들에게 존경을 받았다. 특히 양무

은 부류이기 때문이다.

만약 사문(沙門)[147] 앞에서 말한다면, 그 사문은 이미 백사갈마(白四羯磨)[148]를 받았고 계정혜(戒定慧)의 힘을 모두 갖추었는데, 다시 그에게 그와 같이 말한다면, 그것을 적당하지 않은 때의 말이라 하고, 마땅하지 않은 때의 말이라 하고, 기어(綺語)[149]라고도 한다.

만약 사문이라면, 모름지기 깨끗한 법 쪽의 때를 말해야 하고, 있음과 없음 등의 차별을 떠난 법을 말해야 하고, 모든 수행과 깨달음에서 벗어나야 하고, 또 벗어남에서도 벗어나야 한다.

만약 사문 가운데에서 오염된 습기(習氣)를 벗겨 낸 사문이라 하더라도 탐내고 성내는 병을 제거하지 못했다면, 역시 귀머거리 속인이라고 불러야 하니 모름지기 그에게 선(禪)을 닦고 지혜를 배우게 하여

제(梁武帝)를 귀의시켜 중국 불교 발전에 기여하였다. 말년에는 종산(鐘山) 정림사(定林寺)에 머물렀다.

147) 사문(沙門) : shramana. 상문(桑門·喪門)·사문(娑門)·사문나(沙門那)·사라마나(舍囉摩拏)라고도 쓰며, 식심(息心)·공로(功勞)·근식(勤息)이라 번역. 부지런히 온갖 좋은 일을 닦고, 나쁜 일을 일으키지 않는 이란 뜻. 외도(外道)·불교도를 불문하고 처자 권속을 버리고 수도 생활을 하는 이를 총칭하였으나, 후세에는 오로지 불문(佛門)에서 출가한 이를 말한다. 비구(比丘)와 같은 뜻으로 씀.

148) 백사갈마(白四羯磨) : 일백삼갈마(一白三羯磨)라고도 함. 대중 가운데서 일을 할 때에, 수계(授戒)와 같은 중요한 일에는 대중을 모으고 먼저 그 일의 경위를 자세히 말하는 것을 백(白)이라 하고, 다음에 세 번 그 가부(可否)를 물어 결정하는 것을 삼갈마(三羯磨)라 함. 곧 일백(一白)하고, 삼갈마하는 것을 합하여 백사갈마라 함. 비구와 비구니가 구족계(具足戒)를 받는 의식을 주로 가리킨다.

149) 기어(綺語) : 10악(惡)의 하나. 또는 잡예어(雜穢語)·무의어(無義語). 도리에 어긋나며 교묘하게 꾸민 말.

야 한다.

만약 이승(二乘)의 승려라면, 그는 탐내고 성내는 병을 없애고는 탐냄과 성냄이 없음에 머물러 그것을 옳다고 여길[150] 것인데, 이승의 승려가 도달한 지금의 무색계(無色界)[151]는 부처님의 광명(光明)을 가로막고 부처님의 몸에서 피를 흘리게 만드는 것이니, 역시 그로 하여금 선을 닦고 지혜를 배우게 하여야 한다.

夫語須辨緇素, 須識總別語, 須識了義不了義教語. 了義教辨淸, 不了義教辨濁. 說穢法邊垢揀凡, 說淸法邊垢揀聖. 從九部教說, 向前衆生無眼, 須人雕琢. 若於聾俗人前說, 直須教渠出家持戒, 修禪學惠.[152] 若是過量俗人, 亦不得向佗恁麼說, 如維摩詰, 傅大士等類. 若於沙門前說, 佗沙門已受白四羯磨訖, 具足全是戒定慧力, 更向佗恁麼說, 名非時語, 說不應時, 亦名綺語. 若是沙門, 須說淨法邊垢, 須說離有無等法, 離一切修證, 亦離於離. 若於沙門中, 剝除習染沙門, 除貪瞋病不去, 亦名聾俗, 亦須教渠修禪學惠. 若是二乘僧, 佗歇貪瞋病去盡, 依在無貪將爲是, 今無色界, 是障佛光明, 是出佛身血, 亦須教渠修禪學惠.

---

150) 장위(將爲) : -라고 여기다. -라고 알다. -라고 인정하다.

151) 무색계(無色界) : 3계의 하나. 욕계(欲界)의 각종 욕망을 모두 벗어나고, 또 색계(色界)의 육체를 벗어난 순 정신적 세계. 욕망을 벗어난 수행자가 색신(色身)에 얽매여 자유를 얻지 못함을 싫어하여 들어가는 세계. 이 세계에는 온갖 욕망과 형색(形色)은 없고 수(受)·상(想)·행(行)·식(識)의 4온(蘊)만 있다. 여기에 공무변처(空無邊處)·식무변처(識無邊處)·무소유처(無所有處)·비상비비상처(非想非非想處)의 4천이 있다. 이승(二乘)의 수행을 한 자가 들어가는 세계.

152) 惠 : '慧'와 같음. 이하 동일.

2. 삼구를 벗어나다

모름지기 깨끗한 말과 더러운 말을 분별하여야 하니, 더러운 법은 탐냄·성냄·좋아함[153]·취함[154] 등 여러 이름이 있다.

다만 깨끗하고 더러운 두 흐름에서 범부와 성인 등의 법과 색깔·소리·냄새·맛·촉감의 법과 세간법과 출세간법에 대하여 털끝만큼의 좋아함도 없고 취함도 없어서 좋아하고 취하지 않는 곳으로 돌아가서 좋아하고 취하지 않음에 머물러[155] 옳다고 여긴다면, 이제 초선(初善)이고, 마음을 조복(調伏)함에 머무는 것이고, 성문(聲聞)의 사람이고, 뗏목을 좋아하여 버리지 않는 사람이고, 이승(二乘)의 길이고, 선정(禪定)[156]의 결과이다.

좋아하여 취하지 않음으로 돌아가서, 또 좋아하여 취하지 않음에 머물지도 않는다면, 이것은 중선(中善)이고, 반자교(半字敎)[157]이고, 여

---

153) 애(愛) : 12인연의 하나. 애지(愛支). 좋아하는 것. 『성유식론(成唯識論)』에서는 다음 생을 받을 인연이 될 탐번뇌(貪煩惱)라 함.

154) 취(取) : 12연기의 하나. 취하여 가지는 것. 애(愛)를 연하여 일어나는 집착(執着). 또 애의 다른 이름. 번뇌의 총칭.

155) 의주(依住) : 의지하여 머물다.

156) 선나(禪那) : dhyana. 6바라밀의 하나인 선정(禪定). 타연나(馱衍那)라고도 쓰며, 선(禪)이라 약칭. 정려(靜慮)·사유수(思惟修)·정(定)이라 번역. 진정한 이치를 사유(思惟)하고, 생각을 안정케 하여 산란치 않게 하는 것.

157) 반자교(半字敎) : ↔만자교(滿字敎). 소승교를 말한 것. 반자(半字)라 함은 글자가 원만하지 못한 것으로, 소승교의 의리(義理)가 원만하지 못한 것에 비유함. 또 이는 아버지

전히[158] 무색계(無色界)이니 이승(二乘)의 길에 떨어짐은 면하고 마계(魔界)[159]의 백성이 가는 길에 떨어짐은 면하였으나, 여전히 선정(禪定)이라는 병이 들어 있고 보살(菩薩)의 길에 사로잡혀 있는 것이다.

좋아하여 취하지 않음에 돌아가 그곳에 머물지 않으면서도 또 알음알이를 짓지도 않고 알음알이에 머물지도 않으면, 이것은 후선(後善)이고, 만자교(滿字敎)[160]이고, 무색계에 떨어짐을 면하였고, 선정에 집착함을 면하였고, 보살승(菩薩乘)에 떨어짐을 면하였고, 마왕(魔王)의 지위에 떨어짐을 면하였으나, 지혜에 가로막힘이 있고 지위(地位)에 가로막힘이 있고 행위에 가로막힘이 있기 때문에 자기의 불성(佛性)을 보는 것이 마치 밤중에 색깔을 보는 것과 같다.

가령[161] 부처의 지위라고 하는 경우에는 두 가지 어리석음을 끊는 것이니, 하나는 미세한 알음알이의 어리석음이고 둘째는 극히 미세한 알음알이의 어리석음이다. 그러므로 말하길 큰 지혜를 가진 사람은 경계[162]를 부수고 경전에서 벗어난다고 하는 것이다.

가 어리석은 아들에게 먼저 반자를 가르치고, 만자를 가르치지 않는다고 한 『열반경』의 비유에 의한 것.

158) 유시(猶是) : 여전히 - 이다. 오히려 -이다.

159) 마계(魔界) : 악마의 세계. 번뇌망상하는 중생의 세계. =마경(魔境).

160) 만자교(滿字敎) : 소승교를 반자교(半字敎)라 하고, 대승교는 의리가 원만하여 글자가 완성된 것과 같으므로 만자교라 한다.

161) 여(如) : ①예를 들면. ②가령. 만약.

162) 진(塵) : ①대상. 경(境). 경계(境界). 육진경계(六塵境界). ②더러움. ③번뇌. ④결함. 결점. ⑤국토. 세계. 찰진(刹塵). ⑥티끌. 많은 숫자를 가리킴.

만약 세 마디 말[163]을 뚫고 벗어나 세 마디 말을 만나도 세 단계에 구속받지 않으면, 교가(教家)에서 비유하기를 마치 사슴이 세 번 뛰어서 그물을 벗어나는 것과 같고, 번뇌[164]를 벗어난 부처가 되었으니 그를 얽어맬 수 있는 것은 없다고 하고, 연등불(然燈佛)[165] 뒤의 부처에 속하고, 최상승(最上乘)이고, 가장 뛰어나고 뛰어난 지혜이고, 불도(佛道)의 위에 서 있는 것이다.

이 사람은 부처이고, 불성(佛性)을 가지고 있고, 범부를 깨달음으로 이끄는 도사(導師)[166]이고, 막힘 없이 부는 바람이고, 막힘 없는 지혜이다.

須辨淸濁語. 濁法者, 貪瞋愛取等多名. 但於淸濁兩流, 凡聖等法, 色聲香味觸法, 世間出世間法, 都不得有纖毫愛取, 歸不愛取, 依住不愛取將爲是, 今初善, 是住調伏心, 是

---

163) 삼구(三句) : 바로 앞에서 언급한 초선(初善), 중선(中善), 후선(後善)을 가리킴.

164) 전(纏) : 얽어매는 줄을 뜻함. 번뇌의 다른 이름. 번뇌는 사람의 몸과 마음을 얽어매어 자유롭지 못하게 하는 것이므로 전(纏)이라 함. 8전 · 10전 등의 구별이 있다. 무참(無慚) · 무괴(無愧) · 질(嫉) · 간(慳) · 회(悔) · 면(眠) · 도거(掉擧) · 혼침(昏沈)을 팔전(八纏)이라 하고, 여기에 분(忿) · 복(覆)을 더하여 십전(十纏)이라 한다.

165) 연등불(然燈佛) : 산스크리트로는 Dipankara−buddha이고, 정광불(錠光佛) · 정광불(定光佛) · 보광불(普光佛) · 등광불(燈光佛) 등으로도 번역한다. 과거불(過去佛)의 하나였는데, 석존(釋尊)이 보살로서 최초로 성불(成佛)의 수기(授記)를 받았던 것은 바로 이 연등불 때였다고 한다. 그때, 석존은 바라문 청년인 선혜(善慧)로서 연등불에게 연꽃을 받들어 올리고 진흙길에 자신의 머리칼을 펼쳐 깔아 연등불이 지나가게 하였다. 그 행위로 인해 연등불에게 장차 석가모니불이 될 것이라는 수기를 받게 되었다고 한다.

166) 도사(導師) : ①인도하는 스승. 부처님과 보살의 경칭. ②법회의 중심이 되어 법회를 이끄는 승려.

聲聞人, 是戀筏不捨人, 是二乘道, 是禪那果. 歸不愛取, 亦莫依住不愛取, 是中善, 是半字教, 猶是無色界, 免墮二乘道, 免墮魔民道, 猶是禪那病, 是菩薩縛. 歸不依住不愛取, 亦不作不依住知解, 是後善, 是滿字教, 免墮無色界, 免墮禪那執, 免墮菩薩乘, 免墮魔王位, 爲智障地障行障故, 見自己佛性, 如夜見色. 如云佛地, 斷二愚, 一微細所知愚, 二極微細所知愚. 故云有大智人破塵出經卷. 若透三句得遇, 不被三段管, 教家擧喩, 如鹿得三跳出網, 喚作纏外佛, 無物拘繫得渠, 是屬然燈後佛, 是最上乘, 最上上智, 是佛道上立. 此人是佛, 有佛性, 是導師, 是使得無所礙風, 是無礙惠.

3. 멀쩡한 살에 상처 내지 마라

뒤에 인과(因果)[167]와 복덕과 지혜[168]에서 자유로워질 수 있다면, 수레를 만들어 인과를 실어 나를 것이다.

삶을 만나서 삶에 머물러 있지 않고, 죽음을 만나서 죽음에 가로막히지 않고, 오음(五陰)[169]을 만나서 마치 문이 열린 것처럼 오음에 가로막히지 않으면, 가고 머묾에 자유롭고, 나가고 들어옴에 어려움이 없다.

만약 이와 같을[170] 수 있다면, 단계[171]와 뛰어나고 못남을 따지지 않을 것이다.

나아가 개미의 몸이라 하여도 다만 이와 같을 수 있다면, 모두가 깨

---

167) 인과(因果) : 인과법(因果法). 원인과 결과가 있는 법. 인과응보(因果應報)의 법. 업을 지으면 과보를 받는 법. 세간의 이법(二法)을 말한다. 불법은 비인비과(非因非果), 불생불멸(不生不滅)의 불이중도(不二中道)이다.

168) 복지(福智) : 복혜(福慧)라고도 함. 복덕과 지혜. 공덕(功德)과 지혜.

169) 오음(五陰) : 범어 panca-skandha. 오온(五蘊)이라고도 한다. 색온(色蘊), 수온(受蘊), 상온(想蘊), 행온(行蘊), 식온(識蘊)의 총칭임. 색은 물질을, 수·상·행·식은 마음의 작용을 나타내기 때문에, 오온은 물질계와 정신계의 양면에 걸치는 일체의 유위법(有爲法)을 가리킨다.

170) 습마(瘖麽) : =임마(恁麽), 여마(與麽). 이와 같이. 여차(如此).

171) 계제(階梯) : ①층층대. 계단. ②입문의 수단. 방법.

172) 불가사의(不可思議) : 불사의(不思議)라고도 함. 마음으로 생각할 수 없고 말로 형용할 수 없는 것. 깨달음 즉 법계(法界)의 실상(實相)을 가리키는 말.

끗하고 묘한 국토이고 불가사의(不可思議)[172]이다.[173]

그러나 이것은 여전히 결박을 푸는 말이다.

그에게는 본래 상처가 없으니, 그에게 상처를 입히지 마라.

부처도 상처이고 보살 등도 상처이다.

단지 있느니 없느니 하는 등의 법을 말하기만 하면, 모두가 상처를
입히는 것이다.

있음과 없음은 모든 법에 관여한다.

於後能使得因果福智自由, 是作車運載因果. 處於生不被生之所留, 處於死不被死之
所礙, 處於五陰如門開不被五陰礙, 去住自由出入無難. 若能潛廢, 不論階梯勝劣. 乃
至蟻子之身, 但能潛廢, 盡是淨妙國土, 不可思議. 此猶是解縛語. 彼自無瘡, 勿傷之
也. 佛瘡菩薩等瘡. 但說有無等法, 盡是傷也. 有無管一切法.

---

173) 개미나 파리나 지렁이 같은 미물조차도 모두 깨끗하고 묘하고 불가사의한 부처님이다.

4. 아라한에겐 불성이 없다

십지(十地)[174]는 더럽게 흐르는 강인데, 대중(大衆)은 깨끗한 흐름도 만들고, 깨끗한 모습을 세움도 말하고, 더러운 허물도 말한다.

---

174) 십지(十地) : 『화엄경』「십지품(十地品)」에 설해져 있는 보살수행의 52위 가운데서 제41위에서 제50위까지를 가리키는데, 보살로서는 최고의 경지이다. 이 10위는 불지(佛智)를 생성하고 능히 주지(住持)하여 움직이지 아니하며 온갖 중생을 짊어지고 교화를 이롭게 하는 것이 마치 대지가 만물을 싣고 이를 기름지게 하는 것과 같으므로 지(地)라 이른다. ①환희지(歡喜地; 처음으로 참다운 중도지(中道智)를 내어 불성의 이치를 보고 견혹(見惑)을 끊으며 능히 자리이타(自利利他)하여 진실한 희열에 가득 찬 지위), ②이구지(離垢地; 수혹(修惑)을 끊고 범계(犯戒)의 더러움을 제거하여 몸을 깨끗하게 하는 지위.), ③발광지(發光地; 수혹을 끊어 지혜의 광명이 나타나는 지위), ④염혜지(焰慧地; 수혹을 끊어 지혜가 더욱 밝게 일어나는 지위), ⑤난승지(難勝地; 수혹을 끊고 진지(眞智)·속지(俗智)를 조화하는 지위), ⑥현전지(現前地; 수혹을 끊고 최승지(最勝智)를 내어 무위진여(無爲眞如)의 모양이 나타나는 지위), ⑦원행지(遠行地; 수혹을 끊고 대비심을 일으켜 2승의 오(悟)를 초월하여 광대무변한 진리 세계에 이르는 지위), ⑧부동지(不動地; 수혹을 끊고 이미 전진여(全眞如)를 얻었으므로 다시 동요되지 않는 지위), ⑨선혜지(善慧地; 수혹을 끊어 부처님의 십력(十力)을 얻고 여러 중생의 부류에 대하여 교화의 가부(可否)를 알아 오묘하게 설법하는 지위), ⑩법운지(法雲地; 수혹을 끊고 끝없는 공덕을 구비하고서 사람을 이롭게 하는 일을 행하여 대자운(大慈雲)이 되는 지위).

175) 향전(向前) : 이전(以前). 종전(從前). 지난번. 얼마 전.

176) 사리불(舍利弗) : Shariputra. 석가모니의 제자. 추자(鶖子)라 번역하고, 사리자(舍利子)라고도 한다. 젊었을 때부터 학문에 뛰어났는데, 당시 유명한 논사(論師)라고 일컬어지는 육사외도(六師外道)의 한 사람인 산자야 밑에서 출가승이 되었다. 불제자 아사지의 가르침을 듣고 깨달아 목건련(目犍連) 및 250명의 제자들과 함께 불제자가 되었는데, 석가도 그를 높이 평가하였다. 경전 중에는 석가를 대신하여 설법한 경우도 적지 않음을 볼 수 있다. 소위 10대 제자 중 수제자로, 지혜가 가장 뛰어나 지혜제일(智慧第一)로 칭송되

예전[175]의 십대제자(十大弟子)인 사리불(舍利弗)[176]과 부루나(富樓那)[177], 바르게 믿은 아난(阿難)[178]과 어긋나게 믿은 선성(善星)[179] 등은 한 사람 한 사람에게 본보기[180]인 부처님이 계셨고, 한 사람 한 사람에게 부처님의 가르침인 법(法)이 있었고, 한 사람 한 사람에게 부처님께서 숨김 없이 말씀하셨지만,[181] 이들이 어찌 사선팔정(四禪八定)[182]에 든 아라한

었다고 전한다.

177) 부루나(富樓那) : Purna. 만원자(滿願子) · 만축자(滿祝子) · 만자자(滿慈子)라 번역. 인도 교살라국 사람. 바라문 종족의 출신. 가정은 큰 부자로서 부처님과 생년월일이 같다. 대단히 총명하여 어려서 4베다(吠陀) · 5명(明)을 통달. 진세(塵世)를 싫어하여 입산 수도. 부처님이 성도하여 녹야원에서 설법하신다는 말을 듣고 친구들과 함께 부처님께 귀의, 아라한과를 얻었다. 말솜씨가 훌륭하여 불제자 중에 설법제일(說法第一).

178) 아난(阿難) : 아난다(阿難陀). 석가의 10대 제자 중 한 사람이다. 아난다라는 인도말은 환희 · 기쁨(慶喜)을 뜻한다. 아난은 석가의 사촌 동생이다. 『대지도론(大智度論)』에 따르면 아난다는 용모가 출중하였는데, 이것이 출가 후 아난다가 많은 부녀자들에게 유혹을 당하는 원인이 되기도 했다. 석가가 성도 후 귀향하였을 때, 난다(難陀) · 아나율(阿那律) 등과 함께 그를 따라 출가하였다고 한다. 대중들의 천거에 의하여 아난다가 20여 년 동안 시자(侍者)를 맡아 가까이서 석가를 모시면서 그의 말을 가장 많이 들었으므로, 다문제일(多聞第一) 아난다로 불렸다. 석가가 80세에 숨을 거둘 때 곁에서 지켜보았으며, 석가가 죽은 후 가섭의 지휘 아래 이루어진 경(經)의 편찬, 즉 결집(結集)에 참가하여 지대한 업적을 남겼다.

179) 선성(善星) : 『열반경(涅槃經)』 「가섭품」에 나오는 이야기이다. 선성(善星)은 인도의 비구(比丘)로서, 출가하여 12부경을 독송하여 욕계(欲界)의 번뇌를 끊고 제4선정(禪定)을 얻었는데, 그만 나쁜 친구와 사귀어 사견(邪見)을 일으켜 부처님에 대하여 나쁜 마음을 내었기 때문에, 니련선하 언덕에서 대지가 갈라지면서 산 채로 아비지옥에 떨어졌다고 한다.

180) 방양(㮈樣) : 본보기. 모범.

181) 설파(說破) : 숨김없이 말하다. 누설하다. 폭로하다. 내막을 밝혀 말하다.

182) 사선팔정(四禪八定) : 사선(四禪)은 색계(色界)의 사선, 팔정(八定)은 색계의 사선과

(阿羅漢) 등이 아니겠는가?[183]

팔만 겁 동안 선정에 머물렀으니, 그들은 수행에 의지하고 집착하여 깨끗한 법의 술에 취한 이들이었다.

그러므로 "성문(聲聞)의 사람은 불법을 들어도 위없는 깨달음의 마음을 낼 수 없다."[184]고 하였다.

그러므로 그들은 선근(善根)을 끊은 사람들이고, 불성(佛性)이 없는 사람들이다.

경전에서 말하기를 "해탈이라고 부르는[185] 깊은 구덩이는 두려워해야 할 곳이다."[186]라고 하였다.

무색계(無色界)의 사무색정(四無色定)을 합한 것. 색계사선(色界四禪)은 초선(初禪)·이선(二禪)·삼선(三禪)·사선(四禪)의 넷이고, 무색계의 사무색정은 공무변처정(空無邊處定)·식무변처정(識無邊處定)·무소유처정(無所有處定)·비상비비상처정(非想非非想處定) 등 넷이다.

183) 불시(不是) : =기불시(豈不是)? 어찌 -가 아니랴?

184) 『설무구칭경(說無垢稱經)』「제8보리분품(菩提分品)」에 다음과 같은 내용이 있다: "이 까닭에 중생은 부처님의 은혜를 갚을 수 있지만, 성문과 독각은 마침내 부처님의 은혜를 갚을 수 없습니다. 까닭이 무엇일까요? 중생이 불법승(佛法僧)의 공덕을 듣고서 삼보(三寶)의 씨앗이 되어 끝내 끊어짐이 없다면, 위없는 바르고 평등한 깨달음의 마음을 낼 수 있어서 점차 모든 불법을 갖출 수 있지만, 성문과 독각은 설사 죽을 때까지 여래의 십력(十力)과 사무외(四無畏) 등 나아가 불공불법(不共佛法)의 모든 공덕이 있음을 듣고서도 마침내 바르고 평등한 깨달음의 마음을 낼 수 없습니다."(是故異生能報佛恩, 聲聞獨覺終不能報. 所以者何? 異生聞佛法僧功德, 爲三寶種終無斷絶, 能發無上正等覺心, 漸能成辦一切佛法, 聲聞獨覺假使終身, 聞說如來力無畏等乃至所有不共佛法一切功德, 終不能發正等覺心.)

185) 환작(喚作) : -라 여기다. -라 부르다. =환주(喚做).

186) 이 구절이 어떤 경전에 나오는 것인지는 찾을 수 없다.

한순간[187] 마음이 게을러져서 물러나면[188] 지옥으로 떨어지는 것이 쏜살같을 것이지만, 물러난다고만 줄곧[189] 말해서도 안 되고, 또 물러나지 않는다고만 줄곧 말해서도 안 된다.

예컨대[190] 문수보살과 관세음보살과 대세지보살 등 대승의 보살들이 소승인 수다원(須陀洹)[191]의 지위로 돌아와[192] 수다원들을 꾀어서 대승으로 끌어들인다면, 그들이 물러났다고 말해서는 안 되니, 이러한 때에는 단지 수다원의 지위에 있는 사람 노릇을 한다고 말해야 한다.

十地是濁流河, 衆作淸流, 說竪淸相, 說濁過患. 向前十大弟子, 舍利弗·富樓那·正信阿難·邪信善星等, 箇箇有牓樣, 箇箇有則候, 一一被導師說破, 不是四禪八定阿羅漢等? 住定八萬劫, 他是依執所行, 被淨法酒醉. 故云: "聲聞人聞佛法, 不能發無上道心." 所以斷善根人無佛性. 敎云: "喚作解脫深坑可畏之處." 一念心退轉, 墮地獄猶如箭射, 亦不得一向說退, 亦不得一向說不退. 秖如文殊觀音勢至等, 卻來須陀洹地, 同類誘引, 不得言他退, 當瘡瘥時, 秖喚作須陀洹人.

---

187) 일념(一念) : 한순간. 한 생각. 극히 짧은 시간.

188) 퇴전(退轉) : ①되돌아가다. 되돌리다. ②수행을 게을리하거나 구도심이 퇴보하다.

189) 일향(一向) : ①한 조각. =일편(一片). ②단순히. 줄곧. 오로지. =일미(一味). ③한순간. =일향(一餉), 일향자(一向子).

190) 지여(秖如) : =지우(至于), 약부(若夫), 지여(只如). ①-에 대하여는. -과 같은 것은. ②예컨대. ③그런데.

191) 수다원(須陀洹) : 예류(預流), 입류(入流)라고 번역. 소승(小乘) 수행자인 성문(聲聞)이 얻는 깨달음의 4가지 증과(證果) 가운데 첫 번째. 사과(四果)는 수다원과·사다함과·아나함과·아라한과이다.

192) 각래(卻來) : ①돌아오다. ②도리어. 사실은.

5. 거울 같은 깨달음

다만 지금[193] 거울처럼 깨어 있을[194] 뿐, 있거나 없는 온갖 것들에 얽

---

193) 여금(如今) : 지금. 현재.

194) 감각(鑑覺) : 거울처럼 비추다. 거울처럼 깨어 있다. 거울 같은 깨달음. 백장회해(百丈
懷海)는 감각(鑑覺)을 깨달은 사람의 마음상태 혹은 깨달은 사람의 의식(意識)을 가리키
는 말로 사용한다. 거울은 늘 깨끗하면서도 삼라만상이 빠짐없이 거울 속에 나타난다. 원
만한 거울이 삼라만상을 인연에 따라 왜곡 없이 비추지만 삼라만상에 오염되지 않듯이,
좋아하거나 싫어하는 의도가 개입되지 않은 본래의 마음은 만법을 인연에 따라 있는 그대
로 비추면서도 만법에 오염됨이 없다는 뜻. 대원경지(大圓鏡智)나 해인삼매(海印三昧)와
같은 뜻. 당송대(唐宋代)에 사용된 사례를 보면 다음과 같다. "자성(自性)은 원래 경계가
아니고 미묘한 대해탈문이며, 가지고 있는 감각(鑑覺; 거울 같은 깨달음)은 더럽혀지지도
않고 가로막히지도 않는다."(自性元非塵境, 是箇微妙大解脫門, 所有鑑覺不染不礙.)(『경덕
전등록』 제7권 '경조부장경사회휘선사(京兆府章敬寺懷惲禪師)') "놓아서 비우고 내키는 대
로 가고 머물면서 고요히 그 원류(源流)를 감각(鑑覺; 거울처럼 깨달으면)하면, 말과 침묵
에서 현미(玄微)함을 잃지 않고 움직임과 고요함에서 법계를 벗어나지 않을 것이다."(放
曠任其去住, 靜鑒覺其源流, 語默不失玄微, 動靜未離法界.)(『경덕전등록』 제30권 '오대산진
국대사징관답황태자문심요(五臺山鎭國大師澄觀答皇太子問心要)') "이름과 구절은 스스로
이름과 구절이 아니라, 도리어 그대 눈앞에서 밝고 신령스럽게 감각(鑑覺; 거울처럼 비추
어)하여 듣고 알고 비추고 밝히는 것이 모든 이름과 구절을 만드는 것이다."(且名句不自
名句, 還是爾目前昭昭靈靈鑒覺聞知照照燭底, 安一切名句.)(『진주임제혜조선사어록』(鎭州臨
濟慧照禪師語錄)) "허공의 본체를 말하자면 역시 양쪽이 없고 또 차별되는 헛된 모습이 아
니다. 그러나 다만 어두울 뿐 영감(靈鑑; 신령스레 깨어 있는 거울)이 없다. 지금 이 실성
(實性)은 스스로 영통(靈通)하고 각료(覺了)하여 어둡지 않다. 그러므로 같지 않다고 하
고, 그 까닭에 조사가 말했다. '텅 비고 고요한 본체의 위에 스스로 근본 지혜가 있어서 온
갖 것들을 알 수 있다. 안다(지(知))는 한 글자는 온갖 묘함의 문이다.' 대체로 그 뜻을 말
하면, '모든 더러움과 깨끗함에 두루 통하는 법 속에는 진실한 본체가 있어서 또렷이 감각

매이지 않고, 세 마디 말과 거역하거나 순응하는 온갖 경계(境界)[195]들을 벗어나기만 하면, 헤아릴 수 없이 많은 부처가 세간(世間)에 나타난다는 소식을 듣더라도 마치 듣지 않은 것과 같을 것이고, 또 듣지 않는다는 곳에 머물지도 않고, 머물지 않는다는 생각도 하지 않을 것이다.

그것을 일러 이[196] 사람은 물러나지 않았고 수량으로 그를 얽어맬 수 없다고 하니,[197] 곧 부처가 세간에 늘 머물면서도 세간법에 더럽혀지지 않는 것이다.

(鑑覺: 거울처럼 밝게 깨어 있으니)하니, 그것을 일러 마음이라고 한다."(謂虛空體亦無二邊, 亦非差別虛相. 然但昏鈍, 而無靈鑒. 今此實性, 自在靈通, 覺了不昧. 故云不同等, 故祖師云: "空寂體上, 自有本智, 能知. 知之一字, 衆妙之門." 大抵意云: "於一切染淨融通法中, 有眞實之體, 了然鑒覺, 目爲心.")(『기신론소필삭기(起信論疏筆削記)』제6권) 한편 감각(鑑覺)을 분별의식을 가리키는 말로 사용하는 경우도 있다. "마음으로써 감각(鑑覺)할 수 있음을 일러 안다(지(知)고 한다."(以心能鑒覺, 但名爲知.)(『수능엄의소주경(首楞嚴義疏注經)』제1권 2) "삶과 죽음에서 헤매는 가운데 본래의 지혜가 아직 드러나진 않았지만, 의식(意識)으로 분별하니 감각(鑑覺)이 있는 듯하다."(生死迷中, 本智未顯. 意識分別, 似有鑒覺.)(『금강경찬요간정기(金剛經纂要刊定記)』제7권) "평소 배우는 사람을 보면, 많은 이들이 눈앞의 감각(鑑覺)을 인식하여 지견(知見)을 구하고 이해를 찾으면서 쉴 때가 없다."(尋常見學者, 多認目前鑑覺, 求知見覓解會, 無有歇時.)(『대혜보각선사보설(大慧普覺禪師普說)』제13권)

195) 경계(境界): 분별된 대상(對象). 분별하여 차별되는 경계선이 생긴 대상이라는 뜻.

196) 자개(者箇): 이. 이것.

197) 불착(不着): =불용(不用). 불수(不須). ①-할 필요 없다. ②-할 수 없다.

198) 법륜(法輪): Dharmacakra. 부처님의 가르침을 말함. 부처님의 가르침이 중생의 번뇌 망상을 없애는 것이, 마치 전륜성왕의 윤보(輪寶)가 산과 바위를 부수는 것과 같으므로 법륜이라 한다. 또 교법은 한 사람 한 곳에 머물러 있지 아니하고, 늘 굴러서 여러 사람에게 이르는 것이 마치 수레바퀴와 같으므로 이렇게 이름.

부처님이 법바퀴[198]를 굴리고서 물러났다고 하면 불법승(佛法僧)[199]을 비방하는 것이고, 부처님은 법바퀴를 굴리지도 않았고 물러나지도 않았다고 하면 역시 불법승을 비방하는 것이다.

승조(僧肇)[200]가 말했다.

"깨달음의 길은 헤아릴 수 없다. 높아서 위가 없으니 그 크기의 끝이 없고, 깊어서 바닥이 없으니 그 깊이를 잴 수 없다."[201]

---

199) 불법승(佛法僧) : 3보(寶)라 하니, 우주의 진리를 깨달은 불타(佛陀), 불타가 진리를 가르치기 위해 말씀하신 교법(敎法), 교법을 따라 수행하는 승려(僧侶)의 집단인 승가(僧家)를 아울러 일컫는 말.

200) 승조(僧肇) : 384-414. 경조(京兆; 西安) 사람으로 오나라 지겸(支謙)이 번역한 『유마경(維摩經)』을 읽은 뒤 "비로소 돌아갈 곳을 알았다."라고 기뻐하고 곧 출가했다. 구마라집(鳩摩羅什)을 따라 장안으로 가서 요흥의 명에 의해서 승예(僧叡) 등과 함께 번역을 도왔다. 홍시 7년(405) 『대품반야경』이 번역되었을 때 승조는 『반야무지론(般若無知論)』을 저술해서 구마라집에게 바쳤는데 구마라집에게 칭찬을 받았다. 그가 저술한 『유마경주』는 오늘날까지 광채를 발하는 명저다. 또 『부진공론(不眞空論)』, 『물불천론(物不遷論)』, 『열반무명론(涅槃無名論)』, 『반야무지론』으로 구성된 『조론(肇論)』을 저술하고 여러 경론의 서문도 썼다. 승조는 반야공(般若空)을 즉색(卽色) · 심무(心無) · 본무(本無)라고 해석한 격의불교(格義佛敎)를 바로잡고, 구마라집에게 배운 반야중관 사상에 기초해서 새로운 반야공의 의미를 드러냈다. 구마라집 이후 중국불교가 새로운 전기를 맞이하는 데는 승조의 공적이 대단히 컸다. 위의 저술 외에 『백론서(百論序)』, 『장아함경서(長阿含經序)』, 『보장론(寶藏論)』, 『범망경서(梵網經序)』, 『금강경주(金剛經註)』, 『법화경번역후기(法華經飜譯後記)』, 『구마라집법사뢰』가 있다. 『보장론』 이하 5종의 저술은 오늘날 그의 것이 아니라고 하기도 하고, 생몰연대가 378-414년 이라는 설도 있다.

201) 승조(僧肇)가 지은 『조론(肇論)』의 「구절십연자(九折十演者)」 가운데 '위체제삼(位體第三)'에서 경전(經典)의 구절이라고 인용되어 있는 문장. 『보요경(普曜經)』 「제19 항도선사품(行道禪思品)」에 '高而無上廣不可極, 淵而無下深不可測.'의 네 구절이 있다.

祇如今鑑覺, 但不被一切有無諸法管, 透三句及一切逆順境得過, 聞百千萬億佛出世間, 如不聞相似, 亦不依住不聞, 亦不作不依住知解. 說他者箇人退不得, 量數管他不着, 是佛常住世間, 而不染世間法. 說佛轉法輪退, 是謗佛法僧, 說佛不轉法輪不退, 亦是謗佛法僧. 肇云: "菩提之道, 不可圖度. 高而無上廣不可極, 淵而無下深不可測."

6. 말하면 허물이 생긴다

말을 하면 과녁이 생겨 화살을 부르니, 거울처럼 깨어 있다고 말하면 도리어 옳지 않다.

더러움으로 말미암아 깨끗함을 판별하니, 지금 거울처럼 깨어 있다고 말하는 것은 허락하지만, 이 밖에 따로 있다면 모두 마귀의 말이다.[202]

만약 지금의 거울처럼 깨어 있음을 굳게 지킨다면, 역시 마귀의 말과 같고, 또 자연외도(自然外道)[203]의 말이라고 일컫는다.

지금 거울처럼 깨어 있는 것이 자기의 부처라고 하면, 보잘것없는[204] 말이고, 헤아리는 말이고, 들여우[205]의 울음소리와 같고, 도리어 끈끈이나 아교풀처럼 사람을 얽어매는 가르침[206]에 속한다.

---

202) 불이중도(不二中道)의 진리는 분별과 상대를 떠났으니, 상대적으로 분별하여 말할 수 없다. 다만 방편으로는 상대적이고 분별되는 개념을 말할 수는 있으나, 절대적으로 무엇이 있다고 주장한다면, 이러한 주장은 모두가 헛된 망상이라는 뜻.

203) 자연외도(自然外道) : 만물이 자연에서 저절로 생긴다고 주장하는 학파. 주재자(主宰者)나 자유의지(自由意志)를 부정함.

204) 척촌(尺寸) : ①자[척(尺)]와 치[촌(寸)]. 길이의 단위. ②한 자와 한 치. 보잘것없고 사소함을 가리키는 말.

205) 야간(野干) : ①들여우. 푸르고 누런 털빛을 가지고 있고 개와 비슷하게 생겼으며, 떼를 지어 돌아다니며 밤에 우는데 그 울음소리가 이리와 비슷하고, 몸집에 비하여 꼬리가 크고 나무를 잘 탄다고 한다. ②터무니없는 사람. 엉터리.

206) 이교문(膩膠門) : 이(膩)는 끈끈이, 교(膠)는 아교풀이니, 이교문이란 사람을 얽어매어

語也垛生招箭, 言鑒覺猶不是. 從濁辨淸, 許說如今鑒覺, 是外別有, 盡是魔說. 若守住如今鑒覺, 亦同魔說, 亦名自然外道說. 如今鑒覺是自己佛, 是尺寸語, 是圖度語, 似野干鳴, 猶屬繫膠門.

7. 병이 나으면 약은 버려라

본래 스스로 알고 스스로 깨닫는 것이 곧 자기의 부처인 줄 알지 못하고, 밖으로 찾아다니며[207] 부처를 구하는데, 선지식이 말한 "스스로 알고 스스로 깨닫는다."는 방편의 약(藥)에 의지하여 밖으로 찾아다니며 구하는 병을 치료하면, 밖으로 찾아다니며 구하지 않게 된다.

병이 나으면 약은 반드시 버려야 한다.

만약 스스로 알고 스스로 깨닫는다는 것에 고집스레 머문다면, 이것은 선병(禪病)[208]이고 확실한 성문(聲聞)이니, 마치 물이 얼어 얼음이 되면 비록 얼음이 모두 물이지만 목마름을 해갈시킬 수 없는 것과 같다.

그러므로 "반드시 죽을 병에 대해서는 뛰어난 의사[209]라도 손쓸 도

---

207) 치구(馳求) : 찾아서 다니다. 찾아서 헤매다.

208) 선병(禪病) : 참선공부하는 사람의 잘못된 공부 때문에 일어나는 심신(心身)의 문제. 그 사람의 공부를 가로막아 깨달음을 얻지 못하게 하고, 도리어 심신을 괴롭게 하므로 병이라고 한다.

209) 세의(世醫) : 대대로 의업(醫業)에 종사하는 사람, 또는 그 집.

210) 공수(拱手) : 팔짱을 끼고 가만히 있음. 어찌해 볼 도리가 없음.

211) 『대반열반경(大般涅槃經)』 제9권 「제46 여래성품(如來性品)」에 이런 구절이 나온다 : "선남자여, 다시 8종류를 넘는 의술을 가진 뛰어난 의사는 중생이 가진 병고를 치료할 수 있으나, 다만 반드시 죽을 병은 치료할 수 없다. 대열반대승경전(大涅槃大乘經典)도 이와 같아서 중생의 모든 번뇌를 제거하여 여래의 깨끗하고 묘한 인연에 머물도록 할 수 있고 또 아직 마음을 내지 않은 자가 마음을 내도록 할 수 있으나, 다만 믿음이 없고 선근(善

리가 없다. "210),211)고 하는 것이다. 212)

애초부터 부처가 아니니, 부처라는 견해를 만들지 마라.

부처는 중생을 위하여 처방한 약인데, 병이 없으면 약을 먹을 필요가 없다.

약과 병이 모두 사라지면, 비유컨대 깨끗한 물과 같다.

부처는 감초(甘草)를 우려낸 물과 같고 꿀을 탄 물과 같아서 지극히 달고 향기롭다.

만약 깨끗한 물과 같은 쪽에서 헤아린다면, 없는 것이 아니라 본래 있는 것이라고 할 수도 없고, 또 "이 도리는 모든 사람에게 본래 있다."고 할 수도 없다. 213)

모든 부처님과 보살님을 일러 구슬을 보여 주는 사람이라고 부르지만, 구슬은 본래 하나의 물건이 아니므로 그것214)을 알 필요도 없고, 215) 그것을 이해할 필요도 없고, 그것을 옳다고 여길 필요도 없고, 그것을 그르다고 여길 필요도 없다.

根)이 끊어져서 반드시 죽을 병에 걸린 일천제(一闡提)들은 구제할 수 없다."(善男子, 復有良醫過八種術能除衆生所有病苦, 唯不能治必死之病. 是大涅槃大乘經典亦復如是, 能除衆生一切煩惱, 安住如來清淨妙因, 未發心者令得發心, 唯除必死一闡提輩.)

212) 참선공부가 잘못되어 어떤 경계에 머물러 집착하면 깨달음을 방해하므로, 도리어 공부를 안 한 것보다 못한 결과가 됨을 가리키는 말.

213) 깨달음의 도리가 본래부터 모든 사람에게 갖추어져 있다고 하는 말도 역시 견해이니 법에 알맞은 깨끗한 말은 아니다.

214) 거(渠) : (3인칭 대명사) 그. 그이. 그 사람. =타(他).

215) 불용(不用) : ①-할 필요 없다. ②-하지 마라.

다만 양쪽으로 분별되는 상대적인 말[216]을 끊기만 하라.

있다는 말과 있지 않다는 말을 끊고, 없다는 말과 없지 않다는 말을 끊으면, 양쪽의 흔적이 나타나지 않아서 그대는 양쪽에 사로잡히지 않을 것이고, 숫자로 헤아리는 것[217]에 매이지도 않을 것이다.

부족함도 아니고 만족함도 아니며, 범부도 아니고 부처도 아니며, 밝음도 아니고 어둠도 아니며, 앎도 아니고 모름도 아니며, 얽매임도 아니고 해탈도 아니다.

어떤 이름도 아니라면, 무엇 때문에[218] 진실한 말이 아니겠는가?

本來不認自知自覺是自己佛, 向外馳求覓佛, 假善知識說出自知自覺作藥, 治箇向外馳求病, 歸不向外馳求. 病瘥須除藥. 若執住自知自覺, 是禪那病, 是轍底聲聞, 如水成冰, 全冰是水, 救渴難望. 亦云: "必死之病, 世醫拱手." 無始不是佛, 莫作佛解. 佛是衆生邊藥, 無病不要喫藥. 藥病俱消, 喻如淸水. 佛似甘草和水, 亦似密和水, 極是甘美. 若同淸水邊數, 卽不着, 不是無是本有, 亦云此理是諸人本有. 諸佛菩薩喚作示珠人, 從來不是箇物, 不用知渠解渠, 不用是渠非渠. 但割斷兩頭句. 割斷有句不有句, 割斷無句不無句, 兩頭跡不現, 兩頭捉汝不着, 量數管汝不得. 不是欠少, 不是具足, 非凡非聖, 非明非暗, 不是有知, 不是無知, 不是繫縛, 不是解脫. 不是一切名目, 何以不是實語?

---

216) 양두구(兩頭句) : =양두어(兩頭語). 양쪽의 말. 상대적인 의미를 가진 두 말. 상대어 (相對語).

217) 양수(量數) : ①수를 계산함. ②수량(數量).

218) 하이(何以) : ①무엇으로. 어떻게. ②(대명사) 왜. 어째서. 무엇 때문에.

8. 반야에는 의지할 수 없다

어떻게[219] 허공을 쪼아서 부처의 모습을 만들 수 있으랴?

어떻게 허공이 푸르다거나 누렇다거나 붉다거나 희다고 말할[220] 수 있으랴?

가령 법에는 견줄 것이 없다고 한다면, 설명할 수 없기 때문이다.

법신(法身)[221]은 무위(無爲)[222]이니 어떤 숫자에도 속하지 않는다.

그러므로 말한다.

"깨달음[223]에는 이름이 없으니, 참된 도리를 말할 수 없다. 공문(空門)에는 다가가기 어려우니, 비유하면 파리[224]가 어디에든지 앉을 수 있지만, 오직 불꽃 위에는 앉을 수 없는 것과 같다. 중생도 그러하여 어디에든 의지할 수 있지만, 오직 반야(般若)[225]에는 의지할 수 없다."[226]

---

219) 약위(若爲) : 어떻게. 어떠한가? 어찌 ―할 수 있으랴? 어떻게 해야―?

220) 설도(說道) : 말하다, ―라고 말하다.(남의 말을 직접화법으로 인용)

221) 법신(法身) : dharma-kaya. 3신(身)의 하나. 법은 진여(眞如), 법계의 이(理)와 일치한 부처님의 진신(眞身). 빛깔도 형상도 없는 마음의 본체.

222) 무위(無爲) : asamskrta. 모든 법의 진실체를 말함. 위(爲)는 위작(爲作)·조작(造作)의 뜻. 곧 분별로 위작·조작을 하지 않아 생·주·이·멸 4상(相)의 변천이 없는 진리를 말한다. 열반(涅槃)·법성(法性)·실상(實相) 등은 무위의 다른 이름이다.

223) 성체(聖體) : 깨달음의 본체. 깨달음. 깨달은 마음. 본래 마음. 본성.

224) 대말충(大末蟲) : =태말충(太末蟲). 파리.

225) 반야(般若) : prajna. 지혜(智慧)라 번역. 깨달음의 지혜이니 곧 깨달음이다.

226) 누구의 말을 인용한 것인지 알 수 없다.

若爲雕琢虛空, 作得佛相貌? 若爲說道虛空是靑黃赤白作得? 如云法無有比, 無可喩故. 法身無爲, 不墮諸數. 故云: "聖體無名, 不可說如實理. 空門難湊, 喩如大末蟲處處能泊, 唯不能泊於火燄之上. 衆牛亦爾, 處處能緣, 唯不能緣於般若之上."

9. 마귀의 그물을 벗어나라

선지식(善知識)[227]을 찾아가서 하나의 지식과 하나의 이해를 구하면, 이것은 선지식 마귀이니 말로써 견해를 내기 때문이다.

사홍서원(四弘誓願)[228]을 내어 이제 모든 중생을 남김없이 제도(濟度)[229]한 이후에 내가 비로소 깨달아 부처가 된다고 한다면, 이것은 보살의 법지(法智)[230]라는 마귀이니 서원을 버리지 않기 때문이다.

만약 재계(齋戒)[231]를 지키고 선정(禪定)을 닦고 지혜를 배운다면, 이

---

227) 선지식(善知識) : 범어 kalyanamitra의 번역. 바른 도리를 가르치는 자를 선지식(善知識)·선우(善友)·친우(親友)·승우(勝友)·선친우(善親友) 등이라 하고, 그릇된 길로 인도하는 자를 악지식(惡知識)·악우(惡友)·악사(惡師)라 한다. 단지 지식(知識)이라고 할 때에는 선지식(善知識)의 뜻이다.

228) 사홍서원(四弘誓願) : 온갖 보살에게 공통된 네 가지 큰 서원. ①중생무변서원도(衆生無邊誓願度)=고통 세계의 중생을 그 수가 한이 없다 할지라도 다 제도하려는 소원. ②번뇌무진서원단(煩惱無盡誓願斷)=번뇌가 한이 없다 할지라도 다 끊으려는 소원. ③법문무량서원학(法門無量誓願學)=법문이 한량없이 많지만 다 배우려는 소원. ④불도무상서원성(佛道無上誓願成)=위없는 불과(佛果)를 이루려는 소원.

229) 제도(濟度) : 미혹한 세계에서 생사만을 되풀이하는 중생들을 건져내어, 생사 없는 열반의 저 언덕에 이르게 함. =득도(得度).

230) 법지(法智) : 10지(智)의 하나. 법의 본성을 잘 아는 지혜.

231) 재계(齋戒) : 식사와 행동하는 것을 삼가고, 몸과 마음을 깨끗하게 함. 팔재계(八齋戒)의 준말. 팔재계란 팔관재계(八關齋戒)·팔계재(八戒齋)·팔계(八戒)·팔지재법(八支齋法)·팔소응리(八所應離)라고도 하는데, 재가자가 하루 동안 받아 지키는 여덟 가지 계율. 중생을 죽이지 말라·훔치지 말라·음행하지 말라·거짓말하지 말라·술 먹지 말라·꽃다발 쓰거나 향 바르고 노래하고 풍류를 즐기지 말며 가서 구경하지 말라·높고 넓

것은 유루(有漏)[232]의 선근(善根)[233]이니 설령[234] 도량(道場)[235]에 앉아 평등하고 바른 깨달음을 이루어 헤아릴 수 없이 많은 사람을 남김없이 제도하고 벽지불(辟支佛)[236]의 깨달음을 얻는 모습을 나타내더라도, 이것은 선근이라는 마귀이니 탐냄과 집착을 일으키기 때문이다.

만약 모든 법에 대하여 전혀 탐내거나 물들지 않고 불가사의한 깨달음[237]만이 남아 있으면서 매우 깊은 선정(禪定)에 머물러 다시는 앞으

고 큰 잘 꾸민 평상에 앉지 말라 · 때 아닌 때에 먹지 말라 등 8계. 이 가운데 제8은 재, 나머지 일곱은 계. 또는 6번째 항목을 꽃다발로 꾸미거나 장식물로 꾸미지 말라 · 노래하고 춤추며 풍류를 즐기지 말라의 둘로 나누어서 8계와 1재를 말한다고도 함. 관(關)은 금지한다는 뜻.

232) 유루(有漏) : ←무루(無漏). 루(漏)는 누설(漏泄)된다는 뜻. 마음이 육근(六根)으로 새어 나가서 대상을 좇아 헤매는 것. 곧 번뇌(煩惱)를 가리킴.

233) 선근(善根) : 깨달음을 가져오는 좋은 원인. ①좋은 결과를 가져올 좋은 원인이란 뜻. 선행(善行)을 나무의 뿌리에 비유한 것. 선근을 심으면 반드시 선과(善果)를 맺는다 함. ②온갖 선을 내는 근본이란 뜻. 무탐(無貪) · 무진(無瞋) · 무치(無癡)를 3선근이라 일컬음과 같은 것.

234) 종연(縱然) : 설사 —하더라도. 설령 —일지라도.

235) 도량(道場) : '도장'이라고도 한다. ①보리도장(菩提道場). 모든 불보살이 성도(聖道)를 얻거나 또는 얻으려고 수행하는 곳. 중인도 마갈타국 니련선하 가의 보리수(菩提樹) 아래는 석존의 도량이다. ②불교를 말하거나 또는 불도를 수행하는 장소. 밀교에서는 기도수법(祈禱修法)을 짓는 장소. 중국에서는 613년(수(隋)의 대업(大業) 9) 양제(煬帝)의 조칙에 따라 사원(寺院)을 도량이라 불렀다.

236) 벽지불(辟支佛) : pratyekabuddha. 연각(緣覺) · 독각(獨覺)이라 번역. 꽃이 피고 잎이 지는 등의 외연(外緣)에 의하여 스승 없이 혼자 깨닫는 이. 혹은 십이인연법(十二因緣法)을 통찰하여 깨달음을 얻은 이. =연각(緣覺).

237) 신리(神理) : 신령(神靈)스런 도리(道理). 불가사의한 깨달음.

로 나아가지 않는다면, 이것은 삼매(三昧)[238]라는 마귀이니 오래도록 빠져서 즐기기 때문이다.

저 위의 열반(涅槃)[239]에 이르러 욕망을 벗어나 고요하다면, 이것은 마귀의 업(業)이다.

만약 지혜로써 여러 가지[240] 마귀의 그물망을 벗어나지 않는다면, 비록 백 권의 베다(Veda)[241]를 이해한다고 하더라도 모두가 지옥의 찌꺼기이다.

參善知識, 求覓一知一解, 是善知識魔, 生語見故. 若發四弘誓願, 今度一切衆生盡, 然後我始成佛, 是菩薩法智魔, 誓願不相捨故. 若持齋戒, 修禪學慧, 是有漏善根, 縱然座

---

238) 삼매(三昧) : samadhi. 삼마제(三摩提·三摩帝)·삼마지(三摩地)라 음역. 정(定)·등지(等持)·정수(正受)·조직정(調直定)·정심행처(正心行處)라 번역. 산란한 마음을 안정(安定)시켜 흔들리지 않게 하여 망념(妄念)에서 벗어나는 것.

239) 열반(涅槃) : 불교에서 미혹(迷惑)과 집착(執着)을 끊고 일체의 속박에서 해탈(解脫)한 최고의 경지. 열반이란 산스크리트 '니르바나'의 음역인데, 니원(泥洹)·열반나(涅槃那) 등으로 음역하기도 하며 멸도(滅度)·적멸(寂滅)·원적(圓寂), 또는 무위(無爲)·부작(不作)·무생(無生) 등으로도 의역한다. nir(out)+v(to blow)의 어원으로 해석되는 열반의 본뜻은 '불어서 끄는 것', '불어서 꺼진 상태'를 뜻하며, 마치 타고 있는 불을 바람이 불어와 꺼 버리듯이, 타오르는 번뇌의 불꽃을 지혜로 꺼서 일체의 번뇌·고뇌가 소멸된 상태를 가리킨다. 그때 비로소 적정(寂靜)한 최상의 안락(安樂)이 실현된다.

240) 약간(若干) : ①얼마 되지 않음. 얼마간. 얼마쯤. 얼마 안 되는. ②여러. 여러 가지. 다양한.

241) 위타(圍陀) : 베다(veda). 폐타(吠陀). 비타(毘陀)·피다(皮陀)·위다(韋陀圍陀)·폐다(吠馱薛陀)라고도 음역. 지론(智論)·명론(明論)·무대(無對)라 번역. 인도 바라문교의 근본 성전. 4종의 베다가 있음.

道場, 示現成等正覺, 度恒沙數人盡, 證辟支佛果, 是善根魔, 起貪着故. 若於諸法都無
貪染, 神理獨存, 住甚深禪定, 更不昇進, 是三昧魔, 久躭翫故. 至上涅槃, 離欲寂靜, 是
魔業. 若智慧脫若干魔網不去, 縱解百本圍陀經, 盡是地獄滓.

10. 참된 부처님

만약 부처님과 같아지길 바란다면, 이렇게 해선 안 된다.

지금 온갖 선(善)과 악(惡), 있음과 없음 등의 차별법들에 집착하지 말라고 하는 말을 듣는다면 공(空)에 빠지게 되는데, 근본을 버리고 말단을 좇아가는 줄 모르니 도리어 공에 빠지는 것이다.

부처를 구하고 깨달음을 구하는 것과 있니 없니 하는 등의 온갖 차별법들이 곧 근본을 버리고 말단을 좇는 것이다.

다만 지금 소박한 음식을 먹고 우물물을 마시며 목숨을 부지하고, 찢어진 옷을 기워서 추위를 막고, 목마르면 양손으로 물을 움켜 마시면서, 그 밖[242]에는 있니 없니 하는 등의 어떤 법이 있더라도[243] 털끝만큼도 얽매이는 생각이 없다면, 이 사람은 점점 조금씩 밝아질 자격[244]이 있다.

若覓如佛相似, 無有是處. 如今聞說不着一切善惡有無等法, 卽爲墮空, 不知棄本逐末, 卻是墮空也. 求佛求菩提, 及一切有無等法, 是棄本逐末. 祇如今蟲食粓命, 補破遮寒, 渴卽掬水喫, 餘外但是一切有無等法都無纖毫繫念, 此人漸有輕明分.

---

242) 여외(餘外) : 그 외. 그 밖. 기타.

243) 단시(但是) : −하기만 하면. 만약 −라면. 만약 −한다면.

244) 분(分) : 분수. 처지. 몫. 자격. 틈.

11. 말에 얽매인 사람

선지식은 있음에도 집착하지 않고 없음에도 집착하지 않아서 열 마디 마귀의 말을 벗어나니, 얽매이지 않는 사람이라고 한다.

말로써 설명한다면, 스스로 종사(宗師)라고 일컬어서는 안 된다.

말하는 것이 메아리[245]와 같으면, 말이 천하에 꽉 들어차 있더라도 말하는 허물[246]이 없으니 의지할 만하다.[247]

만약 나는 잘 말할 수 있고 잘 이해할 수 있다고 말하고, 또 나는 스님이고 너는 제자라고 말한다면, 이것[248]은 마귀의 말과 같다.

까닭 없이[249] "보이는 곳마다 도가 있다."[250]고 말하기도 하고, "부처인가? 부처가 아닌가?"라고 말하기도 하고, '깨달음 · 열반 · 해탈' 등을 말하기도 하고, 까닭 없이 하나의 알음알이와 하나의 이해를 말하기도 하고, 손 하나를 들거나 손가락 하나를 세우는 것을 보고는 선(禪)이니 도(道)니 하고 말하기도 하는데, 이들은 말에 얽매인 사람들이다.

---

245) 곡향(谷響) : 메아리. 산울림.
246) 구과(口過) : ①말실수. ②입 냄새. ③말하는 허물. 말할 수 없는 깨달음을 말하는 허물.
247) 감(堪) : ①견디다. ②할 수 있다. -할 만하다.
248) 개(箇) : ①이 =저(這). ②저 =나(那).
249) 무단(無端) : ①이유 없이. 까닭 없이. 실없이. ②끝이 없다.
250) 목격도존(目擊道存) : 눈길이 닿기만 해도 도가 있음을 알다. 보이는 곳마다 도가 있다.

善知識不執有, 不執無, 脫得十句魔語出, 語不繫縛人. 所有言說, 不自稱師. 說如谷響, 言滿天下無口過, 堪依止. 若道我能說能解, 說我是和尚, 汝是弟子者, 箇同於魔說. 無端說道: '目擊道存.' '是佛不是佛?' '是菩提·涅槃·解脫等.' 無端說一知一解, 見擧一手, 豎一指, 云: '是禪是道.'者, 箇語繫縛人.

12. 요의교에 의지하라

아직 여법하게 머물지[251] 못할 때에는 다만 비구(比丘)[252]라는 포승줄[253]에 더욱 결박되니, 비록 말을 하지 않더라도 말하는 허물이 있는데 어찌 마음을 스승으로 삼겠는가?

마음을 스승으로 삼지 않으면, 불료의교(不了義敎)[254]이다.

---

251) 주(住) : ①머물다. ②주지(住持)하다.

252) 비구(比丘) : 팔리어 bhikkhu의 음역. 필추(苾蒭)·픽추(煏蒭)·비호(比呼)라고 음역(音譯), 걸사(乞士)·포마(怖魔)·파악(破惡)·제근(除饉)·근사남(勤事男)이라 의역(意譯). 남자로서 출가하여 걸식으로 생활하는 승려로 250계를 받아 지니는 이. 걸사라 함은 비구는 항상 밥을 빌어 깨끗하게 생활하는 것이니, 위로는 법을 빌어 지혜의 목숨을 돕고, 아래로는 밥을 빌어 몸을 기른다는 뜻. 포마라 함은 비구는 마왕과 마군들을 두렵게 한다는 뜻. 파악이라 함은 계(戒)·정(定)·혜(慧) 3학(學)을 닦아서 견혹(見惑)·사혹(思惑)을 끊는다는 뜻. 제근이라 함은 계행(戒行)이라는 좋은 복전(福田)이 있어 능히 물자를 내어 인과의 흉년을 제한다는 뜻. 근사남이라 함은 계율의 실천에 노력하여 부지런하다는 뜻.

253) 승삭(繩索) : 노끈. 새끼줄. 몸을 결박하는 포승줄. 속박을 비유한다.

254) 불료의교(不了義敎) : 요(了)는 '끝까지'란 뜻. 불법의 이치를 다 말한 것이 요의(了義)이고, 끝까지 다 말하지 못하고 모자라는 것이 불료의(不了義)이다. 요(了)·불료(不了)의 해석에 대하여는 그 가르침에서 말한 이치가 진실하냐 아니냐에 대하여, 또 교리를 표시한 말이 완전히 갖추어진 말이냐 아니냐에 대하여 판단한다. 의(義)는 의리(義理) 즉 도리(道理). 대승(大乘)에서 보면 궁극적 진리를 분명하게 말한 요의교(了義敎)는 대승경전이고, 소승의 경전은 다 불료의교(不了義敎)이다. 또 대승경전과 소승경전 각각에서도 그 가운데 요의와 불료의를 나눈다.

인간세계와 하늘세계에 사는 중생들[255]의 스승도 있고 중생을 깨달음으로 이끄는 도사(導師)도 있지만, 요의교(了義敎)에서는 인간세계와 하늘세계에 사는 중생들의 스승이 되지도 않고 법을 본받지도 않는다.

아직 밝은 거울[256]에 의지하지 못했다면, 우선 요의교(了義敎)에 의지해야 가까워질 몫이 있다.

만약 불료의교라면, 다만 귀머거리 속인(俗人) 앞에서 하는 말로서 알맞다.

未有住時, 秪是重增比丘繩索. 縱然不說, 亦有口過, 寧作心師? 不師於心, 不了義敎.
有人天師, 有導師, 了義敎中, 不爲人天師, 不師於法. 未能依得玄鑒, 且依得了義敎,
猶有相親分. 若是不了義敎, 秪合聾俗人前說.

---

255) 인천(人天) : 인간세계와 하늘세계에 사는 사람과 신령 등 여러 중생들.
256) 현감(玄鑑) : ①밝은 거울. 고명한 견해를 비유하는 말. ②밝게 살핌. 통찰함. 여기에서
   는 깨달음의 지혜, 즉 반야(般若)를 가리킴.

13. 얽매임을 풀어 줄 뿐이다

예컨대[257] 지금 단지 있느니 없느니 하는 온갖 차별법에 전혀 의지하여 머물지 않고, 또 의지하지 않음에 머물지도 않고, 또 의지하여 머물지 않는다는 생각도 내지 않는다면, 이를 일컬어 대선지식(大善知識)이라 한다.

또 말하기를 오직 부처님 한 분만 대선지식이고 양쪽이 없는 사람일 뿐, 나머지는 모두 외도(外道)라 일컫고 마귀의 말이라고 일컫는다.

지금 다만 상대적인 뜻을 가진 두 말의 내막을 밝혀 말하여 있니 없니 하는 등의 어떤 차별법도 탐내지 않고 물들지 않도록 할 뿐, 얽매임을 풀어 주는 일에 사람에게 가르쳐 줄 다른 말은 없다.

만약 사람에게 가르쳐 줄 말이 따로 있고 사람에게 줄 법이 따로 있다고 한다면, 외도라고 일컬을 만하고, 또 마귀의 말이라고 할 만하다.

祇如今但不依住一切有無諸法, 亦不住無依住, 亦不作不依住知解, 是名大善知識. 亦云唯佛一人是大善知識, 爲無兩人, 餘者盡名外道, 亦名魔說. 如今祇是說破兩頭句, 一切有無等法但莫貪染. 及解縛之事, 無別語句敎人. 若道別有語句敎人, 別有法與人者, 比名外道, 亦名魔說.

---

257) 지여(只如) : =지지여(祇如).

14. 죽은 말과 산 말

요의교의 말인지 불료의교의 말인지를 알아야 하고, 그릇된 것을
가려내어 버리는 말인 차어(遮語)[258]인지 차어가 아닌지를 알아야 하고,

---

258) 차어표어(遮語表語) : 차어(遮語)는 부정표현, 표어(表語)는 긍정표현을 가리키는데,
규봉종밀(圭峰宗密)이 지은 『선원제전집도서(禪源諸詮集都序)』 하권(下卷) 1에 나온 설명
을 보면 다음과 같다. "여섯째, 차전(遮詮)과 표전(表詮)이 다른 것. 차(遮)란 그 그른 것
을 버리는 것을 말하고, 표(表)란 그 옳은 것을 드러내는 것을 말한다. 또 차(遮)란 모든
나머지를 가려내는 것이고, 표(表)란 그 당체(當體)를 바로 보여 주는 것이다. 예컨대 모
든 경전에서 참되고 묘한 이치와 성품을 말할 때, '생기지도 않고 사라지지도 않는다·더
럽지도 않고 깨끗하지도 않다·원인도 없고 결과도 없다·모습도 없고 함도 없다[無爲]·
범상치도 않고 성스럽지도 않다·성(性)도 아니고 상(相)도 아니다.'라고 말하는 것들은
모두 차전(遮詮)이다. 만약 말하기를 '지견(知見)의 깨달음으로 비추니 신령스러운 거울
의 빛이 밝다·맑고도 밝다·또렷하고 고요하다.' 등처럼 말한다면 이들은 모두 표전(表
詮)이다. … 소금을 말하면서 싱겁지 않다고 하면 차(遮)요, 짜다고 하면 표(表)이며, 물
을 말하면서 마르지 않다고 하면 차(遮)요, 축축하다 하면 표(表)이며, 여러 가르침에서
백비(百非)를 절(絕)한다 하면 모두가 차사(遮詞)요, 일진(一眞)을 바로 드러내는 것이 곧
표어(表語)이다. 그러므로 공종(空宗)의 말은 다만 차전(遮詮)일 뿐이지만, 성종(性宗)
의 말에는 차(遮)도 표(表)도 있으니, 차(遮)만 가지고는 부족하고 표(表)를 겸해야 적당
한 까닭이다. 요즈음 배우는 사람들이 모두 차언(遮言)은 깊고 표언(表言)은 얕다고 생각
하고서, 그 까닭에 오로지 '마음도 아니고 부처도 아니다.', '하는 일도 없고 모습도 없다.',
'전혀 얻을 것이 없다.'는 등의 말만을 귀중하게 여긴다. 이것은 참으로 차비(遮非)의 말만
을 묘하게 여길 뿐, 스스로 직접 법의 본바탕을 체험하여 알려고 하지는 않기 때문에 이와
같은 것이다."(六遮詮表詮異者. 遮謂遣其所非, 表謂顯其所是. 又遮者揀却諸餘, 表者直示當體.
如諸經所說眞妙理性, 每云: '不生不滅·不垢不淨·無因無果·無相無爲·非凡非聖·非性非相等.' 皆
是遮詮. 若云: '知見覺·照靈鑒光明·朗朗昭昭·惺惺寂寂.' 等皆是表詮. … 如說鹽云不淡是遮, 云鹹
是表, 說水云不乾是遮, 云濕是表, 諸敎每云絕百非者, 皆是遮詞, 直顯一眞, 方爲表語. 空宗之言,

삶과 죽음[259]을 말하는 말인지를 알아야 하고, 약(藥)과 병(病)[260]을 말하는 말인지를 알아야 하고, 역유(逆喩)[261]인지 순유(順喩)[262]인지를 알아야 하고, 총어(總語)인지 별어(別語)[263]인지를 알아야 한다.

"닦아서 깨달음을 얻는다.", "닦음도 있고 깨달음도 있다.", "이 마음이 곧 부처다.", "지금의 마음 그대로가 부처다."라고 말한다면, 이

但是遮詮, 性宗之言, 有遮有表, 但遮有末了, 兼表者乃的. 今時學人皆謂, 遮言爲深, 表言爲淺, 故唯重非心非佛, 無爲無相, 乃至一切不可得之言. 良由但以遮非之詞爲妙, 不欲親自證認法體, 故如此也.)

259) 생사(生死) : =생멸(生滅). 분별망상의 세계를 생사라 하고, 분별망상에서 벗어난 세계를 열반 즉 적멸(寂滅)이라 한다. 분별망상으로 보면 자기 자신은 삶과 죽음을 흘러다니고, 세계의 모습은 끊임없이 생겨나고 소멸하기 때문이다.

260) 약과 병 : 중생의 어리석음이라는 병에 대하여, 어리석음을 벗어나 깨달음을 얻으라는 방편의 말씀이 곧 약이다.

261) 역유(逆喩) : 결과를 보고 그 원인을 미루어 알고, 말단을 보고 그 근본을 추구하는 비유법.

262) 순유(順喩) : 원인을 미루어 결과를 알고, 근본을 보고 말단을 추구하는 비유법. 세제(世諦)에 따라 작은 것부터 큰 것으로 순서를 자연스럽게 옮겨가며 취하는 비유. 『대반열반경』에 나오는 여덟 가지 비유 가운데 첫 번째. 예컨대 큰비가 내리면 작은 구덩이에 물이 차고, 작은 구덩이에 물이 넘치면 작은 하천으로 흘러가고, 작은 하천에 가득한 물은 큰 강으로 흘러가고, 큰 강에 가득한 물은 바다로 흘러가 결국 바다까지 가득 차게 된다는 방식으로 작은 것으로부터 점차 큰 것으로 옮아가는 비유이다. 이 비유는 여래가 내리는 법의 비가 중생의 마음에 채워져 가득하게 되면 결국 원만한 깨달음이 완성된다는 비유이다.

263) 총어(總語)와 별어(別語) : 총상(總相)과 별상(別相)이라고도 함. 모든 유위법(有爲法)을 나타내는 말에는 총어와 별어가 있음. 만법(萬法)에 보편적으로 통하는 의미를 가진 말을 총어라 하고, 개개의 법에 구분되어 있는 의미를 가진 말을 별어라 한다. 무상(無常)·무아(無我)와 같이 일체에 통하는 말이 총어이고, 땅은 굳고 물은 젖는다는 것과 같은 말이 별어이다.

것은 부처님의 말씀이지만, 불료의교(不了義敎)의 말씀이고, 차어(遮語)
가 아니고, 총어(總語)이고, 한 되를 짊어지는 말이고, 더러운 법 쪽을
선택한 말이고, 순유(順喩)이고, 죽은 말이고, 범부 앞에서 하는 말이
다.

　"닦아서 깨닫는 것을 용납하지 않는다.", "닦음도 없고 깨달음도 없
다.", "마음도 아니고 부처도 아니다."라고 말한다면, 이 역시 부처님
의 말씀이지만, 요의교(了義敎)의 말이고, 차어(遮語)이고, 별어(別語)이
고, 백 섬을 짊어지는 말이고, 삼승(三乘)²⁶⁴⁾의 가르침 밖의 말이고, 역
유(逆喩)의 말이고, 깨끗한 법 쪽을 선택한 말이고, 살아 있는 말이고,
공부의 지위(地位)²⁶⁵⁾에 있는 사람 앞에서 하는 말이다.

須識了義敎不了義敎語, 須識遮語不遮語, 須識生死語, 須識藥病語, 須識逆順喩語,
須識總別語. 說道: '修行得佛.' '有修有證.' '是心是佛.' '卽心卽佛.' 是佛說, 是不了義
敎語, 是不遮語, 是總語, 是升合擔語, 是揀穢法邊語, 是順喩語, 是死語, 是凡夫前語.
'不許修行得佛.' '無修無證.' '非心非佛.' 亦是佛說, 是了義敎語, 是遮語, 是別語, 是百
石擔語, 是三乘敎外語, 是逆喩語, 是揀淨法邊語, 是生語, 是地位人前語.

---

264)　삼승(三乘) : 세 가지 탈것, 세 가지 입장, 3가지 길을 걷는 자 또는 깨달음을 성취하는
　　세 가지 실천법을 일컫는다. 승(乘)은 사람을 태워 깨달음에 이르게 하는 가르침을 비유
　　한 말이다. 성문(聲聞), 연각(緣覺), 보살(菩薩)에 각각 상응하는 가르침 또는 입장으로서
　　성문승, 연각승, 보살승이라는 3가지 실천 방법을 말한다. 성문승과 연각승은 소승(小乘),
　　불승(佛乘)으로도 불리는 보살승은 대승(大乘)이라고 한다. 불도를 닦는 모든 사람 또는
　　입장을 총괄하는 말이기도 하다.
265)　지위(地位) : ①삼현(三賢)과 십성(十聖) 등의 계급. ②보살의 52위 가운데, 제41위에
　　서 50위까지의 십지(十地)를 말함.

15. 입을 열면 어긋난다

수다원(須陀洹)²⁶⁶에서 십지(十地)에 이르기까지 말이 있기만 하면 모두 법(法)이라는 경계²⁶⁷의 더러운 때에 속하고, 말이 있기만 하면 모두 망상번뇌 쪽에서 거두어들이는 것에 속하고, 말이 있기만 하면 모두 불료의교에 속한다.

요의교는 지키는 것이고 불료의교는 범하는 것이지만, 부처의 지위에는 지키고 범함이 없으니 요의교도 불료의교도 모두 용납하지 않는다.

새싹을 보고 땅을 판단하고, 더러움을 보고 깨끗함을 판단한다.

지금 거울처럼 깨어 있는 경우에는, 만약 깨끗한 쪽에서 헤아린다면, 거울처럼 깨어 있어도 깨끗하지 않고, 거울처럼 깨어 있지 않아도 깨끗하지 않고, 깨끗하지 않은 것도 아니고, 성스러운 것도 아니고, 성스럽지 않은 것도 아니고, 물이 더럽다고 보는 것도 아니다.

물이 더러운 것이 허물이라고 말한다면, 물이 맑아서 말할 것이 전

---

266) 수다원(須陀洹) : 수다원과(須陀洹果)이다. 예류과(預流果), 입류과(入流果)라 번역. 소승(小乘) 수행자인 성문(聲聞)이 얻는 깨달음의 4가지 증과(證果) 가운데 첫 번째. 과(果)는 무루지(無漏智)가 생기는 지위. 사과(四果)는 수다원과 · 사다함과 · 아나함과 · 아라한과이다.

267) 법진(法塵) : 법진번뇌(法塵煩惱). 법을 분별하여 대상으로 삼아 집착하면 법이 도리어 번뇌가 된다. 법에 집착하는 것. 얻을 법이 따로 있다고 여겨서 법에 집착하면 법이 도리어 번뇌가 된다. 법상(法相)과 같음.

혀 없다면, 지금 도리어 그 물을 더럽히는 것이다.

질문 없는 질문이 있다면, 말 없는 말도 있다.

부처는 부처를 위하여 법을 말하지 않는다.

평등한 진여(眞如)[268]의 법계에는 부처가 없고 중생을 받아들이지도 않는다.

부처가 부처에 머물지 않으면 일러 참된 복전(福田)[269]이라고 한다.

從須陀洹, 向上直至十地, 但有語句, 盡屬法塵垢, 但有語句, 盡屬煩惱邊收, 但有語句, 盡屬不了義敎. 了義敎是持, 不了義敎是犯, 佛地無持犯, 了義不了義敎盡不許也. 從苗辨地, 從濁辨清. 秪如今鑒覺, 若從清邊數, 鑒覺亦不是清, 不鑒覺亦不是清, 亦不是不清, 亦不是聖, 亦不是不聖, 亦不是見水濁. 說水濁過患, 水若清都無可說, 今却濁他水. 若有無問之問, 亦有無說之說. 佛不爲佛說法. 平等眞如法界無佛, 不受衆生. 佛不住佛, 名眞福田.

---

268) 진여(眞如) : 진실하고 변함없다는 뜻. 만법(萬法)의 실상(實相)을 가리키는 말. 진여의 다른 이름으로는 법계(法界)·법성(法性)·평등성(平等性)·실제(實際)·허공계(虛空界)·부사의계(不思議界)·무상(無相)·승의(勝義)·실상묘유(實相妙有)·여여(如如)·불성(佛性)·여래장(如來藏)·중도(中道)·제일의제(第一義諦) 등이 있다.

269) 복전(福田) : 복의 씨앗을 뿌린 밭. 여래나 비구 등 공양을 받을 만한 안목이 있는 이에게 공양하면 복이 되는 것이, 마치 농부가 밭에 씨를 뿌려 다음에 수확하는 것과 같으므로 복전이라 한다. 보시(布施)하고 신봉하는 것에 의해 행복을 가져온다고 하는 대상. 부처님이나 법 또는 교단. 부처님·승려 또는 삼보를 가리킴. 이것을 존중하고 공양하는 것이 행복을 낳는다는 뜻으로 밭에 비유되었음. 복덕을 생성하고 복덕을 주는 사람.

16. 주인의 말과 손님의 말

주인의 말과 손님의 말을 판단해야 한다.

있다는 경계(境界)[270]와 없다는 경계 등 온갖 법을 탐내고 온갖 법에 오염되어 온갖 법에 정신을 빼앗겨 헤매게[271] 되면, 자기 마음이 곧 마왕(魔王)이고, 마음으로 살펴보고 반응하는[272] 행동은 마왕의 백성에 속한다.

그런데 지금 거울처럼 깨어 있으면서 다만 있다거나 없다거나 세간이라거나 출세간이라는 어떤 법에도 의지하여 머물지 않고, 또 의지하여 머물지 않는다는 생각도 하지 않고, 또 의지하여 머물지 않는다는 생각에도 의지하여 머물지 않는다면, 자기 마음이 곧 부처이고 마음으로 살펴보고 대응하는 행동은 보살에 속한다.

마음 마음이 주인공[273]이면, 마음으로 살펴보고 대응하는 행동은 손님인 경계[274]에 속한다.

---

270) 경계(境界) : 분별된 대상(對象). 분별하여 차별되는 경계선이 생긴 대상이라는 뜻.

271) 혹란(惑亂) : 혼란하게 만들다. 현혹(眩惑)시키다. 정신을 빼앗아 하여야 할 바를 잊어 버리도록 만들다.

272) 조용(照用) : 마음으로 비추어 보고 작용하다. 살펴보고 행동하다. 마음으로 비추어 보고 반응하다. 알아차리고 응대하다.

273) 주재(主宰) : ①지배하다. 좌지우지하다. ②주재자. 지배자. 좌우하는 힘.

274) 객진(客塵) : 번뇌를 가리키는 말. 번뇌는 모든 법의 체성(體性)에 대하여 본래의 존재가 아니므로 객(客)이라 하고, 미세하고 수가 많으므로 진(塵)이라 함.

마치 물결이 물을 가리키는 것처럼, 애쓰지 않고 삼라만상을 살펴
본다.

만약 고요히 살펴볼[275] 수 있다면, 본래 현묘한 뜻[276]이 아니어서 저
절로 옛날과 오늘날을 관통할 것이다.

마치 "신령스러움은 애써[277] 살펴볼 필요 없이 지극한 공덕(功德)이
늘 있다."[278]고 하는 것처럼, 모든 곳에서 중생을 깨달음으로 이끄는

---

275) 적조(寂照) : 고요히 관조함. 적(寂)은 적정(寂靜), 조(照)는 조감(照鑑). 지혜의 본체
    는 공적(空寂)하여 고요히 관조(觀照)해야 나타난다는 뜻.
276) 현지(玄旨) : 말로써 설명할 수 없는 깊은 뜻. 헤아릴 수 없이 깊고 미묘한 뜻. 『임제록』
    에 이런 구절이 있다. "스님들이여! 붙잡으면 곧장 쓸 뿐, 다시 이름을 붙일 필요는 없으
    니, 그를 일러 그윽한 뜻이라고 한다."(道流! 把得便用, 更不着名字, 號之爲玄旨.)
277) 공용(功用) : ①노력. ②신구의(身口意)의 동작, 행위를 말함. ③기능, 작용, 공능(功
    能)과 같음. ④수행의 효과. ⑤=공용행(功用行).
278) 승조(僧肇)가 지은 『조론(肇論)』 「구절십연자(九折十演者)」 '개종제일(開宗第一)'에서
    인용된 구절. 앞뒤 문맥을 살펴보면 다음과 같다 : 경(經)에서 말했다. "참된 해탈은 언어
    와 숫자를 벗어났고 고요히 사라져서 영원히 안락하다. 시작도 없고 끝도 없고, 어둡지도
    않고 밝지도 않고, 춥지도 않고 덥지도 않고, 맑기가 허공과 같아서 이름도 없고 말할 수
    도 없다." 논(論)에서 말했다. "열반(涅槃)은 있는 것도 아니고 또 없는 것도 아니다. 언어
    의 길이 끊어지고 생각할 곳이 사라졌다." 저 경론(經論)의 말씀을 살펴보건대, 어찌 허구
    (虛構)이겠는가? 참으로 있지 않은 까닭이 있기 때문에 있을 수가 없고, 없지 않은 까닭이
    있기 때문에 없을 수가 없다. 왜 그런가? 본래의 경지라면 오온(五蘊)은 영원히 사라진 것
    이니, 그것을 미루어 보면 고향은 없으나 그윽한 신령스러움은 마르지 않는다. 그윽한 신
    령스러움이 마르지 않으면 하나의 맑음을 껴안는다. 오온이 영원히 사라지면 온갖 허물이
    전부 없어진다. 온갖 허물이 전부 없어지기 때문에 도(道)와 환히 통한다. 하나의 맑음을
    껴안기 때문에 신령스러우면서 공용(功用)이 없다. 신령스러우면서 공용이 없기 때문에
    지극한 공용이 늘 있다. 도와 환히 통하기 때문에 텅 비어서 바뀌지 않는다. 텅 비어서 바
    뀌지 않기 때문에 있을 수가 없다. 지극한 공용이 늘 있기 때문에 없을 수가 없다. 그러므

도사(導師)가 될 수 있다.

須辨主客語. 貪染一切有無境法, 被一切有無境惑亂, 自心是魔王, 照用屬魔民. 秖如今鑒覺, 但不依住一切有無諸法世間出世間法, 亦不作不依住知解, 亦不依住無依住知解, 自心是佛, 照用屬菩薩. 心心是主宰, 照用屬客塵. 如波說水, 照萬像以無功. 若能寂照, 不自玄旨, 自然貫穿古今. 如云: "神無照功, 至功常存." 能一切處爲導師.

로 안으로는 있음과 없음이 끊어졌고, 밖으로는 이름 부르고 말하는 것이 사라졌다.(經云: "眞解脫者, 離於言數, 寂滅永安. 無始無終, 不晦不明, 不寒不暑, 湛若虛空, 無名無說." 論曰: "涅槃非有, 亦復非無. 言語道斷, 心行處滅." 尋夫經論之作, 豈虛搆哉? 果有其所以不有, 故不可得而有, 有其所以不無, 故不可得而無耳. 何者? 本之有境, 則五陰永滅, 推之無鄕, 而幽靈不竭. 幽靈不竭, 則抱一湛然. 五陰永滅, 則萬累都捐. 萬累都捐, 故與道通洞. 抱一湛然, 故神而無功. 神而無功, 故至功常存. 與道通洞, 故沖而不改. 沖而不改, 故不可爲有. 至功常存, 故不可爲無. 然則有無絶於內, 稱謂淪於外.)

17. 방편의 말을 하다

중생의 근성과 의식[279]은 부처라는 층계를 밟아 본 적이 없다.

중생의 끈끈하게 집착하는 성질은 흔히 있거나 없는 온갖 법에 달라붙으니, 가까스로[280] 현묘한 뜻을 맛보더라도 약(藥)을 얻지는 못하고, 가까스로 격식을 벗어난 말을 듣더라도 믿지 못한다.

그러므로 보리수(菩提樹) 아래에서 21일 동안 말없이 사유하신 것이다.[281]

지혜는 어렴풋하여[282] 말하기 어렵고 비유할 수도 없다.

중생에게 불성(佛性)이 있다고 해도 불법승(佛法僧)을 비방하는 것이고, 중생에게 불성이 없다고 하여도 불법승을 비방하는 것이다.

만약 불성이 있다고 말한다면 집착(執着)이라는 비방이라 일컫고, 만약 불성이 없다고 말한다면 허망(虛妄)이라는 비방이라 일컫는다.

---

279) 성식(性識) : 근성(根性)과 심식(心識). 심의식(心意識)과 같은 말. 마음.

280) 사(乍) : ①방금. 이제 막. 마침. 꼭. 처음으로. 겨우. 가까스로. ②문득. 갑자기. ③늘. 항상. 자주.

281) 『율장(律藏)』의 「대품(大品)」에 의하면 석존(釋尊)께선 보리수 아래에서 깨달음을 얻은 뒤에 여기저기 나무 아래를 7일씩 4번 28일 동안 돌아다니며 해탈의 기쁨을 맛보면서 깨달음을 사람들에게 말하지 않았다고 한다. 보리수 아래에서 7일, 아자파라니구로다 나무 아래에서 7일, 무차린다 나무 아래에서 7일, 라자야타나 나무 아래에서 7일 동안 해탈을 즐기다가, 아자파라니그로다 나무 아래에서 범천(梵天)의 권청(勸請)을 듣고서 비로소 설법을 하기로 마음을 먹었다고 한다.

282) 명몽(冥朦) : 어렴풋하다. 흐릿하다. 모호하다. =명몽(冥蒙).

마치 "불성이 있다고 말한다면 더하여 늘리는 비방이고, 불성이 없다고 말한다면 덜어 내는 비방이고, 불성이 있기도 하고 없기도 하다고 말한다면 서로 어긋나는 비방이고, 불성이 있는 것도 아니고 없는 것도 아니라고 말한다면 부질없이 놀리는 말[283]이라는 비방이다."[284]라고 말하는 것과 같다.

처음에는 말하지 않으려고 하니 중생들이 해탈할 기약이 없고, 말하려고 하니 중생들이 말을 따라 이해를 하여 이익은 적고 손해는 많았다.

그러므로 "나는 차라리 법을 말하지 말고, 얼른 열반에 들어가야겠

---

283) 희론(戲論) : 희롱(戲弄)의 담론(談論). 부질없이 희롱하는 아무 뜻도 이익도 없는 말. 여기에는 사물에 집착하는 미혹한 마음으로 하는 여러 가지 옳지 못한 언론인 애론(愛論)과 여러 가지 치우친 소견으로 하는 의론인 견론(見論)의 2종이 있다. 둔근인(鈍根人)은 애론, 이근인(利根人)은 견론, 재가인(在家人)은 애론, 출가인(出家人)은 견론, 천마(天魔)는 애론, 외도(外道)는 견론, 범부(凡夫)는 애론, 2승(乘)은 견론을 고집함.

284) 규기(窺基)가 찬술한 『설무구칭경소(說無垢稱經疏)』 제일(第一) 말(末)에는 다음과 같이 다섯 가지 비방을 언급하고 있다 : 다섯 가지 비방을 벗어나는 것을 말하면 다음과 같다. 제일구(第一句), 이와 같은 경(經)은 있음에 집착한, 더하여 늘리는 비방을 벗어났다. 제이구(第二句), 이와 같은 경은 없음에 집착한, 덜어 내는 비방을 벗어났다. 제삼구(第三句), 이와 같은 경은 있기도 하고 없기도 하다는 것에 집착한, 서로 어긋나는 비방을 벗어났다. 제사구(第四句), 이와 같은 경은 있음도 아니고 없음도 아니라는 것에 집착한, 어리석음의 비방을 벗어났다. 제오구(第五句), 이와 같은 경은 있음이 아닌 것도 아니고 없음이 아닌 것도 아니라는 것에 집착한, 희론(戲論)이라는 비방을 벗어났다.(以離五謗, 名爲如是. 第一句, 如是此經, 離執有增益謗. 第二句, 如是此經, 離執無損減謗. 第三句, 如是此經, 離執亦有亦無相違謗. 第四句, 如是此經, 離執非有非無愚癡謗. 第五句, 如是此經, 離執非非有非非無戲論謗.)

다."[285]고 말한 것이다.

그 뒤 과거의 여러 부처님들이 모두 삼승법(三乘法)을 말씀하신 것을
돌이켜서 깊이 헤아려 보신[286] 뒤에 임시로 말씀하시고 임시로 이름을
세워서, 본래 부처가 아닌데 중생[287]에게는 부처라고 말하고, 본래 보
리(菩提)[288]가 아닌데 중생에게는 보리 · 열반(涅槃) · 해탈(解脫)[289] 등을

---

285) 『묘법연화경(妙法蓮華經)』「방편품(方便品) 제2」에 있는 게송의 한 구절. 앞뒤 문맥은
다음과 같다 : 그때 온갖 범천과, 온갖 제석천과/ 호세사천왕과, 대자재천과/ 나머지 여러
하늘의 무리들과, 그들의 수많은 권속들이/ 공손히 합장하고 절을 하고서, 나에게 법바퀴
를 굴려 달라고 청하였다./ 나는 곧 스스로 생각하기를, 만약 불승(佛乘)을 찬탄하기만 한
다면/ 중생들은 고통에 빠져서, 이 법을 믿을 수 없으니/ 법을 부수고 믿지 않는 까닭에,
삼악도(三惡道)에 떨어질 것이다./ 나는 차라리 법을 말하지 말고, 얼른 열반에 들어가야
하겠다./(爾時諸梵王, 及諸天帝釋/ 護世四天王, 及大自在天/ 幷餘諸天衆, 眷屬百千萬/ 恭敬合
掌禮, 請我轉法輪/ 我卽自思惟, 若但讚佛乘, 衆生沒在苦, 不能信是法/ 破法不信故, 墜於三惡
道/ 我寧不說法, 疾入於涅槃/)

286) 반심(返尋) : 돌이켜 깊이 생각하다. 돌이켜서 깊이 헤아려 보다.

287) 거(渠) : (3인칭 대명사) 그. 그이. 그 사람. =타(他). 여기에선 앞에 언급된 중생(衆生)
을 가리킴.

288) 보리(菩提) : bodhi. 도(道) · 지(智) · 각(覺)이라 번역. 2개의 뜻이 있다. ①불교 최고
의 이상(理想)인 부처님의 정각(正覺)의 지혜. 깨달음. ②부처님의 정각의 지혜를 얻기 위
하여 닦는 도(道). 곧 불과에 이르는 길.

289) 해탈(解脫) : vimoksha, vimukti, mukti. 속세적(俗世的)인 모든 속박에서 벗어나 자
유로워지는 상태. 인간의 근본적 아집(我執)에서 해방을 의미한다. 인도사상(印度思想)
과 불교(佛敎)는 해탈을 종교와 인생의 궁극적 목적으로 생각하였다. 즉 범부는 탐욕 · 분
노 · 어리석음 등의 번뇌 또는 과거의 업(業)에 속박되어 있으며, 이로부터의 해방이 곧
구원이라고 한다. 그러나 구원은 타율적으로 신에게서 오는 것이 아니라 자신의 본래면목
을 깨달아 얻는 지혜, 즉 반야(般若)를 실현함으로써 이루어지는 것이다. 결국 번뇌의 속
박을 떠나 삼계(三界:欲界·色界·無色界)를 벗어나 무애자재(無碍自在)의 깨달음을 얻는 것
을 가리킨다.

말씀하신 것이다.

　중생이 백 섬의 짐을 짊어지고는 일어설 수 없음을 알고서, 우선[290] 그에게 한 되 한 홉의 짐을 지워 준 것이고, 중생이 요의교(了義敎)를 믿기가 어려움을 알고서, 우선 그에게 불료의교(不了義敎)를 말씀하신 것이다.

衆生性識, 他爲未曾躡佛階梯. 是稠膠性, 多時黏着有無諸法, 乍喫玄旨, 藥不得, 乍聞格外語, 他信不及. 所以菩提樹下三七日默然思惟. 智惠冥朦難說, 無可比喩. 說衆生有佛性, 亦謗佛法僧, 說衆生無佛性, 亦謗佛法僧. 若言有佛性, 名執着謗, 若言無佛性, 名虛妄謗. 如云: "說佛性有, 則增益謗, 說佛性無, 則損減謗, 說佛性亦有亦無, 則相違謗, 說佛性非有非無, 則戲論謗." 始欲不說, 衆生無解脫之期, 始欲說之, 衆生又隨語生解, 益少損多. 故云: "我寧不說法, 疾入於涅槃." 向後返尋, 過去諸佛皆說三乘法, 向後假說假立名字, 本不是佛, 向渠說是佛, 本不是菩提, 向渠說是菩提·涅槃·解脫等. 知渠擔百石擔不起, 且與渠一升一合擔, 知渠難信了義敎, 且與渠說不了義敎.

---

290)　차(且) : =차선(且先). 잠깐. 우선. 일단.

18. 분별하는 말을 끊어라

우선 선법(善法)이 유행하면 또한 악법(惡法)을 이기는 것이고, 선과 (善果)²⁹¹⁾의 기한이 끝나면²⁹²⁾ 악과(惡果)가 곧장 도래하는 것이다.

부처가 되면 중생이 있게 되고, 열반을 얻으면 생사(生死)가 있게 되고, 밝음을 얻으면 어둠이 함께 온다.

마음이 대상을 따라 분별하는 유루(有漏)의 인과(因果)가 반복되면, 서로 응대하여 둘이 되지 않는 것이 없다.

만약 반복되는 일을 보지 않으려 한다면, 다만 양쪽으로 분별되는 말을 끊기만 하라.

숫자로 헤아리는 일에 관여하지 않으면, 부처도 아니고 중생도 아니며, 가깝지도 않고 멀지도 않으며, 높지도 않고 낮지도 않으며, 평평하지도 않고 같지도 않으며, 가지도 않고 오지도 않는다.

다만 문자를 따르지 않고 저 양쪽에서 벗어나기만 하면, 그대를 붙잡지 못할 것이고, 고통과 즐거움을 서로 비교하는²⁹³⁾ 일에서 벗어날 것이고, 밝음과 어둠이 번갈아 바뀌는²⁹⁴⁾ 일에서 벗어날 것이다.

진실한 도리는 진실하기도 하고 또 진실하지 않기도 하며, 허망하

---

291) 선과(善果) : 선업(善業)에 의하여 받은 좋은 과보.

292) 한만(限滿) : 기한(期限)이 만료하다. 기한이 끝나다.

293) 상형(相形) : ①관상을 보다. ②서로 비교하다. ③서로 어울려 잘 드러나다.

294) 상수(相酬) : 되갚다. 보답하다. 갚다. 응수하다. 응대하다.

기도 하고 또 허망하지 않기도 하니, 숫자로 헤아릴 물건이 아니다.

비유하면 마치 허공과 같아서 고쳐야 할[295] 것이 없다.

만약 마음에 이해가 조금이라도[296] 있으면, 숫자로 헤아림에 사로잡힐 것이고, 또 점괘에 나타나는 징조[297]처럼 금목수화토(金木水火土)[298]에 얽매일 것이고, 또 끈끈이[299]에 네 다리와 머리가 한꺼번에 달라붙듯이 하니, 마왕(魔王)이 붙잡아서 자유롭게 제 집으로 돌아갈 것이다.

且得善法流行, 亦勝於惡法, 善果限滿, 惡果便到. 得佛, 則有衆生到, 得涅槃, 則有生死到, 得明, 則有暗到. 但是有漏因果翻覆, 無有不相酬者. 若欲免見翻覆之事, 但割斷兩頭句. 量數管不着, 不佛不衆生, 不親不疏, 不高不下, 不平不等, 不去不來. 但不着文字, 隔渠兩頭, 捉汝不得, 免苦樂相形, 免明暗相酬. 實理眞實亦不眞實, 虛妄亦不虛妄, 不是量數物, 喩如虛空不可修治. 若心有少許作解, 卽被量數管着, 亦如卦兆, 被金木水火土管, 亦如黐膠, 五處俱黏, 魔王捉得, 自在還家.

---

295) 수치(修治) : 수리(修理)하다. 고치다.

296) 소허(少許) : 소량. 얼마간. 약간.

297) 괘조(卦兆) : 점괘에 나타나는 징조.

298) 오행(五行) : ①유학(儒學)의 기철학(氣哲學)에서 음양(陰陽) 2기(氣)의 운동에 의하여 형성되어 나오는 수(水)·화(火)·목(木)·금(金)·토(土) 다섯 가지 원소. 사람과 만물은 이 다섯 가지 원소가 이합집산(離合集散)하여 만들어진다. ②점술가는 오행의 상생(相生)과 상극(相剋)으로 운명을 헤아림. 따라서 운명(運命)을 가리키기도 함.

299) 이교(黐膠) : 나무의 진액으로 만든 끈끈이.

19. 백장의 삼구

대체로 가르침의 말은 모두 삼구(三句)가 서로 잇닿아 있으니, 초선(初善)·중선(中善)·후선(後善)이다.

처음에는 그가 좋은 마음을 내도록 해야 하고,[300] 중간에는 그 좋은 마음을 부수도록 해야 하고, 뒤에 매우 좋은 것을 비로소 밝힌다.

"보살은 보살이 아니라 이름이 보살이다."[301]라는 구절이나 "법(法)은 법(法)도 아니고 법(法) 아닌 것도 아니다."[302]라는 등의 구절이 모두 이와 같은[303] 것이다.

만약 단지 일구(一句)만 말한다면 중생을 지옥으로 들어가게 하는 것이고, 만약 삼구(三句)를 한꺼번에 말한다면 그 스스로 지옥으로 들어가는 것이니, 부처님[304]의 일과는 같지[305] 않다.

지금의 거울처럼 깨어 있음이 곧 자기 부처라고 말한다면, 이것은 초선(初善)이다.

---

300) 직수(直須) : 반드시. 마땅히. (—해야 한다)

301) 『금강경』에 나오는 구절.

302) 『대반야바라밀다경(大般若波羅蜜多經)』제37권에 나오는 구절. 구절 중의 '今'은 '非'의 오자(誤字)로 보인다.

303) 여마(與磨) : 여마(與麼), 여마(與摩), 임마(恁麼)라고도 쓴다. 문어(文語)의 여시(如是), 여차(如此)와 같은 뜻이다.

304) 교주(教主) : 가르침을 펼치는 주인. 석가모니. 부처님. 세존.

305) 우(于) : 같다. 꼭 같다.

지금의 거울처럼 깨어 있음을 굳게 지키지[306] 않는다면, 이것은 중선
(中善)이다.

굳게 지키지 않는다는 생각도 하지 않는다면, 이것은 후선(後善)이
니, 앞서처럼 연등불 뒤의 부처에 속한다.

夫教語皆三句相連, 初中後善. 初, 直須教渠發善心. 中, 破善心. 後, 始明好善. "菩薩
卽非菩薩, 是名菩薩." "法非法非今法." 總與磨也. 若秖說一句, 令衆生入地獄, 若三句
一時說, 渠自入地獄, 不于教主事. 說道如今鑑覺是自己佛, 是初善. 不守住如今鑑覺,
是中善. 亦不作不守住知解, 是後善, 如前屬然燈後佛.

---

306) 수주(守住) : 단단하게 지키다.

20. 잘못 말하지 마라

그러나[307] 범부(凡夫)도 되지 않고 성인(聖人)도 되지 않으니, 부처라고 잘못 말하지 마라.

지금 범부도 아니고 성인도 아니니, 이 땅의 초조(初祖)께선 이렇게 말씀하셨다.

"잘하는 것도 없고 성스러움도 없는 것이 부처님의 성스러움이다."[308]

---

307) 지시(只是): =지시(祇是). ①다만. 오직. 오로지. ②그런데. 그러나.

308) 『경덕전등록』 제3권 '제이십팔조보리달마(第二十八祖菩提達磨)'에 나오는 다음 대화를 염두에 둔 말이라고 여겨진다. 무제(武帝)가 물었다. "짐은 즉위한 이래로 절을 짓고 경전을 베껴 쓰고 사람들을 출가시킨 것이 헤아릴 수가 없습니다. 무슨 공덕이 있습니까?" 달마가 말했다. "공덕이 전혀 없습니다." 무제가 말했다. "어찌하여 공덕이 없습니까?" 달마가 말했다. "그런 것은 다만 인간 세상과 하늘나라에 태어나는 작은 과보를 가져오는 세속의 원인일 뿐입니다. 마치 그림자가 모습을 따르니, 비록 있지만 진실은 아닌 것과 같습니다." 무제가 물었다. "어떤 것이 참된 공덕입니까?" 달마가 말했다. "깨끗한 지혜는 묘하고 원만하며, 그 바탕은 본래 텅 비고 고요합니다. 이와 같은 공덕은 세속에서는 찾을 수 없습니다." 무제가 다시 물었다. "어떤 것이 성스러운 진리의 첫 번째 뜻입니까?" 달마가 말했다. "텅 비어서 성스러운 것이 없습니다." 무제가 물었다. "짐을 대하고 있는 자는 누구요?" 달마가 말했다. "모릅니다."(帝問曰: "朕卽位已來, 造寺寫經度僧不可勝紀. 有何功德?" 師曰: "並無功德." 帝曰: "何以無功德?" 師曰: "此但人天小果有漏之因. 如影隨形雖有非實." 帝曰: "如何是眞功德?" 答曰: "淨智妙圓, 體自空寂. 如是功德不以世求." 帝又問: "如何是聖諦第一義?" 師曰: "廓然無聖." 帝曰: "對朕者誰?" 師曰: "不識.")

만약 부처가 성스럽다고 말한다면, 예컨대 구품(九品)[309]의 도깨비[310]인 용신(龍神)[311]의 부류와 제석천(帝釋天)[312]이나 범천(梵天)[313] 등은 모두 신통변화(神通變化)에 능한 상품(上品)의 도깨비여서 옛날과 오늘날의 수많은 세월의 일들을 알고 있으니 어찌 부처가 아니겠느냐?[314]

---

309) 구품(九品) : ①9종의 품류(品類)란 뜻. 상상(上上)·상중(上中)·상하(上下)·중상(中上)·중중(中中)·중하(中下)·하상(下上)·하중(下中)·하하(下下)를 말한다. 혹(惑)·지(智)·기(機)·행(行)이나 혹은 정토(淨土)에 왕생하는 이의 차별. 저마다 왕생하는 정토, 그 정토의 아미타불 등에 대해서 9종의 차별이 있는데, 이를 9품 혹(惑)·9품 왕생·9품 정토·9품 미타 등이라 한다. ②구품정토(九品淨土). ③아홉 가지 위치에 속한 사람. 구계위(九階位).

310) 정령(精靈) : 도깨비.

311) 용축(龍畜) : 용(龍). 용신(龍神). 천룡팔부(天龍八部)의 신령(神靈)들 가운데 하나. 용은 축생(畜生)에 해당되므로 이렇게 부름.

312) 제석천(帝釋天) : 산스크리트 Indra의 역어인데, '석가제환인다라(釋迦提桓因陀羅)'를 줄인 말로 "제천을 주재하는 샤크라"라는 뜻이다. 능천주(能天主)·천주제석(天主帝釋)·천제석(天帝釋)·천제(天帝)·제석(帝釋) 등으로도 쓴다. 우레의 번갯불을 신격화한 것으로, 베다 시대에는 신들 가운데서 가장 강력한 존재로 간주되었고, 항상 악신인 아수라들과 싸워서 이겼다고 한다. 그러다가 불교시대가 되자, 제석을 대신하여 범천(梵天)이 세계를 지배하는 최고신이 되었고, 제석은 지상 최고인 수미산에 있는 삼십삼천(三十三天, 忉利天)의 최고궁인 선견성(善見城)에 머물면서 지상을 지배하는 존재가 되었다. 범천과 함께 불교를 수호하는 신으로 간주된다.

313) 범천(梵天) : brahma-loka. 바라하마천(婆羅賀麼天)이라고도 쓴다. 색계 초선천(初禪天). 범(梵)은 맑고 깨끗하다는 뜻. 이 하늘은 욕계(欲界)의 음욕(淫欲)을 여의어서 항상 깨끗하고 조용하므로 범천이라 한다. 여기에 다시 세 하늘이 있으니 범중천·범보천·대범천이지만, 범천이라 통칭한다. 보통 범천이라 할 때는 초선천의 주(主)인 범천왕을 가리킴.

314) 기시(豈是) : ①어찌 ―이랴? ②어찌 ―가 아니랴? =기비(豈非), 기불(豈不).

예컨대 아수라왕(阿修羅王)[315]은 키가 매우 커서 수미산(須彌山)[316]의 두 배나 되었지만 제석천과 싸울 때에 지혜의 힘이 부족하자 백만의 병졸을 이끌고 연뿌리의 실 구멍 속으로 들어가 숨었으니, 그 신통변화와 판단 능력이 적지 않았으나 그 역시 부처는 아니다.

경전의 말씀은 순서에 따르니[317] 지나치게 더디고 올라가고 내려옴이 같지 않아서, 아직 깨닫지 못하고 이해하지 못할 때에는 탐진치(貪瞋癡)라고 일컫고, 깨달으면 부처의 지혜라고 부른다.

그러므로 말한다.

---

315) 아수라왕(阿修羅王) : 아수라(阿修羅)는 asura의 음역으로서, 6도(道)의 하나. 10계(界) 의 하나. 아소라(阿素羅)·아소락(阿素洛)·아수륜(阿須倫)이라 음역. 줄여서 수라(修 羅). 비천(非天)·비류(非類)·부단정(不端正)이라 번역. 싸우기를 좋아하는 귀신. 인도 에서 가장 오랜 신(神)의 하나. 『리그베다』에서는 가장 우승한 성령(性靈)이란 뜻으로 사 용. 중고대(中古代) 이후에는 무서운 귀신으로 인식되었다.

316) 수미산(須彌山) : 고대 인도의 우주관에서 세계의 중심에 있다는 상상의 산. 수미·소 미루(蘇迷漏) 등은 산스크리트의 수메루(Sumeru)의 음사(音寫)이며, 축약해서 '메루'라고 도 하는데, 미루(彌樓: 彌漏) 등으로 음사하고 묘고(妙高)·묘광(妙光) 등으로 의역한다. 이것이 불교에 도입되었다. 세계의 최하부를 풍륜(風輪)이라 하고 그 위에 수륜(水輪)· 금륜(金輪:地輪)이 겹쳐 있으며, 금륜 위에 구산팔해(九山八海), 즉 수미산을 중심으로 그 주위를 8개의 큰 산이 둘러싸고 있고, 산과 산 사이에는 각각 대해(大海)가 있는데 그 수 가 8개라고 한다. 또한 가장 바깥쪽 바다의 사방에 섬(사주(四洲))이 있는데, 그 중 남쪽 에 있는 섬, 즉 남염부제(南閻浮提)에 인간이 살고 있다고 한다. 수미산은 4보(寶), 즉 황 금·백은(白銀)·유리(瑠璃)·파리(玻璃)로 이루어졌고, 중허리의 사방에 사천왕(四天 王)이 살고 있으며, 정상에는 제석천(帝釋天)이 주인인 33천(天)의 궁전이 있고, 해와 달 은 수미산의 허리를 돈다고 한다.

317) 절급(節級) : ①등급(等級). 계급(階級). 순서(順序). 차례(次例). 차제(次第). 절차(節 次). ②순차적으로. 차례차례. 순서에 따라서.

"옛날의 사람과 다른 것이 아니라, 다만 옛날의 삶[318]과 다를 뿐이다."[319]

祇是不凡亦不聖, 莫錯說佛. 今非凡非聖. 此土初祖云: "無能無聖爲佛聖." 若言佛聖者, 祇如九品精靈龍畜之類及釋梵等, 皆能通變上品精靈, 亦知今古百劫時事, 豈得是佛? 如阿脩羅王身極長大, 敵兩倍須彌山, 與帝釋戰時, 知力不如, 領百萬兵衆入藕絲孔裏藏, 通變辯才不少, 他且不是佛. 敎語, 節級奢緩, 陞降不同, 未悟未解時名貪瞋, 悟了喚作佛慧. 故云: "不異舊時人, 祇異舊時行履處."

---

318) 행리처(行履處) : 생활. 삶. =행리처(行李處).

319) 『종경록(宗鏡錄)』에도 동일한 구절이 인용되어 있으나, 누구의 말인지 알 수 없다.

21. 죄가 있는가 없는가

물었다.

"풀을 베고 나무를 자르고 땅을 파고 밭을 개간하면, 그 과보를 받는 죄가 있습니까?"

백장이 말했다.

"죄가 있다고 딱 잘라 말할 수도 없고, 죄가 없다고 딱 잘라 말할 수도 없다. 죄가 있느냐 없느냐 하는 일은 당사자에게 달려 있다.

만약 있니 없니 하는 등의 온갖 법을 탐내어 그것에 물들어 취하고 버리는 마음이 있어서 세 마디 말[320]을 뚫고 지나가지 못한다면, 이 사람에게는 죄가 있다고 분명히 말한다.

만약 세 마디 말을 뚫고 지나가서 마음이 허공과 같으면서도 또한 허공이라는 생각을 내지 않는다면, 이 사람에게는 죄가 없다고 분명히 말한다."

백장이 다시 말했다.

"만약 죄를 짓고도 죄가 있음을 보지 못한다고 말한다면, 이것은 있을 수 없는 일이다.[321] 만약 죄를 짓지 않았는데도 죄가 있다고 한다면, 역시 있을 수 없는 일이다.

---

320) 삼구(三句) : 앞에서 언급한 초선(初善), 중선(中善), 후선(後善)을 말함.

321) 무유시처(無有是處) : 이런 경우는 없다. 이런 경우는 없어야 한다. 이러면 안 된다. 있을 수 없는 일이다.

마치 계율(戒律) 속에서 사람의 판단력을 본래부터 잃게끔 잘못 가르쳐서 살생을 하도록 조종하게[322] 되면, 조종당한 사람에게는 도리어 살생의 죄는 없다[323]고 하는 것과 같다.

하물며 선종(禪宗)의 문하를 이어받아 마음은 허공과 같고 한 물건에도 머물지 않으며 허공이라는 생각조차 없다면, 죄가 어느 곳에 머물겠는가?

問: "斬草伐木, 掘地墾土, 爲有罪報相否?"

師云: "不得定言有罪, 亦不得定言無罪. 有罪無罪, 事在當人. 若貪染一切有無等法, 有取捨心在, 透三句不過, 此人定言有罪. 若透三句外, 心如虛空, 亦莫作虛空想, 此人定言無罪."

又云: "罪若作了, 道不見有罪, 無有是處. 若不作罪, 道有罪, 亦無有是處. 如律中, 本迷敎人, 及轉相殺, 尙不得殺罪. 何況禪宗下相承, 心如虛空, 不停留一物, 亦無虛空相, 將罪何處安着?"

---

322) 전(轉): 다루다. 조종하다. 부리다.

323) 살생의 죄는 자신이 적극적으로 살의(殺意)를 가지고 직접 살생하거나 남에게 살생하도록 시키는 경우에만 해당한다. 어리석어서 선악을 분별하지 못하고 남에게 조종되어 살생하는 경우에는 자신에게 적극적인 살의가 없으므로 살생의 죄는 없고 다만 어리석음의 허물이 있을 뿐이다.

22. 오염만 되지 마라

또 선(禪)이라고 하면, '도는 닦을 필요가 없고, 다만 오염만 되지 마라.'[324]고 한다.

또 말하기를 '단지 안팎을 녹여[325] 마음이 사라지기만 하면 된다.'고 한다.

또 말하기를 '다만 대상을 비추어 보기만 한다면,[326] 예컨대 지금 있니 없니 하는 등의 온갖 것들을 비추어 보아도 전혀 탐내지도 않고 집착하지도[327] 않는다.'[328]고 한다.

또 말하기를 '마땅히[329] 이와 같이 배워야 한다.'고 한다.

지금 때 묻은 옷을 빠는 것과 같아서, 옷은 본래 있었지만 때는 밖에서 왔다.

모든 있는 것들과 없는 것들, 소리와 색깔에 대한 말을 듣는 것은 마치 몸의 때[330]와 같으니, 절대로 마음을 그 말에 머물러 두지[331] 마라.

---

324) 『사가어록』「마조록』에 나오는 마조도일(馬祖道一)의 말.

325) 융야(融冶) : 녹다. 녹이다.

326) 약(約) : 의거하다. 근거하다.

327) 취착(取着) : 집착하다.

328) 대상을 비추어 보기만 할 뿐, 분별하여 끄달려 가지 않는다.

329) 합(合) : =당(當), 응(應). 응당 —해야 한다. 마땅히 —해야 한다. 응당 —일 것이다.

330) 구이(垢膩) : ①몸의 때. =구니(垢泥). ②더럽다. 불결하다.

331) 주박(湊泊) : ①한곳에 모이다. 모여들다. ②머물다.

亦名禪, '道不用修, 但莫汚染.' 亦云: '但融冶表裡, 心盡卽得.' 亦云: '但約照境, 秖如今照一切有無等法, 都無貪取, 亦莫取着.' 亦云: '合與磨學.' 今似浣垢衣, 今[332]是本有, 垢是外來. 聞說一切有無聲色, 如似垢膩, 都莫將心湊泊.

---

332) 今 : 문맥으로 보아 '衣'의 오자(誤字)로 보인다.

23. 머리에 불붙은 것처럼

보리수(菩提樹)[333] 아래에서는 삼십이상팔십종호(三十二相八十種好)[334]
가 색깔에 속하고, 십이분교(十二分敎)[335]는 소리에 속한다.

---

333) 보리수(菩提樹) : bodhidruma, bodhivriksha. 도수(道樹) · 각수(覺樹)라 번역. 도장수
(道場樹)라고도 한다. 부처님이 정각(正覺)을 이루시던 곳을 덮었던 나무. 이 나무는 부처
님에 따라서 일정치 않다. 석가모니불의 보리수는 필발라 나무, 그 아래서 정각을 이루었
고, 비바시불 · 시기불 · 비사부불 · 구류손불 · 구나함불 · 가섭불은 차례로 무우수 · 분타
리수 · 사라수 · 시리사수 · 우담발라수 · 니구루수 아래서 각기 성도하였다 하며, 다음 세
상에 성불할 미륵불의 보리수는 나가수(용화수)라 함.

334) 삼십이상팔십종호(三十二相八十種好) : 삼십이상(三十二相)은 부처님 몸에 갖추어진
32가지 특징적인 모습으로서, 이 상을 갖춘 이는 세속에 있으면 전륜왕(轉輪王), 출가하
면 부처님이 된다고 함. 팔십종호(八十種好)는 부처님의 몸에 갖추어진 미묘한 표지로서
32상(相)에 따르는 잘 생긴 모양이란 뜻으로, 32상을 다시 세밀하게 나누어 놓은 것.

335) 십이분교(十二分敎) : 석가모니의 가르침을 그 성질과 형식에 따라 구분하여 12부로
분류하여 놓은 불교 경전. 십이분경(十二分經) · 십이부경(十二部經)이라고도 한다. (1)수
다라(修多羅): 계경(契經) · 법본(法本)이라고 번역하는 산문체의 경전. (2)기야(祇夜): 중
송(重頌), 응송(應頌) 등으로 번역하는, 산문체의 경문 뒤에 그 내용을 운문(韻文)으로 노
래한 경전. (3)수기(授記): 경의 말뜻을 문답 형식으로 해석하고, 또 제자들의 다음 세상에
서 날 곳을 예언한 것. (4)가타(伽陀): 풍송(諷頌) · 고기송(孤起頌)이라 번역하는, 4언 · 5
언 · 7언의 운문으로 구성된 것. (5)우타나(優陀那): 무문자설(無問自說)이라 번역하는 것
으로, 《아미타경(阿彌陀經)》 등과 같이 남이 묻지 않는데도 석가모니가 스스로 이야기한
말. (6)니타나(尼陀那): 연기(緣起) · 인연(因緣)이라 번역되는, 경 중에서 석가를 만나 법
을 들은 인연 등을 말한 것. (7)아파타나(阿波陀那): 비유(譬喩)라고 번역하며, 경전 중에
서 비유로써 은밀한 교리를 명백하게 풀이한 부분. (8)이제왈다가(伊帝曰多伽): 본사(本
事)라 번역하는 것으로, 석가나 제자들의 지난 세상에서의 인연을 말한 부분. (9)사타가(
闍陀伽): 본생(本生)이라 번역하는 것으로, 석가 자신의 지난 생에서의 보살행(菩薩行)을

그런데 지금 모든 있는 것들과 없는 것들과 소리와 색깔을 잘라서 흘려보내면 마음은 허공과 같으니, 마땅히 이와 같이 공부하되 마치 머리에 불이 붙은 것처럼 해야만 한다.

목숨이 끊어질 때가 되면 이전의 익숙한 길을 찾는데, 수행이 여전히 철저하지 못하면, 이러한 때에 이르러 새로 마음을 조복시키고 불법을 배우려 하여도 어떻게 성취할 수가 있겠느냐?

목숨이 끊어질 때에 이르면 가지고 있는 습관화된 생각이 모두 아름다운 경계가 되어서 눈앞에 나타나는데, 마음이 좋아하는 바를 따라서 중요시하는 곳을 먼저 선택할 것이다.

그런데 지금 나쁜 일을 하지 않으면 이러한 때에 마주쳐도 역시 나쁜 경계가 없고, 비록 나쁜 경계가 있더라도 역시 좋은 경계로 변할 것이다.

만약 목숨이 끊어질 때를 두려워하여 허둥거리며[336] 자유롭지 못하다면, 반드시 지금 당장 자유로워져야 한다.

예컨대 지금 하나하나의 경계에 대하여 전혀 좋아하여 매달려 있지

말한 부분. ⑽비불략(毘佛略): 방광(方廣)이라 번역하는, 광대한 진리를 말한 부분. ⑾아부타달마(阿浮陀達摩): 희유법(希有法)이라 번역하며, 석가가 보인 여러 가지 신통력(神通力)을 말한 부분. ⑿우바제사(優波提舍): 논의(論議)라 번역하는, 교법(教法)의 이치를 논하고 문답한 경문.

336) 장광(憧狂): 당황하다. 허둥대다. =장광(獐狂), 장황(張皇), 장황(憧惶).

³³⁷⁾ 않고 또 이해하여 아는 것³³⁸⁾에 의지하지도 않는다면 곧 자유로운 사람이다.

지금이 원인이고 목숨이 끊어질 때가 결과이니, 업의 결과가 이미 나타났는데 무엇을 두려워하겠는가?

두려움은 옛날과 지금의 일이니,³³⁹⁾ 옛날 속에 만약 지금이 있다면 지금 속에도 역시 옛날이 있다.³⁴⁰⁾

옛날에 부처가 있었다면 지금도 역시 부처가 있으니, 지금 깨달음을 얻는다면 곧장 미래에 이를 수 있다.³⁴¹⁾

菩提樹下, 三十二相八十種好屬色, 十二分敎屬聲. 秖如今截斷一切有無聲色流過, 心如虛空相似, 合與磨學, 如救頭然始得. 臨命終時, 尋舊熟路, 行尙不徹, 到與磨時, 新調始學, 如何了得? 臨終之際, 所有習念, 盡爲勝境現前, 隨心所愛, 重處先受. 秖如今不作惡事, 當此之時, 亦無惡境, 縱有惡境, 亦變成好境. 若怕臨終之時, 慞狂不得自由, 卽須如今便自由始得. 秖如今於一一境法, 都無愛染, 亦莫依住知解, 便是自由人. 如今是因, 臨終是果, 果業已現, 如何怕得? 怕是古今, 古若有今, 今亦有古. 古若有佛, 今亦有佛, 如今若得, 直至未來際得.

---

337) 애염(愛染) : ①사랑에 불타다. ②=애집(愛執), 애착(愛着). 집착하다. 좋아하여 매달려 있다.

338) 지해(知解) : 이해하여 알다. 지식. 이해.

339) 옛날이 원인이고 지금이 결과라는 말.

340) 지금과 옛날은 이름이 다를 뿐, 실상은 둘이 아니다.

341) 깨달으면 과거 · 현재 · 미래가 따로 있지 않다.

24. 얽매이지 않는다면

예컨대 지금 한순간 한순간, 있니 없니 하는 등의 온갖 것들에 얽매이지 않는다면, 예나 지금이나 앞으로나 부처가 다만 사람이고 사람이 다만 부처이며 또한 삼매정(三昧定)³⁴²)이니, 정(定)을 가지고 정에 들어갈 필요는 없고 선(禪)을 가지고 선을 생각할 필요는 없고 부처를 가지고 부처를 찾을 필요는 없다.

마치 '법(法)은 법을 구하지 않고, 법은 법을 얻지 않고, 법은 법을 행하지 않고, 법은 법을 보지 않는다. 저절로 법을 얻으니 얻지 않음으로써 도리어³⁴³) 얻는다.'는 말과 같다.

그러므로 보살(菩薩)은 마땅히 이와 같이 온갖 법을 바르게 생각하여 모든 것을 버리고³⁴⁴) 홀로 있으면서도 홀로 있다는 생각도 없어야 한다.

祇如今一念一念不被一切有無等法管, 自古自今, 佛祇是人, 人祇是佛, 亦是三昧定,

---

342) 삼매정(三昧定) : samadhi. 삼매(三昧)·삼마제(三摩提·三摩帝)·삼마지(三摩地)라 음역. 정(定)·등지(等持)·정수(正受)·조직정(調直定)·정심행처(正心行處)라 번역. 산란한 마음을 안정(安定)시켜 흔들리지 않게 하여 망념(妄念)에서 벗어나는 것.
343) 갱(更) : ①재차. 다시. 또. ②더욱. 한층 더. ③따로. 달리. 별도로. ④오히려. 도리어.
344) 경연(罄然) : ①엄정(嚴整)한 모양. 엄숙하고 정리(整理)된 모양. ②재물을 다 써 버려 빈털터리가 됨을 형용하는 말.

不用將定入定, 不用將禪想禪, 不用將佛覓佛. 如云: '法不求法, 法不得法, 法不行法, 法不見法. 自然得法, 不以得更得.' 所以菩薩應如是正念諸法, 罄然獨存, 亦無知獨存 之法.

25. 부처의 경계

지혜의 자성은 본래 여여(如如)[345]하여 원인이 만드는 것이 아니므로 본바탕에서 맺어진 것이라고도 하고 본바탕에서 모인 것이라고도 하니 지혜로써 아는 것도 아니고 의식으로 아는 것도 아니다.

생각으로 헤아림이 끊어진 곳은 지극히 고요하여[346] 바탕조차 사라져 헤아림이 영원히 없어지니, 마치 바다에서 큰 흐름이 사라져서 물결이 다시는 일어나지 않는 것과 같으므로 또한 큰 바닷물과 같다고 한다.

바람도 없는데 물결이 가득 일어나니, 가득 일어나는 그 물결을 문득 알면 이것은 미세한 가운데 거친 것[347]이다.[348]

생각이 없으면서 생각하면 도리어 미세한 가운데 미세한 것[349]과 같

---

345) 여여(如如) : 진여(眞如). '진리'에 해당하는 말. 생멸(生滅)에 대칭되는 말. 제법(諸法)의 실상(實相)을 나타내는 말. 『대승기신론(大乘起信論)』에서는 진여를 이언진여(離言眞如)·의언진여(依言眞如)로 구분한다. 본래 진여는 인간의 개념적 사유를 초월한 말이지만, 굳이 언어로 설명한다면 여실공(如實空)·여실불공(如實不空)이 된다.

346) 응적(凝寂) : 극히 고요하다. 쥐죽은 듯 잠잠하다.

347) 세중추(細中麤) : 멸진정(滅盡定)에 들기 전의 미세한 마음 가운데 첫째인 상심(想心). 멸진정 앞에 3종의 마음이 있다. 제1의 상심(想心)은 굵직한 모습(추상(麤相))으로 드러나는 마음, 제2는 점점 미세한 마음, 제3은 그 위에 더욱 미세한 것이므로 미미심(微微心)이라 한다. 이 미미심 뒤에야 비로소 멸진정이 나타난다.

348) 인연을 만나지 않는데도 마음이 스스로 일으키는 망상에 끄달림을 가리킨다.

349) 세중세(細中細) : 미미심(微微心). 앞 각주 참조.

으니, 이것은 부처의 경계이다.

　이로부터 첫 번째로 아는 것을 이름하여 삼매(三昧)의 꼭대기라 하고, 또 삼매의 왕이라 하고, 또 이염지(爾焰智)[350]라고 하니, 모든 삼매를 전부 발생시키고 모든 법왕자(法王子)[351]의 정수리에 관정(灌頂)[352]을 한다.

智性自如如, 非因所置, 亦名體結, 亦名體集, 不是智知, 不是識識. 絶思量處, 凝寂體

盡, 忖度永亡, 如海大流盡, 波浪不復生, 亦云如大海水. 無風匝匝之波, 忽知匝匝之

波, 此是細中之麤. 亡知於知, 還如細中之細, 是佛境界. 從此初知, 名三昧之頂, 亦名

三昧王, 亦名爾焰智, 出生一切諸三昧, 灌一切諸法王子頂.

---

350)　이염지(爾焰智) : 이염(爾焰)은 jneya의 음역이고, 번역하면 소지(所知)·경계(境界)·
　　지모(智母)·지경(智境)이라 함. 이염지(爾焰智)는 경계에 대한 지혜, 인식 대상에 대한
　　지혜.

351)　법왕자(法王子) : Kumarabhuta. 구마라부다(究摩羅浮多)라 음역. 동진(童眞)이라고도
　　한다. 보살(菩薩)을 가리킴. 세간의 국왕에게 왕자가 있듯이, 보살은 미래에 부처님이 될
　　자리에 있으므로, 부처님을 법왕이라 함에 대하여 법왕자라 함. 특히 문수미륵 등의 보살
　　을 가리켜 법왕자라 함.

352)　관정(灌頂) : ①물을 정수리에 붓는다는 뜻. 본래 인도에서 임금의 즉위식이나 입태자
　　식(入太子式)을 할 때 바닷물을 정수리에 붓는 의식. ②여러 부처님이 대자비의 물로써 보
　　살의 정수리에 붓는 것. 등각(等覺) 보살이 묘각위(妙覺位)에 오를 때에 부처님이 그에게
　　관정하여 불과(佛果)를 증득케 함. 여기에는 여러 부처님이 정수리를 만져 수기하는 마정
　　관정(摩頂灌頂), 말로 수기하는 수기관정(授記灌頂), 광명을 놓아 이롭게 하는 방광관정
　　(放光灌頂)의 3종이 있다.

26. 평등하고 바른 깨달음

색깔 · 소리 · 냄새 · 맛 · 촉감 · 의식의 국토에서 평등하고 바른 깨
달음을 이루어 안팎으로 통달하여 전혀 장애가 없으면, 하나의 색깔
이 하나의 경계이고, 하나의 부처가 하나의 색깔이고, 모든 부처가 모
든 색깔이고, 모든 경계가 모든 부처이다.

모든 색깔 · 소리 · 냄새 · 맛 · 촉감 · 의식도 역시 이와 같아서, 하
나하나에 두루 가득하고 모든 국토[353]에 두루 가득하다.

이것은 미세한 가운데 거친 것이고, 좋은 경계이고, 모든 상류(上
流)[354]의 보고 · 듣고 · 느끼고 · 아는 것이고, 또 모든 상류가 삶과 죽음
을 드나들며[355] 온갖 있니 없니 하는 등의 온갖 법들을 넘어서는 것이
고, 상류의 말이고, 또 상류의 열반이고, 위없는 길이고, 비길 것이 없
는 주문(呪文)[356]이고, 제일(第一)의 말씀이다.

---

353) 찰토(刹土) : 국토(國土)를 말한다. 찰(刹)은 ksetra의 음역으로서 토지, 육지라는 뜻.

354) 상류(上流) : 상류반(上流般)의 준말. 7종 불환(不還)의 하나. 색계(色界)에 난 불환과
(不還果)의 성자가 다시 위의 하늘인 비상비비상처(非想非非想處)까지 가서 열반에 들어
가는 것.

355) 출생입사(出生入死) : 부처님과 보살이 중생을 구제하기 위하여 기회에 따르고 인연에
응하여 삶과 죽음을 출입하는 것.

356) 주(呪) : ①다라니. 본래 중국에서는 용을 항복 받고 귀신을 다스리는 법을 의미하였으
나 인도의 다라니와 비슷하므로 같은 뜻으로 쓰이게 됨. ②=주문(呪文). 다라니의 글. 불
보살의 가피를 입어 지혜를 더하고 재앙을 막는 문구.

모든 말씀 가운데 가장 깊은 말씀이어서 알 수 있는 사람이 없고, 모든 부처님들께서 지키고 보호하시는[357] 것이다.

마치 깨끗한 물결과 같아서 모든 물의 깨끗하고 더러움을 말할 수 있고, 그 깊은 흐름은 드넓게 작용하니 모든 부처님들께서 지키고 보호하시는 것이다.

일상생활 속에서 이와 같을 수 있다면, 나는 이때에 깨끗한 광명의 몸을 나타낸다."

於一切色聲香味觸法刹土成等正覺, 內外通達, 悉無有礙, 一色一塵, 一佛一色, 一切佛一切色, 一切塵一切佛. 一切色聲香味觸法亦復如是, 一一遍滿一切刹土. 此是細中之麤, 是善境界, 是一切上流知覺聞見, 亦是一切上流出生入死, 度一切有無等法, 是上流所說, 亦是上流涅槃, 是無上道, 是無等等咒, 是第一之說. 於諸說中最爲甚深, 無人能到, 諸佛護念. 猶如淸波, 能說一切水淸濁, 深流廣大之用, 諸佛護念. 行住坐臥, 若能如是, 我時爲現淸淨光明身."

---

357) 호념(護念) : 명심하여 지키는 것. 모든 불·보살·하늘·귀신들이 선행을 닦는 중생이나 수행자에 대하여 온갖 마장을 제거하여 보호하며, 깊이 기억하여 버리지 않는 것. 가피(加被), 가지(加持)와 비슷함.

27. 모두 이와 같다

다시 말했다.

"만약 그대가 이름이 동등하고[358] 말씀이 동등하면,[359] 나 역시 그러하여 한 개 불국토의 소리와 한 개 불국토의 냄새와 한 개 불국토의

---

358) 자등(字等) : 사등(四等)의 하나. 과거 · 현재 · 미래의 모든 부처님을 동등(同等)하게 칭명(稱名)하여 불(佛)이라 하는 것. 『능가아발타라보경(楞伽阿跋多羅寶經)』 제3권 「일체불어심품(一切佛語心品)3」에 다음 내용이 나온다. "어떤 것을 자등(字等)이라 하는가? 만약 글자로써 나를 일러 불(佛)이라고 한다면, 그 글자는 또한 모든 부처님을 일컫는 말이기도 하다. 그 글자의 자성(自性)에는 차별이 없으니 이를 일러 자등(字等)이라 한다."(云何字等? 若字稱我爲佛, 彼字亦稱一切諸佛. 彼字自性無有差別, 是名字等.)

359) 어등(語等) : 사등(四等)의 하나. 모든 부처님의 말씀은 동등(同等)하고 다름이 없어서 늘어나지도 않고 줄어들지도 않아, 그 말씀이 평등하므로 어등(語等)이라고 한다. 『능가아발타라보경(楞伽阿跋多羅寶經)』 제3권 「일체불어심품(一切佛語心品) 3」에 다음 내용이 나온다. "어떤 것을 어등(語等)이라 하는가? 나의 64종 범음(梵音)의 언어(言語)는 서로 상대하여 생겨나는데, 저 모든 여래응공등정각(如來應供等正覺) 역시 그와 같아서 64종 범음의 언어도 서로 상대하여 생겨나므로, 늘어남도 없고 줄어듦도 없고 차별도 없으니, 고운 소리를 내는 극락조(極樂鳥)인 가릉빈가(迦陵頻伽)의 깨끗한 음성의 본성(本性)이다."(云何語等? 謂我六十四種梵音言語相生, 彼諸如來應供等正覺亦如是, 六十四種梵音言語相生, 無增無減無有差別, 迦陵頻伽梵音聲性.) 『대승입능가경(大乘入楞伽經)』 제4권 「무상품(無常品)」 제3-1에는 다음과 같이 되어 있다 : "어떤 것을 어평등(語平等)이라 하는가? 나는 64종의 범음(梵音)의 소리와 말을 내는데, 모든 여래 역시 이러한 말을 내는 것이 가릉빈가가 내는 범음의 소리의 본성이어서 늘어나지도 않고 줄어들지도 않고 차별이 없으니, 이를 일러 어등(語等)이라 한다."(云何語平等? 謂我作六十四種梵音聲語, 一切如來亦作此語, 迦陵頻伽梵音聲性, 不增不減無有差別, 是名語等.)

맛과 한 개 불국토의 촉감과 한 개 불국토의 일이 모두 이와 같다.[360]

이로부터 위로 연화장세계(蓮華藏世界)[361]에 이르면 비록 드넓지만 모두가 이러하다.

又云: "如汝自[362]等語等, 我亦如然, 一佛利聲, 一佛利香, 一佛利味, 一佛利觸, 一佛利事, 悉皆如是. 從此上至蓮華藏世界, 縱廣總皆如是.

---

360) 법계의 실상은 차별 없이 평등하다.

361) 연화장세계(蓮華藏世界): 십련화장장엄세계해(十蓮華藏莊嚴世界海) · 연화장장엄세계해(蓮華藏莊嚴世界海) · 십련화장세계(十蓮華藏世界) · 연화대장세계(蓮華臺藏世界) · 화장세계(華藏世界) · 화장계(華藏界)라고도 함. 비로자나불이 있는 공덕무량(功德無量) · 광대장엄(廣大莊嚴)의 세계를 말함. 이 세계는 큰 연화(蓮華)로 되어 있고, 그 가운데 일체국(一切國) · 일체물(一切物)을 모두 간직하였으므로 연화장세계라 함. 그 세계의 형상에 대하여는 『화엄경(華嚴經)』과 『범망경(梵網經)』이 달리 설명하였음. 『화엄경(華嚴經)』에는 세계의 맨 밑에 풍륜(風輪)이 있고, 풍륜 위에 향수해(香水海)가 있고, 향수해 중에 큰 연화가 나고 연화장세계는 그 속에 있어 사방이 평평하고 깨끗하고 견고하며, 금강륜산(金剛輪山)이 세계를 둘렀다 함. 『범망경』에는 노사나불이 천 잎으로 된 연화대에 앉았는데 그 천 잎이 각각 한 세계이고, 노사나불로부터 화현한 천 석가가 그 천 세계에 있고 한 세계마다 백억 나라가 있고, 한 나라에 한 석가가 있어서 보리수(菩提樹) 아래 앉았다고 하였음. 이것은 무진연기(無盡緣起)의 깊은 진리를 구체적으로 설명한 것.

362) 自: 字의 오자(誤字) 아니면 가차자(假借字).

28. 스스로 묶이다

만약 처음의 앎을 지켜서 이해로 삼으면, 일러 정결(頂結)[363]이라고 하고 또 정결에 떨어졌다고도 하니, 이것은 모든 번뇌의 근본이며 스스로 알음알이를 일으켜 포승줄도 없이 스스로를 묶는 것이다.

알음알이 때문에 세간에 있는 이십오유(二十五有)[364]에 얽매이고, 다시 온갖 종류의 번뇌의 문(門)으로 흩어져 그것에 결박된다.

이 처음의 앎을 이승(二乘)이 보면 이염식(爾燄識)[365]이라 일컫고, 또 미세번뇌(微細煩惱)라고도 일컬으니 즉시[366] 끊어야 한다.

若守初知爲解, 名頂結, 亦名墮頂結, 是一切塵勞之根本, 自生知見, 無繩自縛. 所知故繫世有二十五, 又散一切諸煩惱門縛着於他. 此初知, 二乘見之, 名爲爾燄識, 亦名微細煩惱, 便卽斷除.

---

363) 정결(頂結) : 머리카락을 정수리에 틀어 묶다. 상투를 틀다.

364) 이십오유(二十五有) : 유(有)는 존재(存在)란 뜻. 중생이 삶과 죽음으로 돌고 도는 존재를 25종으로 나눈 것. ①4악취(지옥·아귀·축생·아수라). ②4주(동불바제·남염부주·서구야니·북울단월). ③6욕천(사왕천·도리천·야마천·도솔천·화락천·타화자재천). ④7색계(초선천·범왕천·제2선천·제3선천·제4선천·무상천·5나함천). ⑤4무색계(공무변처천·식무변처천·무소유처천·비상비비상처천). 이를 줄여서 3계(界)와 6도(道)라 함.

365) 이염식(爾燄識) : 알려지는 대상으로서의 식(識). 이염(爾燄)은 jneya의 음역으로서 소지(所知)·경계(境界)·지모(智母)·지경(智境)이라 번역하는데, 알려지는 것, 인식을 형성하는 대상을 가리킨다.

366) 변즉(便卽) : 즉시. 곧.

29. 해탈의 깊은 구덩이

이미 끊어 버렸으면 일컬어 제정신으로 돌아와 공(空)의 동굴에 머문다고 하고, 또 삼매(三昧)의 술에 취했다고도 하고, 또 해탈의 마귀에게 사로잡혔다고도 한다.

세계가 생겨나고 사라지더라도 선정(禪定)의 힘은 유지되나, 다른 국토로 흘러나가면서도 전혀 눈치채지 못하고 있으니, 일러서 해탈의 깊은 구덩이는 두려워해야 할 곳이라고도 하고, 보살들은 모두 다 이 곳을 멀리한다.

既得斷已, 名爲迴神住空窟, 亦名三昧酒所醉, 亦名解脫魔所縛. 世界成壞, 定力所持, 漏向別國土, 都不覺知, 亦名解脫深坑可畏之處, 菩薩悉皆遠離.

30. 가르침의 말씀

무릇 경전을 읽고 가르침의 말씀을 살펴볼 때에 그 가르침의 말씀들은 모두 모름지기 이리저리 변화하여[367] 자기에게로 돌아와야 한다.

만약 가르침의 말씀이라면[368] 모두 지금의 거울처럼 깨어 있는[369] 자성(自性)을 밝히기만 할 뿐이다.

있니 없니 하는 온갖 분별된 경계에 부림을 당하지 않기만 하면, 가르침의 말씀이 곧 그대의 도사(導師)[370]이다.

있거나 없는 온갖 분별되는 경계를 모두 확실히 알[371] 수 있는 것은 곧 금강(金剛)의 지혜[372]이니, 그렇다면 자유롭게 독립(獨立)할 자격이

---

367) 완전(宛轉) : ①정처 없이 빈둥거리며 움직이는 모습. 유유히 노니는 모습. ②빙빙 돌다. 구불구불 이어지다. 빙글빙글 감돌다. ③우여곡절이 많다. ④변통하거나 알선하다. ⑤순종하여 변화하다.

368) 단시(但是) : -하기만 하면. 만약 -라면. 만약 -한다면.

369) 감각(鑑覺) : 거울 같은 깨달음. 거울처럼 비추다. 영지(靈知)와 같음. 백장회해(百丈懷海)는 감각(鑑覺)을 깨달은 사람의 마음상태 혹은 깨달은 사람의 의식(意識)을 가리키는 말로 사용한다. 원만한 거울이 삼라만상을 왜곡 없이 비추듯이, 좋아하거나 싫어하는 의도가 개입되지 않은 본래의 마음은 만법을 있는 그대로 비춘다는 뜻. 대원경지(大圓鏡智)나 해인삼매(海印三昧)와 같은 뜻.

370) 도사(導師) : ①인도하는 스승. 부처님과 보살의 경칭. ②법회의 중심이 되어 법회를 이끄는 승려.

371) 조파(照破) : 확실히 살펴서 알다. 분명히 알다. 파(破)는 완료를 나타내는 조사.

372) 금강혜(金剛慧) : 『유마경』에 나오는 사자보살(師子菩薩)의 말로서, 불이법문(不二法門)을 나타내는 말. 사자보살의 말은 다음과 같다 : "죄 있음과 죄 없음을 분별하면 둘이

있다.

만약 이와 같이 알 수 없다면, 설령[373] 십이부경(十二部經)[374]을 외울 수 있다고 하더라도 다만 한 사람 증상만(增上慢)[375]이 될 뿐이니 도리어 부처님을 비방하는 것이고 수행(修行)이 아니다.

다만 모든 소리와 색깔을 벗어나고, 또 벗어남에도 머물지 않고, 또 머물지 않는다는 생각에도 머물지 않으면, 이것이 수행이다.

夫讀經看教, 語言皆須宛轉歸就自己. 但是一切言教, 祇明如今鑑覺自性. 但不被一切有無諸境轉, 是汝導師. 能照破一切有無諸境, 是金剛惠, 卽有自由獨立分. 若不能與磨會得, 縱然誦得十二圍陀典, 祇成箇增上慢, 卻是謗佛, 不是修行. 但離一切聲色, 亦不住於離, 亦不住於知解, 是修行.

된다. 만약 모든 보살들이 죄 있음과 죄 없음의 둘이 모두 평등함을 깨달아 안다면, 금강(金剛)의 지혜를 가지고 모든 법에 통달하여 얽매임도 없고 풀려남도 없을 것이니 이것이 곧 불이법문에 깨달아 들어가는 것입니다."("有罪無罪分別爲二. 若諸菩薩了知, 有罪及與無罪二皆平等, 以金剛慧通達諸法無縛無解, 是爲悟入不二法門.")(『설무구칭경(說無垢稱經)』 「불이법문품(不二法門品) 제9」)

373) 종연(縱然) : 설사 −하더라도. 설령 −일지라도.

374) 십이위타경(十二圍陀經) : 위타(圍陀)는 veda의 음역. 베다는 인도 바라문교 사상의 근본 성전이며 가장 오래된 경전을 가리키는 말이지만, 여기의 십이위타경(十二圍陀經)은 불교의 십이부경(十二部經)을 가리킨다. 십이부경은 석가모니의 가르침을 그 성질과 형식에 따라 구분하여 12부로 분류하여 놓은 불교 경전으로서 십이분경(十二分經) · 십이분교(十二分敎)라고도 한다.

375) 증상만(增上慢) : 깨달음을 얻지 못하고서도 얻었다고 생각하여 잘난 체하는 거만함. 분별하고 이해하여 개념으로 불법을 아는 사람을 가리킴.

31. 병을 치료하는 약

경전을 읽고 가르침의 말씀을 살펴볼 때에 만약 세간을 본보기로 삼는다면, 이것은 좋은 일이다.

만약 도리에 밝은 사람 곁에서 헤아린다면 이것은 비좁고 답답한 사람이니, 십지(十地)[376]의 지위에 있는 사람이라도 생사(生死)를 벗어나지 못하고[377] 생사의 강으로 흘러들어 갈 것이다.

만약 삼승(三乘)의 가르침이라면 모두 탐냄·성냄·어리석음[378] 등의 병을 치료하는 약이니, 예컨대 지금 순간순간 탐냄·성냄·어리석음 등의 병이 있다면 먼저 그 병을 치료해야 하지, 뜻과 말을 이해하여 아는 것을 추구해서는 안 된다.[379]

이해하여 아는 것은 탐냄에 속하니 지금 도리어 변하여 병이 된다.

---

376) 십지(十地) : 『화엄경』「십지품(十地品)」에 설해져 있는 보살수행의 52위 가운데서 제41위에서 제50위까지를 가리키는데, 보살로서는 최고의 경지이다. 이 10위는 불지(佛智)를 생성하고 능히 주지(住持)하여 움직이지 아니하며 온갖 중생을 짊어지고 교화를 이롭게 하는 것이 마치 대지가 만물을 싣고 이를 기름지게 하는 것과 같으므로 지(地)라 이른다.

377) 탈불거(脫不去) : =탈불료(脫不了). 벗어날 수 없다. 모면할 수 없다. 빠져나갈 수 없다. 거(去)는 형용사나 동사 뒤에 쓰여 요(了)나 착(着)과 같은 기능을 하는 조사.

378) 삼독(三毒) : 탐욕(貪欲; 욕심)·진에(瞋恚; 분노)·우치(愚癡; 어리석음) 셋을 말한다. 중생을 해롭게 하는 악의 근원이라고 하며, 삼불선근(三不善根), 삼화(三火), 삼구(三垢)라고도 한다.

379) 불용(不用) : ①-할 필요 없다. ②-하지 마라.

그런데 이제 다만 있니 없니 하는 모든 것들에서 벗어나고 또 벗어났다는 분별에서도 벗어나 삼구(三句)[380] 밖으로 빠져나간다면, 저절로 부처와 차별이 없을 것이다.

이미 원래 부처라면, 어찌 부처가 말할 줄 모를까 봐 염려하겠는가?

다만 부처가 되지 못하고 있니 없니 하는 온갖 분별에 얽매여 자유를 얻지 못할까 봐 두려울 뿐이다.

讀經看敎, 若準世間, 是好事. 若向明理人邊數, 此是壅塞人, 十地之人, 脫不去, 流入生死河. 但是三乘敎, 皆治貪瞋等病, 秖如今念念若有貪瞋等病, 先須治之, 不用覓義句知解. 知解屬貪, 今却變成病. 秖如今但離一切有無諸法, 亦離於離, 透過三句外, 自然與佛無差. 旣自是佛, 何慮佛不解語? 秖恐不是佛, 被有無諸法縛, 不得自由.

---

380) 삼구(三句) : 앞에서 백장이 언급한 삼구(三句)는 초선(初善)·중선(中善)·후선(後善)인데, 초선(初善)에서는 긍정하거나 부정하는 하나의 입장을 지키고, 중선(中善)에서는 초선의 입장을 버리며, 후선(後善)에서는 초선의 입장을 버렸다는 생각(知解)도 버리는 것이다.

32. 복덕과 지혜

이 까닭에 도리(道理)가 아직 성립하기 이전에 먼저 복덕과 지혜[381]가 있다면, 그 복덕과 지혜를 올라타고서 비천한 것 같기도 하고 고귀한 것 같기도 하겠지만, 먼저 도리를 세우고 뒤에 복덕과 지혜가 있는 것만 못하다.[382]

만약 복덕과 지혜를 바란다면 때가 되면[383] 얻을 수 있으니,[384] 그때에는 황금을 집어 흙으로 만들고 흙을 집어 황금으로 만들며, 바닷물을 바꾸어 치즈[385]로 만들고, 수미산을 부수어 먼지로 만들며, 동서남북의 바닷물[386]을 끌어모아 한 개 털구멍 속에 집어넣고, 하나의 뜻에서 헤아릴 수 없이 많은 뜻을 이루고 헤아릴 수 없이 많은 뜻에서 하

---

381) 복지(福智) : 복혜(福慧)라고도 함. 복덕과 지혜. 공덕(功德)과 지혜.

382) 복덕과 지혜는 좋고 나쁨이 차별되니, 불이법의 깨달음 없이 복덕과 지혜만 있다면 귀함과 천함이라는 분별에 얽매인다. 깨달아서 불이법문에 들어간 사람은 복덕과 지혜 역시 불이법문에서 사용하는 방편의 차별에 불과하니 복덕과 지혜에 얽매이지 않고 복덕과 지혜를 사용할 수 있다.

383) 임시(臨時) : 때가 되다. 정한 기일이 되다.

384) 작득(作得) : 해낼 수 있다.

385) 소락(酥酪) : 치즈. 우유의 단백질을 효소와 유산균으로 굳혀서 숙성시켜 만든 음식.

386) 사대해(四大海) : 불교 우주론에서 수미산(須彌山)의 사방에 있다는 큰 바다. 바다 가운데 4대주(大洲)가 있고, 그 주위를 철위산(鐵圍山)이 둘러쌌다 함.

나의 뜻을 이루며, 또한 발을 헛디뎌[387] 전륜왕(轉輪王)[388]이 되어[389] 사천하(四天下)[390]의 사람들로 하여금 매일 십선(十善)[391]을 행하도록 한다고도 하는데, 이러한 복덕과 지혜는 헤아릴 수조차 없다.

---

387) 실각(失脚) : ①걸음걸이가 산란하다. 걸음걸이가 혼란하다. 비틀거리며 걷다. ②발을 헛디뎌 넘어지다. ③좌절을 겪거나 착오를 일으키다.

388) 전륜왕(轉輪王) : 전륜성왕(轉輪聖王)·전륜성제(轉輪聖帝)라고도 함. 줄여서 윤왕(輪王), 또는 비행(飛行) 황제라고도 한다. 수미(須彌) 4주(洲)의 세계를 통치하는 대왕. 이 왕은 몸에 32상을 갖추었으며 즉위할 때에는 하늘로부터 윤보(輪寶)를 감득(感得)하는데, 이 윤보를 굴리면서 사방을 위엄으로 굴복시키므로 전륜왕이라 불린다. 또한 공중을 날아다니므로 비행황제라고도 불린다. 증겁(增劫)에 인수(人壽) 2만 세 이상에 이르면, 이 왕이 세상에 나고, 감겁(減劫)에는 인수 무량세에서 8만 세까지의 사이에 나타난다 함. 윤보에는 금·은·동·철의 네 종류가 있어 이들 윤보의 종류에 따라 왕의 이름이 나뉨. 즉 금륜왕은 수미 4주를 통치, 은륜왕은 동서남 3주를, 동륜왕은 동남 2주를, 철륜왕은 남섬부주의 1주를 통치한다고 함.

389) 발을 헛디뎌 전륜성왕이 되었다는 것은, 출가하여 깨달은 부처가 되지 못하고 세속에서 성공하여 세계를 정복한 전륜왕(轉輪王)이 된다는 말.

390) 사천하(四天下) : 사대주(四大洲). 사주(四洲). 수미산을 중심으로 하는 사방의 4개 대륙. 즉 동쪽의 승신주, 서쪽의 우화주, 남쪽의 섬부주, 그리고 북쪽의 구로주. 사람이 사는 사바세계는 남섬부주(南贍部洲)라고 한다.

391) 십선(十善) : 십선행(十善行)·십선업(十善業)·십선업도(十善業道)라고도 한다. 열 가지 선한 행위를 말하는데, 십악(十惡)의 반대말이다. 십악이란, 살생(殺生)·투도(偸盜: 도둑질)·사음(邪婬: 음란한 행위)·망어(妄語: 거짓말을 하는 것)·양설(兩舌: 이간질하는 말)·악구(惡口: 욕하고 비난하는 말)·기어(綺語: 재미있게 꾸며 만드는 말)·탐욕(貪慾)·진에(瞋恚: 화내고 미워하는 것)·사견(邪見: 잘못된 견해를 말함) 등을 말한다. 이상의 십악을 행하지 않는 것을 십선이라고 하는데, 불살생(不殺生)에서 불사견(不邪見)까지를 뜻한다. 즉 죽이지 않는다, 훔치지 않는다, 사음하지 않는다, 망어하지 않는다, 욕하지 않는다, 기어하지 않는다, 양설하지 않는다, 탐욕하지 않는다, 화내지 않는다, 사견을 품지 않는다 등이다.

자기가 거울처럼 깨어 있음을 일러 왕(王)이라 하고, 생각을 따라 있느니 없느니 하는 온갖 것들에 집착하면 일러 전륜왕이라고 한다.

是以理未立, 先有福智, 被福智載, 如賤如貴, 不如先立理, 後有福智. 若要福智, 臨時作得, 撮金成土, 撮土爲金, 變海水爲酥酪, 碎須彌爲微塵, 攝四大海水入一毛孔, 於一義作無量義, 於無量義作一義. 亦云失脚作轉輪王, 令四天下人一日行十善. 此福智猶不能筭. 自己鑑覺名王, 緣念着有無諸法, 名轉輪王.

33. 최고의 공덕

예컨대 지금 마음[392] 속에 있니 없니 하는 등의 어떤 것도 일절 받아들이지 않고 사구(四句)[393] 밖으로 벗어났다면, 일러 공(空)이라 한다.

지금 불사약(不死藥)이라고 일컫는 것은 앞의 왕[394]을 일러 불사약이라고 한다.

비록 불사약이라고 하지만, 왕과 함께 마시니 둘도 아니고 하나도 아니다.

만약 하나라거나 둘이라고 이해한다면, 또한 일러 전륜왕이라고 한다.

예컨대 지금 어떤 사람이 복덕과 지혜와 네 가지 생필품[395]을 사백만(四百萬) 억(億)의 헤아릴 수 없는 세계의 육도(六道)에 윤회하는 중생들에게 공양(供養)하여 그들의 욕망을 따라 80년이 지나도록 한 뒤에 이렇게 생각한다고 하자.

'그런데 이 중생들은 이미 나이가 많고 쇠약해졌으니, 나는 마땅히

---

392) 장부(臟腑) : ①오장육부(五臟六腑). ②내면, 즉 마음을 가리킴.

393) 사구(四句) : 분별이 나타나는 4가지 형태. ①A이다. ②A가 아니다. ③A이기도 하고 A
가 아니기도 하다. ④A도 아니고 A 아닌 것도 아니다. 분별은 기본적으로 이 4가지 형태
를 따라 이루어진다. 그러므로 사구(四句)란 곧 분별을 가리킨다.

394) 앞의 왕은 위에서 말한, "자기가 거울처럼 깨어 있음을 일러 왕(王)이라 한다."의 왕을
가리킨다. 그러므로 왕은 곧 깨달음을 가리킨다.

395) 사사(四事) : 수행승의 일상에 필요한 4종의 물건. 음식, 의복, 침구, 탕약.

불법(佛法)을 가지고 그들을 가르치고 이끌어 사과(四果)³⁹⁶⁾를 얻도록 해 주어야 하겠다.'

이와 같은 시주(施主)³⁹⁷⁾는 중생들에게 온갖 즐거움을 베풀어 준 공덕만 해도³⁹⁸⁾ 헤아릴 수 없는데, 더군다나³⁹⁹⁾ 사과(四果)까지 얻도록 해 주었으니 그 공덕은 헤아릴 수도 없고 끝도 없지만, 오히려 50번째 사람이 경전의 말씀을 듣고서 기쁨을 함께하는 공덕에는 미치지 못한다.⁴⁰⁰⁾

---

396) 사과(四果) : 소승(小乘)이 얻는 깨달음인 증과(證果)의 4계위(階位). 과(果)는 무루지(無漏智)가 생기는 지위. 수다원과(須陀洹果)·사다함과(斯陀含果)·아나함과(阿那含果)·이라한과(阿羅漢果).

397) 시주(施主) : 범어 단월(檀越; dana-pati)의 번역. 승가(僧家)에 보시(布施)하는 사람.

398) 상자(尙自) : ①도리어. ②-조차도. -한데. -까지도. ③그래도. 그럼에도 불구하고.

399) 하황(何況) : 하물며. 항차. 더군다나.

400) 『묘법연화경(妙法蓮華經)』 제6권 「수희공덕품(隨喜功德品) 제18」에 나오는 다음의 이야기를 요약하여 소개한 것이다 : 그때 미륵보살마하살이 부처님께 아뢰었다. "세존이시여, 만약 착한 남자와 착한 여인이 이 『법화경』을 듣고서 더불어 기뻐한다면, 얼마만한 복을 얻을까요?" 그리고서 다시 게송으로 말했다. "세존께서 멸도하신 뒤에/ 이 경전을 듣는 자가/ 만약 기뻐할 수 있다면/ 얼마만한 복을 얻을까요?" 그때 부처님께서 미륵 보살마하살에게 말씀하셨다. "미륵이여, 여래의 멸도 뒤에 만약 비구·비구니·우바이·우바새 및 여타 지혜로운 자가─늙었든 젊었든─이 경전을 듣고 기뻐하고서 법회에서 나와 다른 곳─절이나 공터나 성읍(城邑)이나 길거리나 마을이나 밭이나─에 가서 들었던 대로 부모나 친척이나 친구나 친지에게 힘껏 설명하여, 이 모든 사람들이 듣고서 기뻐하면서 다시 말해 주고 다른 사람이 듣고서 역시 기뻐하며 다시 말해 주고, 이렇게 거듭하여 50번째 사람에 이른다고 하자. 미륵이여, 그 50번째 착한 남자나 착한 여인이 기뻐하는 공덕을 내가 이제 말할 테니 그대는 잘 들어라. 만약 사백만 억의 헤아릴 수 없이 많은 세계에서 육도에 윤회하는 난생(卵生)·태생(胎生)·습생(濕生)·화생(化生)의 사생(四生) 중생들과 유형(有形)·무형(無形)·유상(有想)·무상(無想)·비유상(非有想)·비무상(非無想)·무족(無足)·이족(二足)·사족(四足)·다족(多足) 등의 각종 중생들이 있는데, 복

을 구하는 사람이 있어서 그 중생들이 바라는 바를 따라 즐거움을 그들에게 모두 제공함
에 하나하나의 중생에게 염부제에 가득한 금·은·유리·거거(車磲)·마노(瑪瑙)·산
호·호박(琥珀) 등 온갖 진귀한 보물과 코끼리·말·수레와 칠보(七寶)로 이루어진 궁
전·누각 등을 주는 대시주(大施主)가 되어 이와 같이 보시하여 80년이 지나자 이렇게 생
각하였다. '나는 이미 중생들에게 즐거움을 베풀어서 원하는 일을 하였다. 그런데 이 중생
들은 모두 이미 나이 80이 넘어 노쇠하여 머리털은 백발이 되고 얼굴은 주름이 져서 오래
지 않아 죽을 것이다. 나는 마땅히 불법(佛法)을 가지고 그들을 훈도(訓導)해야 하겠다.'
그러고는 곧 이 중생들을 모아 불법으로 교화한다고 선포하고 가르침을 보여 이익과 기
쁨이 있게 하니, 그 중생들은 일시에 모두 수다원·사다함·아나함·아라한의 도를 얻었
고, 온갖 번뇌를 벗어나 깊은 선정 속에서 모두 자재(自在)함을 얻어 팔해탈(八解脫)을 갖
추었다고 하자. 그대의 생각은 어떠냐? 이 대시주가 얻은 공덕이 어찌 많지 않겠느냐?"
미륵이 부처님께 아뢰었다. "세존이시여, 이 사람의 공덕은 헤아릴 수 없이 많습니다. 이
러한 시주라면, 중생들에게 온갖 즐거움을 준 공덕도 한량이 없는데, 하물며 아라한과까
지 얻도록 하지 않았습니까?" 부처님께서 미륵에게 말씀하셨다. "나는 이제 분명히 그대
에게 말한다. 이 사람이 사백만 억의 헤아릴 수 없이 많은 세계에서 육도에 윤회하는 중생
들에게 온갖 즐거움을 베풀고 또 그들이 아라한과를 얻도록 하여 얻은 공덕은, 50번째 사
람이 『법화경』의 한 게송을 듣고서 즐거워하는 공덕에 비하면, 백천만 억 분의 일에도 미
치지 못할 뿐만 아니라, 애초에 비교조차 할 수 없다."(爾時, 彌勒菩薩摩訶薩, 白佛言: "世尊,
若有善男子善女人, 聞是『法華經』隨喜者, 得幾所福?" 而說偈言: "世尊滅度後/ 其有聞是經/ 若
能隨喜者/ 爲得幾所福?" 爾時佛告彌勒菩薩摩訶薩: "阿逸多, 如來滅後, 若比丘比丘尼優婆塞優
婆夷及餘智者, 若長若幼, 聞是經隨喜已, 從法會出至於餘處, 若在僧坊若空閑地, 若城邑巷陌聚
落田里, 如其所聞, 爲父母宗親善友知識隨力演說, 是諸人等聞已隨喜復行轉教, 餘人聞已亦隨
喜轉教, 如是展轉至第五十. 阿逸多, 其第五十善男子善女人隨喜功德, 我今說之, 汝當善聽. 若
四百萬億阿僧祇世界, 六趣四生衆生, 卵生胎生濕生化生, 若有形無形, 有想無想, 非有想非無想,
無足二足四足多足, 如是等在衆生數者, 有人求福, 隨其所欲, 娛樂之具, 皆給與之, 一一衆生, 與
滿閻浮提, 金銀琉璃車磲馬腦珊瑚虎珀諸妙珍寶, 及象馬車乘, 七寶所成宮殿樓閣等, 是大施主,
如是布施, 滿八十年已, 而作是念. '我已施衆生娛樂之具, 隨意所欲. 然此衆生皆已衰老年過八十,
髮白面皺將死不久. 我當以佛法而訓導之.' 卽集此衆生, 宣布法化, 示教利喜, 一時皆得須陀洹道
斯陀含道阿那含道阿羅漢道, 盡諸有漏於深禪定皆得自在具八解脫. 於汝意云何? 是大施主所得
功德寧爲多不?" 彌勒白佛言: "世尊, 是人功德甚多無量無邊. 若是施主, 但施衆生一切樂具功德

祇如今於藏腑中都不納一切有無等法, 離四句外名空. 今名不死藥, 爲喚前王名不死藥. 雖云不死藥, 與王共服, 亦非二物, 亦非一物. 若作一二解, 亦名轉輪王. 祇如今有人以福智四事, 供養四百萬億阿僧祇世界六趣四生, 隨其所欲, 滿八十年, 已後作是念: '然此衆生皆已衰老, 我當以佛法而訓導之, 令得須陀洹果, 乃至阿羅漢道.' 如是施主, 但施衆生一切樂具功德尙自無量, 何況令得須陀洹果乃至阿羅漢道功德無量無邊, 猶不如第五十人聞經隨喜功德.

無量, 何況令得阿羅漢果?" 佛告彌勒: "我今分明語汝. 是人以一切樂具, 施於四百萬億阿僧祇世界六趣衆生, 又令得阿羅漢果, 所得功德, 不如是第五十人, 聞 『法華經』 一偈隨喜功德, 百分千分百千萬億分不及其一, 乃至算數譬喻所不能知.")

34. 삶과 죽음을 넘어선 사람

『보은경(報恩經)』에서 말했다.

'마야부인(摩耶夫人)이 낳은 5백 태자가 모두 벽지불(辟支佛)의 과위(果位)를 얻고서 다 열반에 들자 각각 탑을 세워서 공양하고 하나하나에 절을 올리고서 탄식하며 말했다. 〈하나의 아들을 낳아서 위없는 깨달음을 얻도록 하여 내 마음의 힘을 덜도록 하는 것이 더 낫다.〉'[401]

---

401) 이 구절은 『대방편불보은경(大方便佛報恩經)』제3권 「논의품(論議品) 제5」에 나오는 이 야기를 염두에 둔 것이다. 그 이야기에 의하면, 석가모니의 어머니인 마야부인은 전생에 녹모부인(鹿母夫人)이라는 이름의 왕비였다. 왕비는 연꽃을 하나 낳았는데, 그 연꽃에는 5백 개의 꽃잎이 있었고, 그 꽃잎 하나하나에서 아들이 한 명씩 태어나 5백 명의 태자를 얻게 되었다. 그 5백 명의 태자들은 자라서 불법(佛法)을 공부하여 모두 벽지불(辟支佛)의 깨달음을 성취한 뒤에 부모가 보는 앞에서 몸을 태워 열반에 들었다. 왕비는 그들의 뼈를 거두어 5백 개의 탑을 세워 공양하였다. 그 뒤 여기에 인용된 내용의 부분은 다음과 같다 : 그때 녹모부인은 뭇 이름 있는 향들을 사르고 미묘한 풍악을 울리며 날마다 뒷동산에 들어가서 이 5백의 벽지불탑을 공양하였는데, 그 탑 앞에서 걱정되고 즐겁지 못하여 말했다. "내가 비록 이 5백의 태자를 낳았고 또 출가시켰지만, 깨달음을 얻겠다는 마음을 낸 사람은 하나도 없구나." 그리하여 곧 서원을 세웠다. '나는 이 5백의 벽지불을 공양하고 5백의 탑을 일으켜서 사리를 공양한 공덕을 모두 회향(廻向)하여 널리 모든 중생들에게 이르도록 하여, 내가 내세에는 깨달음을 얻겠다는 마음을 낼 수 없는 아들을 많이 낳을 필요 없이 다만 깨달음을 얻겠다는 마음을 낼 수 있는 한 아들만 낳아서 그 세상에서 출가하여 일체지(一切智)를 얻게 하소서.'(爾時鹿母夫人, 燒衆名香, 作妙伎樂, 日日入後園中, 供養是五百辟支佛塔, 於其塔前, 愁憂不樂, 而作是言: "我雖生是五百太子, 雖復出家, 而無一人能發菩提之心." 卽立誓願, '我供養是五百辟支佛, 幷起五百塔供養舍利功德, 悉以迴向普及一切衆生, 令我來世不用多生諸子而不能發菩提之心, 但生一子能發道心, 現世出家得一切智.') 벽지불 즉 소승의 깨달음을 얻은 5백의 아들을 얻기보다는 한 사람이라도 대승의 깨달음인 위없는

예컨대 지금 5백만의 대중 속에서 위없는 바르고 평등한 깨달음을 얻은 자가 한 사람이라도 있으면, 그 값어치는 삼천대천세계만큼이나 된다.[402]

그러므로 늘 대중들에게 자기의 도리를 깊이 이해해야 한다고 권하는 것이다.

자기의 도리를 깊이 이해한다면 복과 지혜를 쓸 수 있는데, 마치 귀족이 천민을 부리는 것과 같고, 또 수레를 멈추어 두지 않는 것과도 같다.

만약 이 이해를 지키고 있다면, 일러 상투 속의 구슬[403]이라고 하고, 또 값이 매겨진 보배구슬이라고 하고, 또 똥을 퍼들인다고 한다.

만약 이 이해를 지키고 있지 않으면, 마치 왕이 상투 속의 밝은 구슬을 주는 것과 같고, 또 가치를 매길 수 없는 큰 보배라고 일컫고, 또 똥을 퍼낸다고 한다.

부처는 곧 얽매임[404] 밖의 사람인데, 도리어 얽매임 안으로 들어와

바르고 평등한 깨달음을 얻은 아들을 얻기 바란다는 뜻이니, 소승의 법을 불완전하게 보고 대승의 법을 완전하다고 주장하는 내용이다.

402) 직(直) : =치(値). 수량을 평가하다. 가치를 평가하다.

403) 계주유(髻珠喩) : 『법화경』 7유(喩)의 하나. 『법화경』 제5권에 있는 이야기. 전륜성왕이 여러 나라를 쳐서 항복 받고, 장병 중에 전공이 있는 이에게 논밭·집·옷·보배 등을 줄 때에, 가장 공로가 큰 이에게는 왕이 자기의 상투 속에 있는 보배구슬을 준다고 하였다. 이는 전륜성왕을 여래(如來)에, 상투를 2승 방편교(方便教)에, 구슬을 1승 진실교(眞實教)에 비유한 것. 『법화경』의 설법이 지금까지 2승 방편교에 가려 있던 1승 진실교를 열어 나타낸다고 비유한 것임.

404) 전(纏) : 얽어매어 묶는 줄을 뜻함. 번뇌의 다른 이름. 번뇌는 사람의 몸과 마음을 얽어매어 자유롭지 못하게 하는 것이므로 전(纏)이라 함. 8전·10전 등의 구별이 있다. 무참

이와 같이 부처가 된다면, 그야말로[405] 삶과 죽음 저쪽의[406] 사람이고, 현묘(玄妙)함이 끊어진 저쪽의 사람이다.

　도리어 이쪽 언덕으로 와서 이와 같이 부처가 된다면, 이것은 사람도 원숭이도 모두 행할 수 없는 것이니, 사람은 십지보살(十地菩薩)[407]을 비유하고 원숭이는 범부(凡夫)를 비유한다.

『報恩經』云: "摩耶夫人生五百太子, 盡得辟支佛果, 而皆滅度, 各各起塔供養, 一一禮拜, 歎言: '不如生於一子, 得無上菩提, 省我心力.'" 祇如今於百千萬衆中, 有一人得者, 價直三千大千世界. 所以常勸衆人, 須玄解自理. 自理若玄, 使得福智, 如貴使賤, 亦如無住車. 若守此作解, 名髻中珠, 亦名有價寶珠, 亦名運糞人.[408] 若不守此爲解, 如王髻中明珠與之, 亦名無價大寶, 亦名運糞出. 佛直是纏外人, 卻來纏內, 與磨作佛, 直是生死那邊人, 直是玄絶那邊人. 卻來向者岸, 與磨作佛, 人及獼猴, 俱不能行, 人喩十地菩薩, 獼猴喩於凡夫.

(無慚) · 무괴(無愧) · 질(嫉) · 간(慳) · 회(悔) · 면(眠) · 도거(掉擧) · 혼침(昏沈)을 팔전(八纏)이라 하고, 여기에 분(忿) · 복(覆)을 더하여 십전(十纏)이라 한다.

405)　직시(直是) : 그야말로. 선혀. 정말. 실로.

406)　나변(那邊) : 저쪽. ─의 저쪽. ─를 넘어 저쪽. ＝나반(那畔).

407)　십지보살(十地菩薩) : 『화엄경』 「십지품(十地品)」에 설해져 있는 보살수행의 52위 가운데서 제41위에서 제50위까지의 사이에 있는 보살. 보살로서 최고의 경지에 도달한 자.

408)　運糞人 : 뒷 문장의 '運糞出'과 대응하여 '運糞入'이라고 해야 한다.

35. 약과 독

    경전을 읽고 그 가르침을 살펴보아 온갖 지식과 이해를 구하는 것
이 오로지[409] 허락되지 않는 것만은 아니다.

    그러나 삼승(三乘)의 가르침을 이해하여 영락(瓔珞)으로 만든 장신구
[410]를 잘 얻고 삼십이상(三十二相)[411]의 보금자리[412]는 얻겠지만, 부처는
찾더라도 얻지 못할 것이다.

    경선의 가르침에서 말하기를, '소승(小乘)의 삼장(三藏)을 좋아하여
배우는 자도 오히려 가까이하면[413] 안 된다.'[414]고 하였는데, 하물며 자

---

409) 일향(一向) : 단순히. 줄곧. 오로지. =일미(一味).

410) 영락장엄구(瓔珞莊嚴具) : 영락(瓔珞)으로 만든 장신구. 영락(瓔珞)은 주옥(珠玉)과 같
    은 아름다운 보석으로서, 영락장엄구는 불보살(佛菩薩)의 몸을 치장하는 데에 사용하는
    장신구. 불보살의 특징을 다양하게 나타내고 그 위대함을 찬양하는 방편의 말씀을 가리킨
    다.

411) 삼십이상(三十二相) : 부처님 몸에 갖추어진 32가지 특징적인 모습.

412) 굴택(窟宅) : 거처. 집. 의지처.

413) 친근(親近) : 가깝다. 친해지다.

414) 『묘법연화경』제5권「안락행품(安樂行品) 제14」에 나오는 게송 가운데 한 구절을 인용
    한 것. 앞뒤의 맥락은 다음과 같다 : 만약 보살이/ 뒷날 나쁜 세상에서/ 두려운 마음 없이/
    이 경전을 말하려면,/ 마땅히 행하는 곳과/ 친근한 곳에 들어가되,/ 국왕과/ 왕자들과/ 대
    신과 장관을 늘 멀리하고,/ 위험하고 흉악하게 노는 자와/ 찬다라와/ 외도와 브라만을/
    또한 가까이 하지 말아야 하고,/ 증상만인(增上慢人)과/ 소승(小乘)을 탐내고 집착하여/
    삼장(三藏)을 배우는 학자와/ 파계한 비구이면서/ 이름만 나한(羅漢)인 자와/ 비구니이면
    서/ 떠들며 놀기를 좋아하는 자와/ 오욕(五欲)에 깊이 집착하면서/ 열반을 실현하기를 바

기 마음대로 한다면[415] 이것이 바로 파계(破戒)한 비구(比丘)이면서도 이

름은 나한(羅漢)이라고 하는 것이다.

이것은 『열반경(涅槃經)』에서 십육악율의(十六惡律儀)[416] 속에 짝지워

라는/ 모든 우바이들을/ 전부 가까이하지 말아야 한다.(若有菩薩/ 於後惡世/ 無怖畏心/ 欲
說是經/ 應入行處/ 及親近處/ 常離國王/ 及國王子/ 大臣官長/ 兇險戲者/ 及旃陀羅/ 外道梵志/ 亦
不親近/ 增上慢人/ 貪著小乘/ 三藏學者/ 破戒比丘/ 名字羅漢/ 及比丘尼/ 好戲笑者/ 深著五欲/ 求
現滅度/ 諸優婆夷/ 皆勿親近.)

415) 자위(自爲) : ①스스로 만들다. 손수 다스리다. ②스스로 결정하다. 자기 마음대로 하
    다. ③저절로 이루어지다. ④스스로 –라고 여기다. ⑤자기를 위하다.

416) 담무참(曇無讖)이 한역(漢譯)한 『대반열반경(大般涅槃經)』 제29권 「사자후보살품(師子
    吼菩薩品) 제11–3」에 십육악율의에 대하여 다음의 내용이 있다 : 또 선남자여, 어떤 것을
    일러 계를 수행하여 공덕을 쌓는 것이라고 하는가? 만약 모든 중생의 열여섯 가지 나쁜
    율의(律儀)를 파괴할 수 있다면, 바로 그것이 계를 수행하여 공덕을 쌓는 것이다. 어떤 것
    이 열여섯 가지 나쁜 율의인가? 첫 번째는 이익을 보려고 양을 길러 살찌게 한 뒤에 다시
    파는 것. 두 번째는 이익을 보려고 양을 사서 도살하는 것. 세 번째는 이익을 보려고 돼지
    를 길러 살찌게 한 뒤에 다시 파는 것. 네 번째는 이익을 보려고 돼지를 사서 도살하는 것.
    다섯 번째는 이익을 보려고 소를 길러 살찌게 한 뒤에 다시 파는 것. 여섯 번째는 이익을
    보려고 소를 사서 도살하는 것. 일곱 번째는 이익을 보려고 닭을 길러 살을 찌워 살이 찐
    뒤에 다시 파는 것. 여덟 번째는 이익을 보려고 닭을 사서 도살하는 것. 아홉 번째는 물고
    기를 낚시하는 것. 열 번째는 짐승을 사냥하는 것. 열한 번째는 부녀자를 겁탈하는 것. 열
    두 번째는 사형을 집행하는 망나니 노릇 하는 것. 열세 번째는 그물로 새를 잡는 것. 열네
    번째는 거짓말하는 것. 열다섯 번째는 옥졸(獄卒) 노릇하는 것. 열여섯 번째는 무당 노릇
    하는 것. 중생을 위하여 이와 같은 열여섯 가지 악업을 끊을 수 있는 것을 일러 계(戒)를
    실천한다고 한다.(復次善男子, 云何復名修集於戒? 若能破壞一切衆生十六惡律儀. 何等十六?
    一者爲利餧養羔羊肥已轉賣. 二者爲利買已屠殺. 三者爲利餧養豬豚肥已轉賣. 四者爲利買已屠
    殺. 五者爲利餧養牛犢肥已轉賣. 六者爲利買已屠殺. 七者爲利養雞令肥肥已轉賣. 八者爲利買
    已屠殺. 九者釣魚. 十者獵師. 十一者劫奪. 十二者魁膾. 十三者網捕飛鳥. 十四者兩舌. 十五者獄
    卒. 十六者咒龍. 能爲衆生永斷如是十六惡業, 是名修戒.)

져 들어가 있는 것들 가운데 사냥하고 물고기를 잡는 것과 같으니, 이익[417]을 얻기 위하여 죽이는 것이다.

대승(大乘)의 경전[418]은 오히려 감로(甘露)와도 같으면서도 또한 독약(毒藥)과도 같다.

소화시킬 수 있으면 감로와 같고, 소화시키지 못하면 독약과 같다.

경전을 읽고 가르침을 살펴보면서 만약 분별심에서 나온 말[419]을 알지 못한다면 결코 그 구절의 뜻을 뚫어 낼[420] 수 없을 것이니, 읽지 않는 것이 가장 좋다.

또한 경전을 읽고 가르침을 살펴보아야 한다고도 하고 선지식을 찾아뵈어야 한다고도 하지만, 무엇보다도[421] 스스로 안목(眼目)을 가지고 있어야만 하고 분별심에서 나온 말을 판별할 수 있어야 한다.

만약 분별심에서 나온 말을 판별할[422] 수 없다면 결코 그 말을 뚫고

---

417) 이양(利養) : ①이득. 이익. 얻은 것. 남에게서 물건을 받는 등 실질적인 이득을 말함. ②존경. ③이익을 얻어 자기 몸을 살찌우는 것.

418) 방등(方等) : 대승경전의 총칭. 대승경에 말한 것은 가로로 시방(十方)에 두루한 방광보변(方廣普遍)의 참된 이치이며, 세로로 범부나 성인을 포함한 평등한 교(敎)이므로 이렇게 이른다.

419) 생사어(生死語) : 생사(生死)는 생멸(生滅) 즉 일어나고 사라지는 중생의 분별심을 말함. 생사어(生死語)란 분별심에서 나온 언어(言語).

420) 투과(透過) : 돌파하여 벗어남. 뚫고 지나가다. 깨달음을 가로막는 장애를 뚫고 벗어나 깨달음에 이른다는 말. =투득(透得), 투탈(透脫), 투출(透出), 투취(透取).

421) 제일(第一) : (요구나 바람을 나타내는 부사) 부디. 제발. 절대로. 반드시. 꼭. 필히. 무엇보다도.

422) 변백(辨白) : 감별(鑑別)하다. 변별(辨別)하다. 판별(判別)하다.

지나갈 수 없으니, 다만[423] 비구(比丘)를 결박하는 포승줄[424]을 한 겹 더 늘일 뿐이다.

讀經看敎, 求一切知解, 不是一向不許. 解得三乘敎, 善得瓔珞莊嚴具, 得三十二相窟宅, 覓佛卽不得. 敎云: "耽着小乘三藏學者, 猶不許親近." 何況自爲, 是破戒比丘, 名字羅漢. 『涅槃經』中被配入十六惡律儀中, 同於畋獵漁捕, 爲利養故殺害. 大乘方等, 猶如甘露, 亦如毒藥. 銷得去, 如甘露, 銷不去, 如毒藥. 讀經看敎, 若不解他生死語, 決定透他義句不過, 莫讀最第一. 亦云須看敎, 亦須參善知識, 第一須自有眼, 須辨他生死語始得. 若辨白不得, 決定透不過, 祇是重增比丘繩索.

---

36. 참된 말

그러므로 현묘한 뜻을 배우는 사람을 가르칠 때에는 문자를 읽으라고 하지[425] 않는다.

마치 본바탕을 말하고 모습을 말하지 않으며 본래의 뜻을 말하고 문자를 말하지 않는다고 하는 것과 같으니, 이렇게 말하는 것을 일러 참되게 말한다고 한다.

만약 문자를 말한다면 모두 부처님을 비방하는 것이니, 이렇게 말하는 것을 일러 삿되게 말한다고 한다.

보살이 말한다면 마땅히 여법(如法)하게 말해야 하니 또한 참된 말이라고도 한다.

마땅히 중생으로 하여금 마음은 지키되 사물은 지키지 못하게 해야하고,[426] 행위는 지키되 법(法)은 지키지 못하게 해야 하고,[427] 사람은 말하되 글자는 말하지 못하게 해야 하고,[428] 도리[429]는 말하되 문자는 말하지 못하게 해야 한다.[430]

---

425) 견(遣) : 시키다. =사(使), 령(令).

426) 마음은 불이법(不二法)이니 지켜야 하고, 사물은 분별법이니 버려야 한다.

427) 행위는 수행이니 행해야 하고, 법은 법상(法相)이니 버려야 한다.

428) 사람은 마음 즉 불이법이니 지켜야 하고, 글자는 분별이니 버려야 한다.

429) 의(義) : ①사물. 대상. 물건. 자체. 실체. 사실. 진실. ②의미. 뜻. ③이유. 내력. ④도리. 이치. ⑤목적. 목표. ⑥교의(敎義).

430) 의(義) 즉 사실의 도리는 불이법이니 지켜야 하고, 문자는 분별이니 버려야 한다.

所以教學玄旨人, 不遣讀文字. 如云說體不說相, 說義不說文, 如是說者, 名眞說. 若說

文字, 皆是誹謗, 是名邪說. 菩薩若說, 當如法說, 亦名眞說. 當令衆生持心不持事, 持

行不持法, 說人不說字, 說義不說文.

37. 욕계에는 선이 없다

욕계(欲界)[431]에는 선(禪)이 없다고 말하는[432] 것 역시 한 개의 바른 눈[433]을 갖춘 사람의 말이다.

이미 욕계에는 선이 없다고 말한다면, 무엇에 의지하여 색계(色界)[434]에 이를 수 있는가?

먼저 인지(因地)[435]에서 2종의 정(定)을 익힌 뒤에 초선천(初禪天)[436]에 이르는데, 유상정(有想定)과 무상정(無想定)이 있다.

---

431) 욕계(欲界) : 3계(界)의 하나. 지옥 · 아귀(餓鬼) · 축생(畜生) · 아수라 · 인간 · 6욕천의 총칭. 이런 세계는 식욕 · 수면욕(睡眠欲) · 음욕이 있으므로 욕계라 함.

432) 설도(說道) : 말하다. –라고 말하다.(남의 말을 직접화법으로 인용)

433) 일척안(一隻眼) : 한 개의 눈. 두 개의 상반된 뜻이 있다. ①온전한 두 눈이 아닌 치우친 한 개의 눈. 애꾸눈. 이(理)에 치우치거나 사(事)에 치우쳐서 이사(理事)에 무애(無碍)하지 못한 눈. ②둘로 보는 육안(肉眼)이 아닌 둘 아닌 불법(佛法)을 보는 유일한 눈. 법을 보는 바른 안목(眼目) 또는 그것을 갖춘 사람을 뜻한다. 정문안(頂門眼), 정안(正眼), 활안(活眼), 명안(明眼) 등과 같은 말.

434) 색계(色界) : 3계의 하나. 욕계(欲界)의 위에 있으며, 욕계와 같은 음욕 · 식욕(食欲) 등의 탐욕은 여의었으나, 아직 무색계와 같이 완전히 물질을 여의어, 순정신적인 것은 되지 못한 중간의 물적(物的)인 세계. 선정(禪定)의 얕고 · 깊고 · 거칠고 · 묘함에 의하여 크게 나누어 4선(禪)으로 하고, 다시 18천(天)으로 나눔.

435) 인지(因地) : 성불(成佛)하기 위해 수행하는 지위. 이에 비하여 부처님의 지위는 과지(果地) · 과상(果上)이라 함.

436) 초선(初禪) : 색계의 사선천(四禪天)의 하나인 초선천(初禪天)을 말함.

유상정은 색계(色界)의 사선천(四禪天) 등의 십팔천(十八天)[437]에 태어
나는 것이고, 무상정은 무색계(無色界)[438]의 사공천(四空天)[439]에 태어난
다.

욕계에는 분명히[440] 선(禪)이 없으니, 선은 색계이다."

說道欲界無禪, 亦是帶一隻眼人語. 旣云欲界無禪, 憑何得至色界? 先因地上習二種

定, 然後得至初禪, 有想定, 無想定. 有想定, 生色界四禪等天, 無想定, 生無色界四空

等天. 欲界灼然無禪, 禪是色界."

---

437) 색계십팔천(色界十八天) : 색계의 열여덟 하늘. 범중천(梵衆天)·범보천(梵輔天)·대
    범천(大梵天)(이상 초선천)·소광천(少光天)·무량광천(無量光天)·광음천(光音天)(이상
    2선천)·소정천(少淨天)·무량정천(無量淨天)·변정천(遍淨天)(이상 3선천)·무운천(無
    雲天)·복생천(福生天)·광과천(廣果天)·무상천(無想天)·무번천(無煩天)·무열천(無
    熱天)·선견천(善見天)·선현천(善現天)·색구경천(色究竟天)(이상 4선천).

438) 무색계(無色界) : 3계의 하나. 욕계(欲界)의 각종 욕망을 모두 벗어나고, 또 색계(色
    界)의 육체를 벗어난 순 정신적 세계. 욕망을 벗어난 수행자가 색신(色身)에 얽매여 자유
    를 얻지 못함을 싫어하여 들어가는 세계. 이 세계에는 온갖 욕망과 형색(形色)은 없고 수
    (受)·상(想)·행(行)·식(識)의 4온(蘊)만 있다. 여기에 공무변처(空無邊處)·식무변처
    (識無邊處)·무소유처(無所有處)·비상비비상처(非想非非想處)의 사천(四天)이 있다. 이
    승(二乘)의 수행을 한 자가 들어가는 세계.

439) 사공천(四空天) : =사공처(四空處), 사무색(四無色). 무색계(無色界)에 있는 네 곳의
    하늘로서 사공처정(四空處定)을 닦아서 나는 곳. ①공무변처(空無變處). 줄여서 허공처
    (虛空處)·공처(空處)라 하니, 허공무변정(虛空無邊定)을 닦아서 나는 하늘. ②식무변처
    (識無變處). 줄여서 식처(識處)라 하니, 식무변처정을 닦아서 나는 하늘. ③무소유처(無所
    有處). 무소유처정을 닦아서 나는 하늘. ④비상비비상처(非想非非想處). 비유상비무상처
    (非有想非無想處)라고 하니, 비상비비상처정을 닦아서 나는 하늘.

440) 작연(灼然) : 확실히.

38. 여래선

물었다.

"지금 이 땅에 선(禪)이 있다고 한다면, 어떤 것입니까?"

백장이 말했다.

"움직이지도 않고 참선하지도 않는 것이 여래선(如來禪)[441]이니, 선이라는 생각도 내지 않는다."

問: "如今說此土有禪, 如何?"

師云: "不動不禪, 是如來禪, 離生禪想."

---

441) 여래선(如來禪) : =여래청정선(如來淸淨禪). 『육조단경(六祖壇經)』에서는 "오는 곳도 없고 가는 곳도 없고 생(生)도 멸(滅)도 없는 것이 여래청정선(如來淸淨禪)이다."라 하였고, 『능가아발다라보경(楞伽阿跋多羅寶經)』에서는 소승과 대승의 여러 선법(禪法) 가운데 여래청정선이 최상이라고 하였고, 종밀은 『선원제전집도서(禪源諸詮集都序)』에서 외도선(外道禪)·범부선(凡夫禪)·소승선(小乘禪)·대승선(大乘禪)으로 여러 선법을 분류한 뒤, 여래청정선을 최상승선(最上乘禪)이라 하고 있다. 이처럼 가장 뛰어난 선법(禪法)을 여래선(如來禪) 혹은 여래청정선이라 하는데, 뒷날 조사선(祖師禪)이란 이름으로 지칭하는 선이 바로 여래선이다.

39. 무정에 불성이 있다

물었다.

"유정(有情)[442]에는 불성(佛性)이 없고, 무정(無情)[443]에는 불성이 있다는 것은 어떤 뜻입니까?"

백장이 말했다.

"사람에서 부처에 이르기까지는 성인(聖人)의 의식(意識)에 집착해 있고, 사람에서 지옥에 이르기까지는 범부(凡夫)의 의식에 집착해 있다.

예컨대 지금 다만 범부와 성인이라는 두 경계에 물들어 좋아하는 마음이 있다면, 이를 일러 유정에게 불성이 없다고 한다.

예컨대 지금 다만 범부와 성인이라는 두 경계와 있니 없니 하는 모든 법에 대하여 전혀 취하거나 버리는 마음이 없고 또 지금 취함과 버림이라는 생각도 없다면, 이를 일러 무정에게 불성이 있다고 한다.

다만 그런 얽매인 의식이 없기 때문에 일러 무정이라고 하는 것이니, 나무·돌·허공·국화·대나무와 같은 무정물에 불성이 있다고 잘못 아는[444] 것과는 같지 않다.

---

442) 유정(有情) : 정식(情識)을 가지고 있는 모든 것. 살아 있는 모든 것. 중생(衆生).

443) 무정(無情) : 정식(情識)이 없는 무정물(無情物). 의식(意識)이 없는 사물(事物).

444) 장위(將爲) : ①-라고 여기다. -라고 알다. -라고 인정하다. ②-라고 잘못 알다. =장위(將謂).

만약 이런 무정물에 불성이 있다고 한다면, 무슨 까닭에 경전에서 이런 무정물들이 수기(授記)를 받아 부처가 되었다는 기록을 볼 수 없는가?

다만 지금 거울처럼 깨어 있기만 하면, 중생의 변화하는 모습을 버리지 않으니 비유하면 푸른 대나무[445]와 같고, 때에 응하지[446] 않음이 없고 때를 알지 못함이 없으니 비유하면 노란 국화[447]와 같다."

다시 말했다.

"만약 부처의 지위를 밟으면 무정(無情)에게도 불성이 있지만, 아직 부처의 지위를 밟지 못했다면 유정(有情)에게도 불성이 없는 것이다."

問:"如何是, 有情無佛性, 無情有佛性?"

師云:"從人至佛, 是聖情執, 從人至地獄, 是凡情執. 秖如今但於凡聖二境有染愛心, 是名有情無佛性. 秖如今但於凡聖二境, 及一切有無諸法, 都無取捨心, 亦無今取捨知解, 是名無情有佛性. 秖是無其情繫, 故名無情, 不同木石太虛, 黃花翠竹之無情, 將爲有佛性. 若言有者, 何故經中不見受記而得成佛者? 秖如今鑑覺, 但不破有情改變, 喩如翠竹, 無不應機, 無不知時, 喩如黃花."

又云:"若踏佛階梯, 無情有佛性, 若未踏佛階梯, 有情無佛性."

---

445) 대나무는 계절이 바뀌어도 변함없이 푸르니 인연에 따라 변하지 않는 면을 가리킨다.
446) 응기(應機) : ①시기(時機)에 순응함. ②형편에 따라 알맞게 일을 처리함. ③때에 따라. 그때그때. 즉시즉시. 시시각각.
447) 국화는 계절의 변화에 따라 변하여 감으로 인연에 응하여 바뀌는 면을 가리킨다.

40. 부처의 깨달음

물었다.

"대통지승불(大通智勝佛)[448]이 10겁(劫) 동안 도량(道場)에 앉아 있었는데 불법(佛法)이 앞에 나타나지 않아서 불도(佛道)를 이룰 수 없었다고 하는 것은 어떻습니까?"

백장이 말했다.

"겁(劫)이란 것은 머묾[449]인데, 또한 두 개의 머묾이다.[450]

---

448) 대통지승불(大通智勝佛) : 『법화경』 「화성유품(化城喩品)」에 나온다. 대통지승불(大通智勝佛)은 과거 한량없고 끝없는 불가사의 아승기겁의 부처님이다. 처음 도량에 있으면서 마군을 물리치고 최상의 깨달음을 얻으려 했지만 쉽지 않았다. 이에 대통지승불은 10소겁 동안 가부좌를 틀고 앉아 몸과 마음을 움직이지 않았으나 불법을 이루지 못했다. 그때 도리천에서 대통지승불을 위해 사자좌를 보리수 아래에 폈다. 그 자리에서 10소겁 동안 다시 부동자세로 앉아 선정에 든 뒤 최상의 깨달음을 이루게 되었다. 그리고 『법화경』을 듣고 믿고 행하는 한편 각기 법석을 열고 이 경을 널리 말했다. 모두 6백만 억 나유타 중생들을 교화하여 위없는 바르고 평등한 깨달음을 얻게 하였고, 현재 시방의 국토에 출현하여 있다고 『법화경』 제7 「화성유품」에서는 말하고 있다. 석가모니불은 과거 대통지승불의 16왕자 중 막내였으며 그때부터 항상 석가모니불이라는 부처님으로 출현하여 『법화경』을 말하게 되었다고 한다. 따라서 대통지승불은 모든 여래의 어버이가 되는 부처님이다. 이 이야기의 핵심은 그가 자신의 깨달음을 완성하고 열반에 들기 전에 중생들의 근기가 익을 때까지 설법하며 기다렸다고 하는 것이다. 그러나, 선종(禪宗)에서는 이 이야기의 본래 내용과는 상관 없이 독창적인 해석을 가하고 있다.

449) 체(滯) : 정체하다. 머물다. 막혀서 흐르지 못하다.

450) 머묾은 분별이니, 머무는 곳과 머물지 않는 곳, 혹은 여기 머물거나 저기 머무는 둘이 된다.

하나의 선(善)에 머물면 열 개의 선(善)에 머문다.

인도에서는 불(佛)[451]이라 하고, 중국에서는 각(覺)이라 하니, 자기의 거울처럼 깨어 있음이다.

선에 머물러 있는 선근(善根)[452]의 사람에게는 불성이 없다.

그러므로 '불법이 앞에 나타나지 않아서 불도를 이룰 수 없었다.'고 하는 것이다.

나쁜 것을 만나 나쁜 것에 머무는 것을 일러 중생의 깨달음이라 한다.

좋은 것을 만나 좋은 것에 머무는 것을 일러 성문(聲聞)의 깨달음이라 한다.

좋음과 나쁨의 양쪽에 머물지 않고 머물지 않는 것을 옳다고 여기는 것을 일러 이승(二乘)의 깨달음이라 하고 또 벽지불의 깨달음이라 한다.

좋음과 나쁨의 양쪽에 머물지 않음으로 돌아가 있으면서도 또 머물지 않는다는 알음알이를 만들지 않는 것을 일러 보살의 깨달음이라 한다.

이미 머묾이 없고 또 머묾이 없다는 알음알이도 만들지 않아야 비로소 부처의 깨달음이라 하니, 마치 '부처가 부처에 머물지 않음을 일

---

451) 불(佛) : Buddha. 불타(佛陀)의 준말. 부도(浮圖浮屠)·부타(浮陀部陀)·부두(浮頭)· 발타(勃馱)·모타(母馱)·몰타(沒馱)라고도 음역. 각(覺)·각자(覺者)라 번역.

452) 선근(善根) : 깨달음을 가져오는 좋은 원인.

러 참된 복전(福田)⁴⁵³⁾이라 한다.⁴⁵⁴⁾고 하는 것과 같다.

만약 천만 명의 사람들 가운데 문득 얻은 한 사람이 있다면, 일러 가치를 매길 수 없는 보물이라고 한다.

모든 곳에서 도사(導師)⁴⁵⁵⁾가 될 수 있다면, 부처 없는 곳에서는 부처라고 하고, 법 없는 곳에서는 법이라고 하고, 승(僧) 없는 곳에서는 승이라고 하니, 일러 큰 법바퀴를 굴린다고 한다."

問: "大通智勝佛, 十劫座道場, 佛法不現前, 不得成佛道, 如何?"

師云: "劫者, 滯也, 亦二住也. 住一善, 滯於十善. 西國云佛, 此土云覺, 自己鑑覺. 滯着於善, 善根人無佛性. 故云佛法不現前, 不得成佛道. 觸惡住惡, 名衆生覺. 觸善住善, 名聲聞覺. 不住善惡二邊, 不依住將爲是者, 名二乘覺, 亦名辟支佛覺. 歸不依住善惡二邊, 亦不作不依住知解, 名菩薩覺. 旣不依住, 亦不作無依住知解, 始得名爲佛覺, 如云: '佛不住佛, 名眞福田.' 若於千萬人中, 忽有一人得者, 名無價寶. 能於一切處爲導師, 無佛處云是佛, 無法處云是法, 無僧處云是僧, 名轉大法輪."

---

453) 복전(福田) : 복의 씨앗을 뿌린 밭. 여래나 비구 등 공양을 받을 만한 안목이 있는 이에게 공양하면 복이 되는 것이, 마치 농부가 밭에 씨를 뿌려 다음에 수확하는 것과 같으므로 복전이라 한다.

454) 현장(玄奘)이 번역한 『대반야바라밀다경(大般若波羅蜜多經)』 제539권 「제4분 제석품(帝釋品) 제2」에 "부처에 머물지 말아야 하니, 이것이 곧 참된 복전이다."(不應住佛是眞福田)라는 구절이 있다.

455) 도사(導師) : ①인도하는 스승. 부처님과 보살의 경칭. ②법회의 중심이 되어 법회를 이끄는 승려.

41. 비밀스러운 말

물었다.

"예로부터 조사(祖師)의 종지(宗旨)[456]에는 모두 비밀스러운 말이 있어서 서로 번갈아 전해 주었다고 하는 것은 어떻습니까?"

백장이 말했다.

"비밀스러운 말은 없으니, 여래에게는 비밀스러운 창고가 없다.

다만 지금 거울처럼 깨어 있으면 말은 분명하나 모습은 결코 찾을 수 없으니[457] 곧 비밀스러운 말이다.

수다원(須陀洹)으로부터 곧장 십지(十地)에 이르기까지 말이 있기만 하면 모두 법의 티끌에 속하고, 말이 있기만 하면 모두 번뇌 쪽에 속하고, 말이 있기만 하면 모두 불료의교(不了義教)에 속하고, 말이 있기만 하면 모두 허락하지 않는다.

요의교(了義教)라면 이 모두가 아니니, 다시 무슨 비밀스러운 말을 요구하겠느냐?"[458]

問: "從上祖宗, 皆有密語, 遞相傳授, 如何?"

---

456) 조종(祖宗) : 조사(祖師)가 전한 종지(宗旨). 조사선(祖師禪)을 가리킴.

457) 요불가득(了不可得) : 전혀 얻지 못한다. 전혀 알 수 없다.

458) 토(討) : ①초래하다. 야기하다. 받다. (고생을) 사서 하다. ②토론하다. 탐구하다. ③요구하다. 요청하다. 바라다.

師云: "無有密語, 如來無有祕密藏. 秪如今鑑覺, 語言分明, 覓形相了不可得, 是密語. 從須陀洹向上直至十地, 但有語句, 盡屬法之塵垢, 但有語句, 盡屬煩惱邊收, 但有語句, 盡屬不了義教, 但有語句, 盡不許也. 了義教俱非也, 更討什麼密語?"

42. 물거품 한 조각

물었다.

"'허공이 큰 깨달음 속에서 생겨나니, 마치 바다에 거품 하나가 일어나는 것과 같다.'[459]는 것은 어떤 것입니까?"

백장이 말했다.

"허공은 거품에 비유되고 바다는 본성(本性)에 비유되므로,[460] 자기의 신령스러운 깨달음의 본성은 허공을 넘어선다.

그러므로 '허공이 큰 깨달음 속에서 생겨나니, 마치 바다에 거품 하나가 일어나는 것과 같다.'고 한 것이다."

---

459) 『수능엄경(首楞嚴經)』 제6권의 게송에 나오는 구절. 게송의 앞뒤 부분은 다음과 같다. "바다 같은 깨달음의 본성은 맑고 두루하고, 두루 맑은 깨달음의 근원은 묘하다. / 근원이 밝게 비추어 객관을 만들고, 객관이 이루어지면 비추는 본성은 사라진다. / 헛되이 헤매는 데에는 허공이 있고, 허공에 의지하여 세계가 이루어진다. / 생각이 맑으면 국토를 이루고, 지각(知覺)은 중생이 된다. / 허공은 큰 깨달음 속에서 생기니, 마치 바다에서 물거품 하나가 일어나는 듯하다. / 유루(有漏)의 티끌 같은 국토는, 모두 허공에서 생겨난다. / 물거품이 사라지면 허공은 본래 없는데, 하물며 온갖 삼계(三界)가 남겠는가?/ 근원으로 돌아가면 본성에는 둘이 없지만, 방편(方便)에는 많은 문(門)이 있다. / 성인(聖人)의 본성에는 통하지 않는 것이 없으니, 순조롭든 거슬리든 모두 방편일 뿐이다."(覺海性澄圓, 圓澄覺元妙./ 元明照生所, 所立照性亡./ 迷妄有虛空, 依空立世界./ 想澄成國土, 知覺乃衆生./ 空生大覺中, 如海一漚發./ 有漏微塵國, 皆從空所生./ 漚滅空本無, 況復諸三有?/ 歸元性無二, 方便有多門./ 聖性無不通, 順逆皆方便.)

460) 본성이라는 바다 속에서 허공이 생겨난다.

問: "空生大覺中, 如海一漚發.' 如何?"

師云: "空喩於漚, 海喩於性, 自己靈覺之性, 過於虛空. 故云空生大覺中, 如海一漚發."

43. 나무는 베지 마라

물었다.

"'숲은 베더라도 나무는 베지 마라.'[461]는 것은 어떤 것입니까?"

백장이 말했다.

"숲은 마음에 비유되고, 나무는 몸에 비유된다.

숲을 말하기 때문에 두려움을 일으킨다.[462]

그러므로 숲은 베고 나무는 베지 마라고 하는 것이다."

---

461) 수(隋)나라 정영사(淨影寺)의 혜원(慧遠)이 지은 『열반의기(涅槃義記)』제10권 하(河)에 다음과 같은 내용이 있다 : 먼저 마땅히 마음을 조복시켜야 하지, 몸을 조복시키는 것이 아니다. 다음에 비유로써 드러낸다. 마땅히 마음을 조복시키고 몸을 조복시키는 것이 아니기 때문에 나는 경전 속에서 마땅히 숲을 베고 나무를 베지는 말라고 말한 것이다. 마음의 허물은 널리 통하는 일이니 숲과 같고, 몸의 허물은 각각 다른 모습에 국한(局限)되는 것이니 나무와 같다. 두루 통함은 다름을 거두어들이기 때문에 숲을 베야 하고, 다름은 통함을 포섭하지 못하기 때문에 나무는 베지 않는다. 어떻게 해석하는가? 숲으로 말미암아 두려움이 생기기 때문에 숲을 베어야 하고, 나무에서는 두려움이 생기지 않기 때문에 나무를 베지는 않는다. 도적들은 숲에 의지하기 때문에 숲이 두려움을 만든다고 한다.(先當調心不調伏身. 次以喩顯. 以應調心不調身故, 我經中說當斫伐林莫斫伐樹. 心過寬通事等如林, 身過局別相似於樹. 擧通收別故應伐林, 別不攝通故不伐樹. 何以下釋? 從林生怖故應伐林, 不從樹生故不伐樹, 盜賊依林名林生怖.)

462) 숲은 마음을 가리킨다. 마음은 말할 수 있는 것이 아니다. 그러므로 마음을 말하면 곧 망상이 되니, 두려운 것이라고 한 것이다. 마음이 무엇이라고 한다면, 그것은 법상(法相)이니 망상 가운데 가장 헛된 망상이다.

問: "伐林莫伐樹, 如何?"

師云: "林者喩於心, 樹者喩於身. 因說林故生怖, 故云伐林莫伐樹."

44. 둘 모두 잘못이다

물었다.

"말을 하는 것은 과녁을 세워 화살을 불러들이는 것입니다.[463] 말은 과녁을 세우는 것이니, 근심이 없을 수 없습니다. 지금 허물이 이미 이와 같으니 흑백(黑白)[464]을 어떻게 구분하겠습니까?"

백장이 말했다.

"다만 곧장 화살을 쏘고서 도중에 서로 버티니, 그와 같이 서로 차이가 나면 반드시 상처를 입을 것이다.[465]

골짜기 속에서 메아리를 찾는다면,[466] 아무리 오래 찾더라도 모양이 없을 것이다.[467]

---

463) 타생초전(垜生招箭) : 과녁을 세워 화살을 불러들이다. 답을 들으려고 질문을 던지다. 자업자득(自業自得)이다.

464) 치소(緇素) : ①의복의 검은색과 흰색. 치(緇)는 검은색. 소(素)는 흰색으로, 승의(僧衣)와 속의(俗衣)를 말함. ②출가자는 검은 의복을 입으므로, 출가자를 치(緇)라 하고, 재가자는 하얀 의복을 입으므로 소(素)라고 함. 출가 · 재가의 병칭으로, 도속(道俗) · 승속(僧俗) 등의 말과 같다. 출가인과 세속인. ③흑백 · 정사(正邪) · 미오(迷悟) 등 서로 대립하는 두 가지의 것을 의미함.

465) 각자 개념을 세우고 견해를 만들어 서로 자기주장만 한다면, 공허한 개념의 시비에 말려들어 모두가 이로울 것이 없다는 말.

466) 골짜기 속에서 메아리의 소리를 찾아 헤맨다는 말.

467) 말은 메아리와 같이 사라지는 소리일 뿐인데, 그 속에서 무슨 진실을 찾을 것인가?

소리는 입가에 있고, 이익과 손해는 나오는 질문에 있다. [468]

다시 돌아갈 곳을 묻는다면 도리어 화살에 쏘일 것이다. [469]

또한 환상을 알고 나니 환상이 아님과 같다. [470]

삼조(三祖)가 말했다.

'현묘한 뜻은 알지 못하고, 헛되이 [471] 선정(禪定) [472]에만 힘을 쏟는다.' [473]

또 말했다.

'사물을 알아차려 보게 되면 마치 기와나 자갈을 가지고 있는 것과 같으니, 무슨 쓸모가 있겠는가? 만약 보지 않는다고 하면, 나무나 돌과 무엇이 다르겠는가?'

이 까닭에 보는 것과 보지 않는 것, 둘 모두에 잘못이 있으니, 하나를 말하면 모두 [474]를 다 말하는 것이다."

---

468) 소리는 입에서 나오는 것이지만, 말의 뜻을 따라 옳고 그름을 따지므로 결국 말에서 이익을 얻든지 손해를 보든지 할 것이다.

469) 참된 귀결점을 묻는다면, 그 질문이 바로 자기의 헛된 생각이므로 결국 자기의 허망한 생각을 벗어나지 못한다.

470) 말과 생각이 헛된 것임을 알고 나면, 말과 생각은 방편으로만 쓸 수 있음을 알 것이니 오로지 헛되기만 한 것은 아니다.

471) 도로(徒勞) : ①공연히. 쓸데없이. ②헛수고하다.

472) 염정(念靜) : 염(念)은 정념(正念), 즉 올바른 견해를 가지고 삿된 생각이 없는 것. 정(靜)은 정려(靜慮), 즉 고요함과 함께 지혜가 있어 능히 자세하게 생각한다는 뜻으로서 선정(禪定)과 같은 뜻. 염정(念定)과 같음.

473) 「신심명(信心銘)」에 나오는 구절.

474) 예제(例諸) : 모두. 일체. 전부. 대부분. =예개(例皆), 예총(例總).

問: "語也垛生招箭. 言歸垛生, 不得無患. 今累旣同, 緇素何辨?"

師云: "但卻發箭, 途中相拄, 如其相差, 必有所傷. 谷中尋響, 累劫無形. 響在口邊, 得失在於來問. 卻問所歸, 還被於箭. 亦如知幻不是幻. 三祖云: '不識玄旨, 徒勞念靜.' 亦云: '認物爲見, 如持瓦礫, 用將何爲? 若言不見, 木石何殊?' 是故見與不見, 二俱有失, 擧一例諸."

45. 번뇌와 삼십이상

물었다.

"번뇌가 없는데, 지금 삼십이상(三十二相)이 있다는 것은 어떤 것입니까?"

백장이 말했다.

"부처님 쪽의 일에는 본래 번뇌가 있다. 지금 삼십이상(三十二相)이 있는 것은 단지 범부(凡夫)의 의식(意識)[475]이다."

問: "無煩惱, 今有三十二相, 如何?"

師云: "是佛邊事, 本有煩惱. 今有三十二相, 祇如今凡情是."

---

475) 범정(凡情) : 범부(凡夫)의 정식(情識). 범부의 의식(意識).

46. 여래의 정수리

물었다.

"여래의 정수리[476]를 보지 못한다는 것은 어떤 것입니까?"

백장이 말했다.

"끝이 있다는 견해와 끝이 없다는 견해를 내기 때문에, 여래의 정수리를 보지 못한다. 다만 지금 있니 없니 하는 어떤 견해도 일절 없고 또 견해가 없음도 없다면, 이를 일러 정수리가 나타난다고 한다."

問: "不見如來頂相, 如何?"

師云: "爲作有邊見無邊見, 所以不見如來頂相. 秖如今都無一切有無等見, 亦無無見, 是名頂相現."

---

476) 정상(頂相) : 정수리. 부처님 32상(相)의 하나. 육계상(肉髻相)과 같음. 부처님의 정골(頂骨)이 솟아 저절로 상투 모양이 된 것을 말한다. 이 모양은 인간이나 천상에서는 볼 수 없는 것이므로 무견정상(無見頂相)이라고도 한다.

47. 사문의 자격

물었다.

"지금 사문(沙門)[477]들이 모두 말하기를 '나는 부처님의 가르침에 의지하여 하나의 경(經) · 하나의 논(論) · 하나의 선(禪) · 하나의 율(律) · 하나의 지식(知識) · 하나의 이해(理解)를 배우므로 시주(施主)[478]의 사사공양(四事供養)[479]을 받기에 어울린다.'[480]고 하니, 그럴 만한[481] 겁니까?"

백장이 말했다.

"다만 지금 살펴보고 행동함[482]에서 하나의 소리 · 하나의 색깔 · 하나의 냄새 · 하나의 맛 등 있거나 없는 온갖 것들 하나하나에서 털끝만큼의 티끌[483]에도 오염되지 않고, 또 오염 없음에 머물지도 않고, 또

---

477) 사문(沙門) : shramana. 상문(桑門 · 喪門) · 사문(娑門) · 사문나(沙門那) · 사라마나(舍囉摩拏)라고도 쓰며, 식심(息心) · 공로(功勞) · 근식(勤息)이라 번역. 부지런히 모든 좋은 일을 닦고, 나쁜 일을 일으키지 않는 이란 뜻. 외도(外道) · 불교도를 불문하고, 처자 권속을 버리고 수도 생활을 하는 이를 총칭함. 후세에는 오로지 불문(佛門)에서 출가한 이를 말한다. 비구(比丘)와 같은 뜻으로 씀.

478) 단월(檀越) : dana-pati의 음사. 시주(施主)라 번역. 보시하는 사람. =단월가(檀越家).

479) 사사공양(四事供養) : 사사(四事) 즉, 수행승의 일상에 필요한 4종의 물건인 음식, 의복, 침구, 탕약을 제공하는 것.

480) 합(合) : 맞다. 어울리다.

481) 소득(銷得) : =소득(消得). ①—할 만한 가치가 있다. —할 만하다. 걸맞다. 상응하다. ②누리다. 향유하다. 수용(受用)하다.

482) 조용(照用) : 마음으로 비추어 보고 작용하다. 살펴보고 행동하다.

483) 섬진(纖塵) : 실낱처럼 조그마한 티끌(먼지). 작은 번뇌를 가리킴.

머물지 않는다는 생각도 없으면, 이[484] 사람은 하루 먹고 마시는 데에 만 냥의 황금을 써도 좋을 것이다.

다만 지금 있니 없니 하는 등의 온갖 법들을 살펴봄에 육근(六根)[485]의 문에서 탐냄과 좋아함을 싹 긁어서[486] 처리하는데[487] 털끝만큼이라도 처리하지 못한[488] 것이 있다면, 나아가 시주에게 쌀 한 톨, 실 한 오라기라도 구걸한다면, 하나하나가 털 나고 뿔 난 짐승[489]이 쟁기를 끌고 무거운 짐을 짊어지는 것이고, 하나하나를 모름지기 그에게 되갚아 주어야 할 것이니, 부처님에게 의지하지 않았기 때문이다.

問: "如今沙門盡言: '我依佛敎, 學一經一論, 一禪一律, 一知一解, 合受檀越四事供養.' 爲銷得否?"

---

484) 자개(者箇): 이. 이것.

485) 육근(六根): 대상을 인식하는 여섯 가지 기관, 즉 눈(眼)·귀(耳)·코(鼻)·혀(舌)·살갗(身)·의식(意) 등을 가리킨다. 이들은 각각 색깔(色)·소리(聲)·냄새(香)·맛(味)·감촉(觸)·법(法) 등의 육경(六境)과 대응하는데, 안식(眼識; 색을 봄)·이식(耳識; 소리를 들음)·비식(鼻識; 냄새를 맡음)·설식(舌識; 맛을 봄)·신식(身識; 촉감을 느낌)·의식(意識; 생각으로 알아차림) 등의 육식(六識)이 나타날 때에는 육근과 육경이 만난다고 이해한다. 육근·육경·육식을 합하여 십팔계(十八界)라 하여, 우리가 경험하고 알아차리는(識) 세계를 종합적으로 나타낸다.

486) 괄삭(刮削): ①(칼 따위로) 깎다. ②(재물을) 긁어 가다. 착취하다.

487) 병당(倂當): =병당(屛當), 병당(摒擋). (일을) 처리하다. 수습하다. 정리하다

488) 치불거(治不去): 완전히 다스리지 못하다. 다스림을 완성하지 못하다. 거(去)는 형용사나 동사 뒤에 쓰여 요(了)나 착(着)과 같이 완료를 나타내는 기능을 하는 조사.

489) 피모대각(披毛戴角): 몸에 털이 나고 머리에 뿔이 남. 즉, 짐승을 가리킴. 중생의 모습.

師云: "但約如今照用, 一聲一色, 一香一味, 於一切有無諸法, 一一境上, 都無纖塵取染, 亦不依住無取染, 亦無不依住知解, 者箇人日食萬兩黃金亦能銷得. 祇如今照一切有無等法, 於六根門頭, 刮削併當貪愛, 有纖毫治不去, 乃至乞施主一粒米一縷線, 箇箇披毛戴角, 牽犁負重, 一一須償他始得, 爲不依佛.

48. 부처를 만나는 길

부처님은 집착이 없는 사람이고, 구함이 없는 사람이고, 의지함이 없는 사람이니, 지금 바쁘게 뛰어다니며[490] 부처를 탐내고 찾는다면, 모두가 부처를 등지는 것이다.

그러므로 말하기를 '오랫동안 부처님 가까이 있으면서도 부처님의 본성은 알지 못하고, 오직 부처님[491]만 바라보면서도 육도(六道)를 윤회한다. 오랜 시간 지나서 이윽고 부처님을 보는 이에겐 부처님을 만나기 어렵다고 말한다.'[492]라고 한다.

---

490) 파파(波波) : 바쁘게 뛰어다니다.(수고롭고 힘듦을 나타냄)

491) 구세자(救世者) : 부처님의 다른 이름.

492) '久乃見佛者, 爲說佛難値.' 두 구절은 『묘법연화경』 「여래수량품(如來壽量品)」 제16에 나오는 게송의 구절이다. 이 내용을 여래수량품에서 보면 다음과 같다: "비구들은 마땅히 알아라. 모든 부처님들께서 세상에 나오는 기회를 만나기는 어렵다. 까닭이 무엇인가? 모든 덕이 부족한 사람들은 헤아릴 수 없는 세월이 지나도록 부처님을 만나보기도 하고 만나보지 못하기도 한다. 이 때문에 나는 이렇게 말하는 것이다. 모든 비구들이여, 여래는 만나뵙기 어렵다. 이 중생들이 이러한 말을 듣고서 만나뵙기 어렵다는 생각을 반드시 내어야만 마음속에서 부처님을 사모하고 애타게 우러르게 되어 곧장 선근(善根)을 심을 것이다. 이 까닭에 여래는 비록 실제로는 사라지지 않으면서도 말로는 사라진다고 하는 것이다."(比丘當知, 諸佛出世, 難可値遇. 所以者何? 諸薄德人, 過無量百千萬億劫, 或有見佛, 或不見者. 以此事故, 我作是言. 諸比丘, 如來難可得見. 斯衆生等聞如是語, 必當生於難遭之想, 心懷戀慕渴仰於佛, 便種善根. 是故如來, 雖不實滅, 而言滅度.)

문수(文殊)는 과거칠불(過去七佛)[493]의 조사(祖師)[494]이고 또 사바세계[495]의 첫째가는 우두머리[496] 보살이라고 불리는데도 까닭 없이[497] 부처님을 본다는 생각과 법문을 듣는다는 생각을 일으키자 부처님의 위력적이고 신통한 힘[498]에 의하여 도리어 이철위산(二鐵圍山)[499]에 떨어졌는

---

493) 과거칠불(過去七佛) : 석가세존(釋迦世尊) 이전의 여섯 부처에 석가세존을 더해서 칠불이라 한다. 비바시불(毘婆尸佛)·시기불(尸棄佛)·비사부불(毘舍浮佛)·구류손불(拘留孫佛)·구나함모니불(拘那含牟尼佛)·가섭불(迦葉佛)·석가모니불(釋迦牟尼佛) 등이다.

494) 칠불조사(七佛祖師) : 문수(文殊)를 가리킴. 『법화경』「서품(序品)」에 나오는 이야기. 과거세(過去世)에 계셨던 부처님인 일월등명불(日月燈明佛)이 출가하기 전에 8명의 아들이 있었는데, 아버지가 출가하여 깨달았다는 말을 듣고서 모두 따라서 출가하였다. 이 때에 묘광(妙光)이라는 보살이 있었는데, 일월등명불은 그에게 『법화경』을 말씀하셨다. 일월등명불이 반열반에 들자 8명의 아들들은 모두 묘광을 스승으로 삼았다. 묘광은 이들을 가르쳐 차례차례 성불하게 하였는데, 맨 마지막으로 성불한 이가 연등불(然燈佛)이었다. 이 묘광보살(妙光菩薩)이 바로 문수보살(文殊菩薩)이다. 연등불은 과거칠불(過去七佛) 가운데 마지막 부처님인 석가모니불(釋迦牟尼佛)의 스승이니 석가모니에게는 9대조(代祖)이고, 과거칠불 모두에게는 할아버지격인 조사(祖師)이다.

495) 사바세계(娑婆世界) : Sabha. 인토(忍土)·감인토(堪忍土)·인계(忍界)·감인세계(堪忍世界)라 번역. 우리가 사는 이 세계. 이 세계의 중생들은 10악(惡)을 참고 견디며, 또 이 국토에서 벗어나려는 생각이 없으므로 자연히 중생들 사이에서 참고 견디지 않고는 살아갈 수 없다는 뜻으로 하는 말. 또는 보살이 중생을 교화하기 위하여 수고로움을 견딘다는 뜻으로 감인세계라 함.

496) 주수(主首) : ①우두머리. 한 마을의 이장(里長) 등을 가리킴. ②선원(禪院)에서 주지(住持)의 다른 이름. 주지(住持), 주사(主師), 주석(主席), 주승(主僧), 주직(住職)과 같음. ③선원(禪院)에서 감사(監寺; 감원(監院))의 다른 이름.

497) 무단(無端) : ①이유 없이. 까닭 없이. 실없이. ②끝이 없다.

498) 위신력(威神力) : 부처님에게 있는 존엄하고 측량할 수 없는 불가사의한 힘. 부처님에게 있는 위력적이고 신통한 힘.

499) 이철위산(二鐵圍山) : 수미산을 중심으로 하는 아홉 겹의 산 가운데서 아홉 번째 산으

데, 이는 문수가 알지 못해서가 아니라 일부러 여러 학인들을 위하여 본보기를 만들어 여러 후학들로 하여금 이와 같이 본다거나 듣는다는 생각을 하지 못하게 하려는 것이다.

다만 어떠한 있니 없니 하는 등의 법도 없고 있니 없니 하는 등의 견해도 없고 하나하나에서 삼구(三句)[500] 밖으로 뚫고 벗어나면, 뜻하는 대로 이루어지는 보물[501]이라고 일컫고, 보배 꽃이 발을 받친다[502]고 일컫는다.

만약 부처라는 견해와 법이라는 견해를 짓는다면, 이는 다만 온갖 있다거나 없다는 등의 견해이니 일러 백내장(白內障)[503]이라고 하고, 자

로, 대철위산(大鐵圍山)・소철위산(小鐵圍山)의 둘로 이루어져 있다.

500) 삼구(三句) : 앞서 나왔듯이 백장삼구(百丈三句)는 초선(初善)・중선(中善)・후선(後善)이다. 초선(初善)에서는 긍정하거나 부정하는 하나의 입장을 지키고, 중선(中善)에서는 초선의 입장을 버리며, 후선(後善)에서는 초선의 입장을 버렸다는 생각(知解)도 버리는 것이다.

501) 여의보(如意寶) : =여의보주(如意寶珠). 여의주(如意珠)와 같음. 여의(如意)란 뜻하는 대로 이루어진다는 뜻. 이 구슬은 뜻대로 여러 가지 욕구하는 것을 드러내므로 여의주라 함. 여의륜관음은 두 손에 이 보주를 가졌고 사갈라 용왕(娑竭羅龍王)의 궁전에도 있다고 함. 마니주(摩尼珠)와 같음.

502) 보화승족(寶華承足) : 보배 꽃이 발을 받친다. 본래 『법화경』에 나오는 구절. 『법화경』 제2권 「비유품(譬喩品) 제3」에 다음과 같은 내용이 있다 : 만약 길을 가고자 할 때에 보배 꽃이 발을 받치면, 이 모든 보살은 처음으로 뜻을 낸 보살이 아니고 모두 오래 전에 덕의 근본을 심었으니 헤아릴 수 없이 많은 부처님이 계신 곳에서 범행(梵行)을 깨끗이 닦아서 늘 온갖 부처님에게 칭찬을 받았던 것이다.(若欲行時寶華承足, 此諸菩薩非初發意, 皆久殖德本, 於無量百千萬億佛所淨修梵行, 恒爲諸佛之所稱歎.)

503) 안예(眼翳) : ①눈자위에 흰 막이 덮이는 눈병. ②눈 각막에 난 상처. 각막에 병이 났다가 나은 뒤에 남은 상처.

기가 보는 대로 보기 때문에 또한 일러 견해에 묶여 있다고도 하고 견해에 덮여 있다고도 하고 견해의 재앙이라고도 한다.

다만 지금 순간순간 모든 보고 · 듣고 · 느끼고 · 아는 것과 모든 경계와 더러운 때[504]를 남김없이 떨쳐 내 버린다면, 단지 하나의 경계, 하나의 사물이 모두 하나의 부처이다.

하나의 생각이라도 일으키기만 하면 모두가 두 부처이니, 과거 · 현재 · 미래[505]의 오음(五陰)[506]을 하나하나 생각한다면 누가 그 숫자를 알겠는가? 이것을 일러 부처가 허공을 틀어막는다고 하고, 몸을 나누어 나타나는[507] 부처라고 하고, 보탑(寶塔)[508]이 나타난다고 한다.

佛是無着人無求人無依人, 如今波波貪覓佛, 盡皆背也. 故云: '久親近於佛, 不識於佛性, 唯觀救世者, 輪迴六趣中. 久乃見佛者, 爲說佛難値.' 文殊是七佛祖師, 亦云是娑婆世界第一主首菩薩, 無端作見佛想聞法想, 被佛威神力故, 猶降二鐵圍山, 他不是

---

504) 진구(塵垢) : 마음을 어지럽게 하는 티끌과 때라는 뜻. 번뇌를 말함.

505) 삼세(三世) : 과거 · 현재 · 미래. 또는 전세(前世) · 현세(現世) · 내세(來世), 전제(前際) · 중제(中際) · 후제(後際). 세(世)는 따로 떨어진다는 격별(隔別)과 바뀌어 흐른다는 천류(遷流)의 뜻이 있다.

506) 오음(五陰) : 범어 panca-skandha. 오온(五蘊). 불교에서 인간을 구성하는 물질적 요소와 정신적 요소를 합쳐 부르는 말. 온이란 곧 집합 · 구성 요소를 의미하는데, 오온은 색(色; 물질) · 수(受; 느낌) · 상(想; 생각) · 행(行; 의욕) · 식(識; 의식)의 다섯 가지이다. 경험 세계 전체를 나타내는 말이기도 하다.

507) 분신(分身) : 여러 가지 몸으로 변화하여 나투는 것. 불보살이 곳곳에서 중생을 교화하기 위하여 여러 가지 모습으로 나타나는 것. 화신(化身)과 같다.

508) 보탑(寶塔) : 불탑(佛塔)에 대한 미칭(美稱).

不解, 特與諸學人作標則, 令諸後學人莫作與麼見聞. 但無一切有無等法, 有無等見, 一一箇箇透過三句外, 是名如意寶, 是名寶華承足. 若作佛見法見, 但是一切有無等見, 名眼翳, 見所見故, 亦名見纏, 亦名見蓋, 亦名見孽. 祇如今念念及一切見聞覺知, 及一切塵垢祛得盡, 但是一塵一色總是一佛. 但起一念, 總是二佛, 三世五陰, 念念誰知其數, 是名佛閻虛空, 是名分身佛, 是名寶塔現.

49. 도에 통달한 사람

이로써 늘 탄식하며 말한다.

'아! 오늘 의지하고 있는 목숨을 보면, 한 알의 쌀에 의지하고 한 줄기 채소에 의지하니, 밥을 먹을 때에 먹지 못하면 굶어 죽고, 물을 마시지 못하면 목말라 죽고, 불을 얻지 못하면 얼어 죽는다.'

하루가 부족하면 살지 못하고, 하루가 부족하면 죽지 못하니, 육체에 사로잡혀 있기 때문에 옛날의 도에 통달한 사람과 같을 수 없다.

옛날 도에 통달한 사람은 불에 들어가도 타지 않고 물에 들어가도 빠지지 않았으며,[509] 만약 불에 타고자 한다면 곧 불에 타고 물에 빠지고자 한다면 곧장 물에 빠졌으며, 살고자 하면 살고 죽고자 하면 죽었고, 가고 머묾이 자유로웠으니, 이러한 사람은 자유로울 자격[510]이 있었다.

是以常歎言: '嗟! 見今日所依之命, 依一顆米, 一莖菜, 餉時, 不得食飢死, 不得水渴

509) 『장자(莊子)』「내편(內篇)」'대종사(大宗師)'에 다음과 같은 내용이 나온다 : 옛날의 참
사람은 역경을 거역하지 않았고, 성공을 자랑하지 않았으며, 아무 일도 꾀하지 않았다. 만
약 그런 사람이라면 잘못을 해도 후회가 없고, 잘 해도 스스로 만족하지 않는다. 만약 그
런 사람이라면 높은 곳에 올라가도 두렵지 않고, 물에 들어가도 젖지 않고, 불에 들어가도
뜨겁지 않다.(古之眞人, 不逆寡, 不雄成, 不謨士. 若然者, 過而弗悔, 當而不自得也. 若然者, 登
高不慄, 入水不濡, 入火不熱)

510) 분(分) : 분수. 처지. 몫. 자격. 틈.

死, 不得火寒死.' 欠一日不生, 欠一日不死, 被四大把定, 不如先達者. 入火不燒, 入水

不溺, 儻要燒便燒, 要溺便溺, 要生卽生, 要死卽死, 去住自由, 者箇人有自由分.

50. 부처라는 병

마음이 시끄럽지 않으면 부처를 구할 필요가 없고,[511] 깨달음[512]과 열반을 구할 필요도 없다.

만약 부처에 집착하여 구한다면 탐냄에 속하고, 탐냄은 변하여 병이 된다. 그러므로 말하기를 '부처라는 병(病)은 치료하기가 가장 어렵다.'고 한다.

부처를 비난하고 법을 욕하면 밥을 먹을 만한데, 밥이란 곧 자기의 신령스러운 깨달음의 본성이니 무루(無漏)[513]의 밥이고 해탈의 밥이다.

이 말은 십지보살(十地菩薩)[514]의 병을 치료하는 말이니, 이 병은 초지(初地)에서 십지(十地)에 이르는 것이다.

예컨대 지금 구하는 마음이 있기만 하면 모두 파계(破戒)한 비구라

---

511) 불용(不用) : ①-할 필요 없다. ②-하지 마라. ③듣지 않다. 따르지 않다.

512) 보리(菩提) : bodhi. 도(道)·지(智)·각(覺)이라 번역. 2개의 뜻이 있다. ①불교 최고의 이상(理想)인 부처님의 정각(正覺)의 지혜. 깨달음. ②부처님의 정각의 지혜를 얻기 위하여 닦는 도(道). 깨달음에 이르는 길.

513) 무루(無漏) : ↔유루(有漏). 누(漏)는 객관 대상에 대하여 끊임없이 6근에서 허물을 누출(漏出)한다는 뜻으로 번뇌의 다른 이름. 즉, 마음이 눈·귀·코·혀·몸·의식을 통하여 대상을 따라 흘러나간다는 뜻이니, 마음이 제자리를 잊고 대상을 따라 흘러가며 헤맨다는 것. 소승에서는 번뇌를 증가시키지 않음을 말하고, 대승에서는 번뇌와 함께 있지 아니함을 말한다. =무루지(無漏智).

514) 십지보살(十地菩薩) : 『화엄경』「십지품(十地品)」에 설해져 있는 보살수행의 52위 가운데서 제41위에서 제50위까지를 가리키는데, 보살로서는 최고의 경지이다.

고 일컫고, 이름은 나한(羅漢)이지만 모두 들여우[515]이니, 공양을 얻을 자격이 확실히[516] 없다.

예컨대 지금 소리를 듣는 것은 메아리처럼 사라지고 냄새를 맡는 것은 바람처럼 지나가니, 모든 있니 없니 하는 등의 법을 떠나고 또 떠난 곳에 머물지도 않고 또 머물지 않는다는 생각도 없다면, 이 사람은 어떤 죄악이나 허물에도 더럽혀질 수 없다.

心若不亂, 不用求佛求菩提涅槃. 若着佛求, 屬貪, 貪變成病. 故云: '佛病最難治.' 謗佛謗法乃可取食, 食者是自己靈覺性, 無漏飯, 解脫食. 此語治十地菩薩病, 是從初至十地也. 祇如今但有一切求心, 盡名破戒比丘, 名字羅漢, 盡名野干, 灼然銷他供養不得. 祇如今聞聲如響等, 嗅香如風等, 離一切有無等法, 亦不住於離, 亦無不依住知解, 此人一切罪垢不能相累.

---

515) 야간(野干): ①들여우. 푸르고 누런 털빛을 가지고 개와 비슷하게 생겼는데, 떼를 지어 돌아다니며 밤에 우는데 그 울음소리가 이리와 비슷하고, 몸집에 비하여 꼬리가 크고 나무를 잘 탄다고 한다. ②터무니없는 사람. 엉터리.
516) 작연(灼然): 확실히.

51. 세간 번뇌와 출세간 번뇌

위없는 깨달음과 열반을 구하기 때문에 출가(出家)라고 일컫지만, 도리어 삿된 소원이다.

하물며 세간에서 따져 승부를 내고자 하고, 내가 할 수 있다거나 내가 안다고 말하고, 하나의 문도(門徒)를 탐내고 하나의 제자를 좋아하고, 한 곳에 머물기를 좋아하고, 한 사람의 시주와 관계를 맺어 한 벌의 옷과 한 끼의 식사와 명성과 이익을 도모하면서도, 또 말하기를 나는 모든 것에서 걸림 없이 자유롭다[517]고 한다면, 이것은 다만 스스로 미친 것이다.

그런데 지금 자기의 오온(五蘊)을 주인으로 삼지 않을 수 있어서 남에게 팔다리가 잘려 마디마디 떨어져 나가도[518] 원망하거나 아까워하는 마음이 전혀 없고 또 번뇌하지도 않고, 나아가 자기의 제자가 남에게 매질을 당하여 머리부터 발끝까지 성한 곳이 없더라도 나와 남이라는 분별의 마음을 일으키는 한 생각도 없다면, 이것은 도리어 한 생각도 없음에 머물러서 옳다고 여기는[519] 것으로서, 이것을 일러 법의

---

517) 일체무애(一切無礙) : 모든 것에서 장애가 없는 대자유. 해탈을 이르는 말.

518) 지해(支解) : 팔다리를 찢어 죽이는 형벌.

519) 장위(將爲) : ①-라고 여기다. -라고 알다. -라고 인정하다. ②-라고 잘못 알다. =장위(將謂).

티끌[520]이라고 하는데 십지(十地)의 지위에 있는 사람도 이런 법의 티끌을 벗어나지 못하면 삶과 죽음의 강 속으로 흘러들어 가는 것이다.

그러므로 늘 여러분에게 권하노니, 삼악도(三惡道)[521]를 두려워하듯이 법진번뇌(法塵煩惱)를 두려워해야만 해탈하여 홀로 설 자격이 있을 것이다.

爲求無上菩提涅槃, 故名出家, 猶是邪願. 況乎世間諍論覓勝負, 說我能我解, 貪一門徒, 愛一弟子, 戀一住處, 結一檀越, 一衣一食, 一名一利, 又言我得一切無礙, 秖是自誑. 秖如今能於自己五陰不爲其主, 被人割截節節支解, 都無怨恚之心, 亦不煩惱, 乃至自己弟子被人鞭打, 從頭至足, 如上一一等事, 都無一念生彼我心, 猶依住無一念將爲是, 此名法塵垢, 十地之人脫不去, 流入生死河. 所以常勸衆人, 須懼法塵煩惱如懼三塗, 乃有獨立分.

---

520) 법진구(法塵垢): 진구(塵垢)는 번뇌를 가리킴. 법진번뇌(法塵煩惱)와 같음. 법을 경계로 삼아 집착하여 법이 도리어 번뇌가 되는 것. 법에 집착하는 것. 얻을 법이 따로 있다고 여겨서 법에 집착하면 법이 도리어 번뇌가 된다.

521) 삼도(三塗): 화도(火塗; 지옥)·혈도(血塗; 축생)·도도(刀塗; 아귀)의 삼악도(三惡道).

52. 외도를 항복시키다

설사 열반을 넘어서는 하나의 법이 있다고 하더라도 역시 소중하게 여기는 생각이 조금[522]도 없어야 하니, 이런 사람은 걸음걸음이 부처이니 연꽃을 밟을[523] 필요 없이[524] 온갖 모습으로 몸을 나타낼 것이다.[525]

그런데 지금 있니 없니 하는 등의 온갖 법에 털끝만큼이라도 좋아하거나 물든 마음이 있다면, 비록 연꽃을 밟고 있더라도 또한 마귀와 같이 행동하는 것이다.

만약 본래 깨끗하고 본래 해탈이어서 스스로가 곧 부처이고 스스로가 곧 선도(禪道)를 아는 자라고 집착한다면, 자연외도(自然外道)에 속한다.

만약 인연을 따라 닦아서 깨달음을 이룬다고 집착한다면, 인연외도(因緣外道)에 속한다.

있음에 집착한다면 상견외도(常見外道)에 속하고, 없음에 집착한다면 단견외도(斷見外道)에 속하고, 있기도 하고 없기도 함에 집착한다면

---

522) 소허(少許): 소량. 얼마간. 약간. 조금.

523) 각답연화(脚踏蓮華): 연꽃을 밟다. 즉, 불법에 의지하다. 불법에 머물다.

524) 불가(不假): -에 의지하지 않는다. -할 필요가 없다.

525) 분신백료(分身百僚): 문무백관(文武百官)으로 몸을 나누어 나투다. 다양한 모습으로 몸을 나투다. 백료(百僚)는 문무백관(文武百官) 즉 온갖 종류의 수많은 벼슬아치를 가리킴. 중생을 교화하는 방편으로 부처가 다양한 모습을 나툰다는 말.

변견외도(邊見外道)에 속하고, 있음도 아니고 없음도 아님에 집착한다면 공견외도(空見外道)인데, 또 어리석은 외도(外道)라고도 한다.

그런데 지금 다만 부처니 열반이니 하는 등의 견해를 만들지 않고 있니 없니 하는 등의 온갖 견해가 전혀 없고 또 없다는 견해도 없다면 일러 바르게 본다고 하고, 아무것도 듣는 것이 없고 듣는 것이 없는 것도 없다면 바르게 듣는다고 하는데, 이것을 일러 외도를 항복시킨다[526]고 한다.

假使有一法過於涅槃者, 亦無少許生珍重想, 此人步步是佛, 不假脚踏蓮華, 分身百億. 祇如今於一切有無等法, 有纖毫愛染心, 縱然脚踏蓮華, 亦同魔作. 若執本淸淨, 本解脫, 自是佛, 自是禪道解者, 卽屬自然外道. 若執因緣修成證得者, 卽屬因緣外道. 執有卽屬常見外道, 執無卽屬斷見外道, 執亦有亦無卽屬邊見外道, 執非有非無卽屬空見外道, 亦云愚癡外道. 祇如今但莫作佛見, 涅槃等見, 都無一切有無等見, 亦無無見, 名正見, 無一切聞, 亦無無聞, 名正聞, 是名摧伏外道.

---

526) 최복(摧伏) : 항복시키다. 쳐부수다.

53. 신령스러운 주문

범부라는 마귀가 없다면[527] 곧 크게 신령스러운 주문(呪文)이고,[528] 이
승(二乘)이라는 마귀가 없다면 곧 크게 밝은 주문이고,[529] 보살이라는
마귀가 없다면 곧 위없는[530] 주문이고, 나아가 또 부처라는 마귀가 없
다면 곧 견줄 것이 없는[531] 주문이다.

더러운 땅을 한 번 깨끗하게 변화시키면 중생이 아수라(阿修羅)[532]에
게 아첨하고,[533] 더러운 땅을 두 번 깨끗하게 변화시키면 이승(二乘)이
아수라에게 아첨하고, 더러운 땅을 세 번 깨끗하게 변화시키면 보살
이 아수라에게 아첨하니, 이것이 삼변정토(三變淨土)[534]이다.

---

527) 래(來) : 구절 속에 혹은 구절 끝에 붙어서 가정(假定)을 나타내는 어기사(語氣詞). 가
령 −라면.

528) 대신주(大神呪) : 불가사의한 힘을 가진 다라니. 『반야심경(般若心經)』에서 "반야바라
밀다는 대신주니라."라고 한다.

529) 대명주(大明呪) : 큰 광명(光明)을 발하여 중생의 어리석음을 깨뜨리는 주문.

530) 무상(無上) : 더 높은 것이 없는 가장 높은 것. 더 이상 가치 있는 것이 없는 최상의 가
치인 불법(佛法)을 가리킴.

531) 대신주(大神呪) : 불가사의한 힘을 가진 다라니. 『반야심경(般若心經)』에서 "반야바라
밀다는 대신주니라."라고 한다.

532) 아수라(阿修羅) : asura. 6도(道)의 하나. 10계(界)의 하나. 아소라(阿素羅)·아소락(阿
素洛)·아수륜(阿須倫)이라 음역. 줄여서 수라(修羅). 비천(非天)·비류(非類)·부단정
(不端正)이라 번역. 싸우기를 좋아하는 귀신.

533) 첨곡(諂曲) : 자기의 뜻을 굽혀서 남에게 아첨함. =첨굴(諂屈).

534) 삼변정토(三變淨土) : =삼변토정(三變土淨), 삼변토전(三變土田). 석가여래가 『법화경』

無凡夫魔來, 是大神咒, 無二乘魔來, 是大明咒, 無菩薩魔來, 是無上咒, 乃至亦無佛魔來, 是無等等咒. 一變衆生謟曲修羅, 二變二乘謟曲修羅, 三變菩薩謟曲脩羅, 是三變淨土.

「견보탑품」을 말씀하실 때에 다보여래(多寶如來)의 몸을 드러내도록 하기 위하여 시방세계에 분신(分身)되어 있는 모든 석가모니부처님들을 두루 불러 모으기 위하여 사바세계의 예토(穢土; 더러운 땅)를 세 번 정토(淨土; 깨끗한 땅)로 변화시킨 일.

54. 현묘한 뜻이 잘 통하다

있니 없니 범부니 성인이니 하는 등의 온갖 법들은 비유하면 금광(金礦)과 같고 자기의 실상(實相)[535]은 비유하면 금과 같으니, 금과 광석이 서로 분리되면 참된 금이 나타난다.

만약 돈을 구하고 보배를 구하는 사람이 있을 경우에 금을 돈으로 변화시켜 그에게 준다면, 또한 마치 밀가루 자체가 참되고 올발라서 모래나 소금이 전혀 섞여 있지 않은 것과 같다.[536]

찐 떡을 구걸하는 사람이 있을 경우에 밀가루를 찐 떡으로 변화시켜 그에게 준다면, 또한 마치 지혜로운 신하가 왕의 뜻을 잘 이해하여 왕이 길을 떠날 때에 선타파(仙陀婆)[537]를 찾는다면 곧 말을 바치고 식사 때에 선타파를 찾는다면 곧 소금을 바치는 것과 같다.

이러한 것들은 현묘한 뜻을 배우는 사람이 현묘한 뜻에 잘 통달하

---

535) 여리(如理) : ①진리와 같음. 진리에 알맞음. ②진리. 실상(實相). 진여(眞如).

536) 중생의 요구에 따라 방편을 베풀되, 방편은 언제나 실상을 깨닫도록 하는 용도 이외에 다른 용도는 없어야 한다.

537) 선타파(仙陀婆) : 현명하고 민첩한 사람. 뜻을 잘 알아차리는 사람. 말이 잘 통하는 사람. 『열반경』제9권에 나오는 이야기에 등장함. 현명한 신하 선타파는 왕이 자신을 부르면 왕의 의중을 잘 알아차려서 소금, 그릇, 물, 말의 네 가지 중 하나를 바쳤다고 하는 고사에서 비롯된 말로 여러 사람 중에서 출중한 사람을 뜻함.

여 시시각각[538] 잃지 않음을 비유한 것이니, 또한 육절사자(六絶師子)[539]
라고도 하는 것이다.

但是一切有無凡聖等法, 喩如金礦, 自己如理, 喩如於金, 金與礦各相去離, 眞金露現. 忽有人覓錢覓寶, 變金爲錢與他, 亦如麵體眞正, 無諸沙鹵. 有人乞飪, 變麵爲飪與他, 亦如智臣善解王意, 王若行時索仙陀婆, 卽便奉馬, 食時索仙陀婆, 卽便奉鹽. 此等喩學玄旨人, 善能通達, 應機不失, 亦云六絶師子.

---

538) 응기(應機) : ①시기(時機)에 순응함. ②형편에 따라 알맞게 일을 처리함. ③때에 따라. 그때그때. 즉시즉시. 시시각각.

539) 육절사자(六絶師子) : 여섯 가지 뛰어난 장점을 가진 사자(師子). 사자(師子)는 동물 가운데 왕인데, 부처님을 비유한 말이다. 부처님을 찬양하는 말.

55. 십지보살과 부처

지공(誌公)이 말했다.

'남을 따라 조작하여 백 번을 바뀐다.'[540]

십지보살은 배가 고프지도 않고 배가 부르지도 않으며, 물에 들어가도 빠지지 않고, 불에 들어가도 불타지 않으며, 만약 불타려고 하더라도[541] 전혀[542] 불탈 수가 없으니, 그는 수량(數量)[543]에 사로잡혀 있는 것이다.[544]

---

540) 『경덕전등록』 제29권 「지공화상십사과송(誌公和尙十四科頌)」의 '정란불이'(靜亂不二)에 나오는 구절. 본래는 '作隨人百變'으로 되어 있다. 전체는 다음과 같다 : '고요함과 시끄러움이 둘이 아니다' 성문은 시끄러움을 싫어하고 고요함을 찾으니, 마치 밀가루를 버리고 빵을 구하는 것과 같다. / 빵은 본래 밀가루인데, 조작하면 사람에 따라 백 가지로 달라진다. / 번뇌가 곧 보리이니, 마음이 없으면 바로 경계도 없다. / 생사는 열반과 다르지 않고, 탐냄과 성냄은 불꽃 같고 그림자 같다. / 지혜로운 사람은 부처를 찾는 마음이 없지만, 어리석은 사람은 삿됨에 집착하고 바름에 집착한다. / 쓸데없이 애쓰며 일생을 헛되이 지내지만, 여래의 묘한 정수리는 보지 못한다. / 음욕의 본성이 공임을 밝게 통달하면, 가마솥의 끓는 물과 화로의 숯이 저절로 식을 것이다. (靜亂不二, 聲聞厭諠求靜, 猶如棄麪求餅 / 餅卽從來是麪, 造作隨人百變 / 煩惱卽是菩提, 無心卽是無境 / 生死不異涅槃, 貪瞋如焰如影 / 智者無心求佛, 愚人執邪執正 / 徒勞空過一生, 不見如來妙頂 / 了達婬慾性空, 鑊湯鑪炭自冷.)

541) 당(儻) : 만일(혹시) −이라면.

542) 차불(且不) : 오랫동안 − 하지 않다. 좀처럼 −하지 않다. 전혀 −하지 않다.

543) 양수(量數) : ①수를 계산함. ②수량(數量). 여기에선 분별(分別) 즉 분별된 경계(境界)를 가리킴.

544) 관정(管定) : ①책임을 떠맡다. 일을 도맡다. ②틀림없이. 꼭. 반드시. ③고정시키다. ④꼼짝 못하게 감시하다.

부처라면 그렇지 않아서 불에 들어가도 불타지 않으나, 만약 불타려고 한다면 곧 불타고, 물에 빠지려고 하면 곧 빠진다.

그는 지수화풍(地水火風) 사대(四大)를 자유롭게 쓸 수 있으므로[545] 모든 색깔은 부처의 색깔이고 모든 소리는 부처의 소리이며, 자기의 더럽게 물들고 아첨하는 마음이 사라져서 삼구(三句)[546] 밖으로 뚫고 벗어났다.

이런 말을 할 수 있다면, 보살은 깨끗하고 제자는 밝아서 말을 하더라도 있고 없음에 집착하지 않고, 살펴보고 행동하는[547] 모든 경우에 깨끗함에도 더러움에도 구속받지 않는다.

誌公云: '隨人造作百變.' 十地菩薩, 不飢不飽, 入水不溺, 入火不燒, 儻要燒, 且不可得燒, 他被量數管定. 佛則不與麼, 入火不燒, 儻要燒便燒, 要溺便溺. 他使得四大風水自由, 一切色是佛色, 一切聲是佛聲, 自己滓穢諂曲心盡, 透過三句外. 得說此語, 菩薩淸淨, 弟子明白, 所有言說, 不執無有, 一切照用, 不拘淸濁.

---

545) 사득(使得): ①쓸 수 있다. ②쓸 만하다. 알맞다. 합당하다. 적절하다. ③(의도, 계획, 사물이)-한 결과를 낳다. -하게 하다.
546) 삼구(三句): 앞서 나왔듯이 백장삼구(百丈三句)는 초선(初善)·중선(中善)·후선(後善)이다. 초선(初善)에서는 긍정하거나 부정하는 하나의 입장을 지키고, 중선(中善)에서는 초선의 입장을 버리며, 후선(後善)에서는 초선의 입장을 버렸다는 생각(知解)도 버리는 것이다.
547) 조용(照用): 마음으로 비추어 보고 작용하다. 살펴보고 행동하다.

56. 성문의 병과 약

병이 있는데도 약을 먹지 않으면 어리석은 사람이지만, 병이 없는데 약을 먹는 것은 성문(聲聞)의 사람이다.

하나의 법(法)을 꽉 붙들고 있으면 일러 정성성문(定性聲聞)[548]이라 하고, 한결같이 많이 듣고 배우기만 하면 일러 증상만성문(增上慢聲聞)[549]이라 하고, 그러한 것들을 알면 일러 유학성문(有學聲聞)[550]이라 하고, 공에 빠지고 고요함에 머물러 있으면서 스스로 이러한 사실을 알면 일러 무학성문(無學聲聞)[551]이라 한다.

탐냄 · 성냄 · 어리석음 등은 독(毒)이고, 십이분교(十二分敎)는 약(藥)이다.

---

548) 정성성문(定性聲聞) : 정성(定性)은 움직일 수 없는 본성(本性)이라는 말이니, 변함없는 본성이라는 법상(法相)에 얽매인 소승 수행자를 가리킴.

549) 증상만성문(增上慢聲聞) : 증상만(增上慢)이란 깨달음을 얻지 못하고 배워서 분별하고 이해하여 개념으로 불법을 알고서 불법을 얻었다고 여기고 잘난 체하는 거만함을 가리키니, 증상만성문이란 많이 듣고 배워서 불법을 이해하고서 불법을 안다고 자만하는 소승의 수행자를 가리킴.

550) 유학성문(有學聲聞) : =유학(有學). 아직 배울 것이 남아 있는 수행자로서 아라한과까지 이르지 못한 소승(小乘)의 성자(聖者). 성문(聲聞)이 온갖 번뇌를 끊으려고 무루의 계(戒) · 정(定) · 혜(慧) 3학(學)을 닦는 지위. 수행과 증과(證果)의 단계로는 4향(向) 4과(果) 중에서 아라한과는 무학(無學), 전의 4향 3과는 유학.

551) 무학성문(無學聲聞) : =무학(無學). ashaiksa. 극과(極果)란 뜻. 모든 번뇌를 끊어 없애고, 소승(小乘) 깨달음의 극위(極位)인 아라한과(阿羅漢果)를 얻은 이를 말한다. 이 지위에 이르면 더 배울 것이 없으므로 무학이라 하고, 이 자리를 무학위(無學位)라 한다.

독이 아직 사라지지 않았으면, 약을 버릴 수 없다.

병이 없는데도 약을 먹으면 약이 도리어 병이 되니, 병은 사라졌는데 약은 없어지지 않기 때문이다.

有病不喫藥, 是愚人, 無病喫藥, 是聲聞人. 定執一法, 名定性聲聞, 一向多聞, 名增上慢聲聞, 知他, 名有學聲聞, 沉空滯寂及自知, 名無學聲聞. 貪瞋癡等是毒, 十二分敎是藥. 毒未銷, 藥不得除. 無病喫藥, 藥變成病, 病去藥不銷.

57. 나쁜 욕심

생기지도 않고 사라지지도 않는 것이 무상(無常)의 참된 뜻[552]이다.

『열반경』에서 말했다.

'세 가지 나쁜 욕심이 있으니, 첫째는 사부대중에 둘러싸이고자 하는 욕심이고, 둘째는 모든 사람을 자기의 문도(門徒)로 만들려는 욕심이고, 셋째는 모든 사람이 자기를 성인(聖人)이나 아라한이라고 알아주기를 바라는 욕심이다.'[553]

또『가섭경(迦葉經)』에서 말했다.

'첫째 욕심은 미래불(未來佛)을 보기를 바라는 것이고, 둘째 욕심은 전륜왕이 되기를 바라는 것이고, 셋째 욕심은 크샤트리아[554] 종족이 되기를 바라는 것이고, 넷째 욕심은 브라만[555] 종족이 되기를 바라는 것

---

552) 의(義): ①사물. 대상. 물건. 자체. 실체. 사실. 진실. ②의미. 뜻. ③도리. 이치.

553) 현재 남아 있는『열반경』의 여러 판본에는 이런 구절을 찾을 수 없다.

554) 찰리(刹利): =찰제리(刹帝利). kshatriya. 인도의 네 계급 가운데 하나이다. 정치나 전쟁을 담당한 왕족이나 무사 계급을 지칭하는데, 보통 바라문(사제나 성직자) 다음에 위치한다. 석존(釋尊)이 출생한 석가족(釋迦族)은 찰제리에 속한다.

555) 바라문(婆羅門): brahmana. 인도 4성(姓)의 하나. 정행(淨行) · 정지(淨志) · 정예(淨裔) · 범지(梵志)라 번역. 인도 4성의 최고 지위에 있는 종족으로 승려의 계급. 바라문교의 전권(專權)을 장악하여 임금보다 윗자리에 있으며, 신(神)의 후예라 자칭하며, 정권의 배심(陪審)을 한다. 사실상 신의 대표자로서 권위를 떨친다. 만일 이것을 침해하는 이는 신을 침해하는 것과 같다고 하며, 그들의 생활에는 범행(梵行) · 가주(家住) · 임서(林棲) · 유행(遊行)의 네 시기가 있어, 어렸을 때는 부모 밑에 있다가 좀 자라면 집을 떠나 스승을

이다."[556]

　나아가 생사(生死)[557]를 싫어하여 열반(涅槃)[558]을 구하는, 이와 같은 나쁜 욕심을 모름지기 먼저 끊어야 한다.[559]

모시고 베다를 학습, 장년에 이르면 다시 집에 돌아와 결혼하여 살다가, 늙으면 집안 살림을 아들에게 맡기고 산숲에 들어가 고행 수도한 뒤에, 나와 사방으로 다니면서 세상의 모든 일을 초탈하여 남들이 주는 시물(施物)로써 생활한다.

556)　현재 남아 있는 『가섭결경(迦葉結經)』에는 이런 구절이 없다.

557)　생사(生死) : =생멸(生滅). jati-marana 중생의 일생인 시작과 끝을 말함. 즉, 번뇌에 물든 중생의 삶. 상대 개념은 열반(涅槃).

558)　열반(涅槃) : 미혹(迷惑)과 집착(執着)을 끊고 일체의 속박에서 해탈(解脫)한 최고의 경지. 열반이란, 산스크리트의 '니르바나'의 음역인데, 니원(泥洹)·열반나(涅槃那) 등으로 음역하기도 하며 멸도(滅度)·적멸(寂滅)·원적(圓寂), 또는 무위(無爲)·부작(不作)·무생(無生) 등으로도 의역한다.

559)　참된 해탈은 생사를 버리지도 않고 열반을 취하지도 않는 불이법(不二法)이다. 『유마경』에 다음 구절들이 있다. "생사(生死)에서 벗어나지 않으면서도 번뇌(煩惱)가 없고, 열반(涅槃)을 얻고도 머묾이 없는 것이 곧 좌선입니다."(不捨生死, 而無煩惱, 雖證涅槃, 而無所住, 是爲宴坐.) "생사(生死)에 머물지도 않고 열반(涅槃)에 머물지도 않으니, 이러해야 먹을 수 있습니다."(非住生死非住涅槃爾乃可食.) "만약 생사(生死)의 업(業)인 번뇌(煩惱)를 두려워한다면, 색성향미촉(色聲香味觸) 등의 경계가 그 기회를 얻어 침범할 것입니다. 생사의 업인 번뇌를 두려워하지 않는다면, 세간(世間)의 색성향미촉 등의 경계가 침범할 기회가 없을 것입니다."(若畏生死業煩惱者, 卽爲色聲香味觸等而得其便. 不畏生死業煩惱者, 世間色聲香味觸等不得其便.) "설사 반열반(般涅槃)의 길에 머무는 모습을 보여 주더라도, 이어지는 생사윤회(生死輪迴)를 늘 버리지 않습니다."(雖復現處般涅槃趣, 而常不捨生死相續.) "생사(生死)와 열반(涅槃)을 분별하면 둘이 됩니다. 만약 모든 보살이 생사의 자성이 본래 공(空)임을 깨달아 안다면, 생사에 흘러다니는 일도 없을 것이고 고요히 사라짐도 없을 것이니, 이것이 곧 불이법문에 깨달아 들어가는 것입니다."(生死涅槃分別爲二. 若諸菩薩了知生死其性本空, 無有流轉亦無寂滅, 是爲悟入不二法門.) "열반을 좋아하고 생사윤회를 싫어하면 둘이 됩니다. 만약 모든 보살이 열반과 생사윤회를 좋아하거나 싫어하지

그런데 지금 분별에 물든 마음으로 생각하기만[560] 하면 모두 나쁜 욕심이라고 일컬으니, 모두가 육욕천(六欲天)[561]에 속하고 모두가 마왕(魔王)[562]에게 사로잡혀[563] 있기 때문이다."

않으면, 둘이 없습니다. 까닭이 무엇일까요? 만약 삶과 죽음에 얽매이면 해탈을 구할 것이지만, 삶과 죽음에 얽매임이 끝내 없음을 안다면 무엇하러 다시 해탈열반을 구하겠습니까? 이와 같이 얽매임도 없고 풀려남도 없음에 통달하여 열반을 좋아하지도 않고 삶과 죽음을 싫어하지도 않는 것, 이것이 곧 불이법문에 깨달아 들어가는 것입니다."(欣厭涅槃生死爲二. 若諸菩薩了知, 涅槃及與生死不生欣厭, 則無有二. 所以者何? 若爲生死之所繫縛, 則求解脫, 若知畢竟無生死縛, 何爲更求涅槃解脫? 如是通達無縛無解, 不欣涅槃不厭生死, 是爲悟入不二法門)

560) 동념(動念) : ①마음이 움직이다. 마음이 끌리다. ②생각하다.

561) 육욕천(六欲天) : 또는 욕계육천(欲界六天)·6천(天). 3계(界) 중 욕계에 딸린 6종의 하늘. 이 하늘 사람들은 모두 욕락이 있으므로 욕천이라 함. ①사왕천(四王天). 수미산 제4층의 4면에 있는 지국천(동)·증장천(남)·광목천(서)·다문천(북)의 4왕과 그에 딸린 천중들. ②도리천(忉利天). 33천이라 번역. 수미산 꼭대기에 제석천을 중심으로 사방에 8천씩 있음. ③야마천(夜摩天). 선시천(善時天)·시분천(時分天)이라 번역. 때를 따라 쾌락을 받으므로 이렇게 이름. ④도솔천(兜率天). 지족(知足)이라 번역. 자기가 받는 5욕락에 만족한 마음을 내는 까닭. ⑤화락천(化樂天). 또는 낙변화천(樂變化天). 5욕의 경계를 스스로 변화하여 즐김. ⑥타화자재천(他化自在天). 다른 이로 하여금 자재하게 5욕 경계를 변화케 함. 6천 중 사왕천은 수미산 허리에 있고, 도리천은 수미산 꼭대기에 있으므로 지거천(地居天)이라 하고, 야마천 이상은 공중에 있으므로 공거천(空居天)이라 함.

562) 파순(波旬) : 산스크리트로는 papiyas이다. 의역하면 악자(惡者)·살자(殺者)·극악(極惡)·악마(惡魔) 등이 된다. 그래서 마파순(魔波旬)·천마파순(天魔波旬)·마왕파순(魔王波旬) 등으로도 불린다. 욕계(欲界) 제6천의 임금인 마왕의 이름. 항상 악한 뜻을 품고, 나쁜 법을 만들어 수도인을 어지럽히고 사람의 혜명(慧命)을 끊는다고 함.

563) 관(管) : ①관리하다. 담당하다. ②단속하다. 통제하다. 지도하다. ③간섭하다. 참여하다.

不生不滅, 是無常義. 『涅槃經』云: '有三惡欲, 一欲得四衆圍繞, 二欲得一切人爲我門徒, 三欲得一切人知我是聖人及阿羅漢.' 又『迦葉經』云: '一欲求見未來佛, 二欲求轉輪王, 三欲求利利大姓, 四欲得婆羅門大姓.' 乃至厭生死, 求涅槃, 如是惡欲, 先須斷之. 秖如今但有取染心動念, 盡名惡欲, 盡屬六欲天, 總被波旬管.”

58. 20년간 똥을 치우다

물었다.

"20년 동안 늘 똥을 치우게 하였다[564]는 것은 어떤 것입니까?"

백장이 말했다.

"오로지 온갖 있니 없니 하는 지견(知見)을 쉬고, 오로지 온갖 탐내고 구함을 쉬고, 하나하나에서 삼구(三句) 밖으로 뚫고 벗어나면 일러 똥을 치운다고 한다.

그런데 지금 부처를 구하고 깨달음을 구하고 온갖 있니 없니 하는 등의 법을 구한다면, 이것은 일러 똥을 퍼 들인다고 하지 똥을 퍼낸다고 하지 않는다.

---

564) 『묘법연화경』「신해품(信解品)」 제4」에 나오는 궁자유(窮子喻) 가운데 있는 내용. 부자인 장자의 아들이 어려서 집을 나가 수십 년 동안 거지가 되어 떠돌아다니다가 마침내 부유한 아버지의 집에도 구걸을 가게 되었는데, 아버지는 한눈에 그가 잃어버린 아들임을 알아보고는 집에 일하는 하인으로 먼저 채용하여 차차로 집안일을 익히게 하고는 마침내 그가 자기 아들임을 밝힌다는 내용인데, 부처님이 중생을 제도함에는 이러한 방편을 사용하여 조금씩 본래면목으로 이끌어야 마침내 스스로 자기의 본래면목을 알아차리는 때가 온다는 비유이다. 똥을 치우게 했다는 것은 장자가 아들을 하인으로 채용하여 시킨 일을 말한다. 경전의 구절은 다음과 같다 : 그때 빈궁한 아들은 비록 이러한 만남을 기뻐하였지만, 여전히 스스로를 떠돌아다니는 천한 사람으로 여기고 있었다. 이러한 까닭으로 장자는 아들에게 20년 동안 늘 똥을 치우게 하였다. 이 세월이 지나자 아들은 마음씨가 믿을 만하고 들어가고 나감에 어려움을 느끼지 않았다. 그리하여 그 머묾이 마치 본래의 자기 집에 있는 것과 같았다. (爾時窮子, 雖欣此遇, 猶故自謂客作賤人. 由是之故, 於二十年中, 常令除糞. 過是已後, 心相體信, 入出無難. 然其所止, 猶在本處.)

지금 부처라는 견해를 짓고 부처라는 이해를 하여 견해나 구하는
바나 집착하는 바가 있기만 하면 모두 일러 희론(戲論)의 똥이라고 하
고, 또 거친 말이라고 하고, 또 죽은 말이라고 하니, 마치 큰 바다가
시체를 가만히 두지 않는 것과 같다.

실없이[565] 하는 말을 희론이라고 하는 것이 아니라, 깨끗함과 더러움
을 분별하여 하는 말을 희론이라고 한다.

問: "二十年中, 常令除糞, 如何?"

師云: "但息一切有無知見, 但息一切貪求, 箇箇透過三句外, 是名除糞. 秖如今求佛求
菩提, 求一切有無等法, 是名運糞入, 不名運糞出. 秖如今作佛見, 作佛解, 但有所見·
所求·所着, 盡名戲論之糞, 亦名麤言, 亦名死語, 如云大海不宿死屍. 等閑說話不名戲
論, 說辨淸濁名戲論.

---

565) 등한(等閑) : ①헛되이. 실없이. 공연히. ②내키는 대로 하다. =등한(等閒).

59. 부처가 될 수 없는 길

경전[566]의 문장에는 모두 21종류의 공(空)이 있어서 중생의 번뇌망상[567]을 추려 내고,[568] 사문(沙門)은 재계(齋戒)[569]를 지키고 욕됨을 참으며 부드럽게 조화를 이루고 자비희사(慈悲喜捨)의 사무량심(四無量心)[570]을 갖추는 것이 평소의 승가(僧家)의 법칙(法則)이라고 이해한다면 이것은 확실히 불교(佛教)에 의지한 것인데, 단지 탐냄과 의지함과 집착을 용납하지 않을 뿐이니, 만약 부처가 되고자 하고 깨달음을 얻고자 한다면 마치 손으로 불꽃을 붙잡으려 하는 것과 같아서 불가능하다.

문수(文殊)가 말했다.

'만약 부처라는 견해나 법이라는 견해를 일으키면 반드시 나를 해치게 된다.'

---

566) 교(教) : 언어문자로 된 가르침. 경전(經典). 교외별전(教外別傳)의 선(禪)과 구분된다.

567) 진루(塵累) : 경계에 묶임. 번뇌망상에 물들어 얽어매임. 번뇌망상을 가리킴.

568) 도택(淘擇) : (물에 일어서) 가려내다. 추려 내다

569) 재계(齋戒) : 식사와 행동하는 것을 삼가고, 몸과 마음을 깨끗하게 함. 팔재계(八齋戒)의 준말.

570) 사무량심(四無量心) : 중생을 어여삐 여기는 한량없는 네 가지 마음인 자비희사(慈悲喜捨). ①자무량심(慈無量心). 무진(無瞋)을 체(體)로 하고, 한량없는 중생에게 즐거움을 주려는 마음. ②비무량심(悲無量心). 무진(無瞋)을 체(體)로 하고, 남의 고통을 벗겨 주려는 마음. ③희무량심(喜無量心). 희수(喜受)를 체로 하고, 다른 이로 하여금 고통을 여의고 즐거움을 얻어 희열(喜悅)케 하려는 마음. ④사무량심(捨無量心). 무탐(無貪)을 체로 하여 원(怨)·친(親)의 구별을 두지 않고 중생을 평등하게 보려는 마음.

그 까닭에 문수는 칼을 들고 고오타마를 위협했던 것이고,[571] 앙굴리마라는 칼을 가지고 석가를 해치려 했던 것이다.[572]

---

571) 『대보적경(大寶積經)』 제105권 「신통증설품(神通證說品) 제9」에 나오는 다음의 내용을 근거로 한 것 : 그때 세존께선 그 오백 보살들의 분별심을 제거하고자 하였기 때문에 곧 위신력을 가지고 문수사리를 깨닫게 하였다. 문수사리는 부처님의 위신력을 받들어 자리에서 일어나 의복을 정리하고 오른쪽 소매를 벗어 어깨를 드러내고는 손에 날카로운 칼을 잡고 곧장 세존에게 다가갔다. 세존을 해치려 할 때에 부처님은 문수사리에게 말씀하셨다. "그대는 멈추어라. 그대는 멈추어라. 역죄(逆罪)를 범해서는 안 된다. 나를 해쳐서는 안 된다. 내가 반드시 해를 입을 때에는 선(善)하기 때문에 해를 입는다. 무슨 까닭인가? 문수사리여, 애초부터 나도 없고 사람도 없고 장부(丈夫)도 없는데, 단지 속마음에서 나와 사람이 있다고 보는 것이다. 속마음에서 나와 사람이라는 생각을 일으킬 때에 그는 이미 나를 해친 것이니, 이것을 일러 부처를 해친다고 한다."(爾時世尊, 爲欲除彼五百菩薩分別心故, 卽以威神覺悟文殊師利. 文殊師利承佛神力從座而起, 整理衣服偏袒右髆, 手執利劍直趣世尊. 欲行逆害時, 佛遂告文殊師利言: "汝住. 汝住. 不應造逆. 勿得害我. 我必被害, 爲善被害. 何以故? 文殊師利, 從本已來, 無我無人無有丈夫, 但是內心見有我人. 內心起時, 彼已害我, 卽名爲害.") 이 내용은 뒷날 공안(公案)이 되어 선종(禪宗)에서 널리 알려졌다.

572) 서진(西晉) 사문(沙門) 법거(法炬)가 번역한 『불설앙굴계경(佛說鴦崛髻經)』에 다음 이야기가 나오는데, 이 이야기 역시 뒷날 공안(公案)으로 선정된다 : 그때에 여러 비구들은 부처님께 아뢰었다. "저희들 여러 비구들은 때가 되어 가사를 입고 발우를 들고 사위성에 들어가 걸식을 하다가, 바사닉 왕의 궁문 밖에서 많은 사람들이 각기 손을 잡고 울부짖으면서, 이렇게 말하는 것을 들었습니다. '지금 이 나라에는 큰 도적이 있는데, 그의 이름은 앙굴계(鴦崛髻)입니다. 그는 사람들을 죽이고는 각각 그 손가락을 하나씩 끊어 꽃다발을 만들기 때문에, 그의 이름을 앙굴계라고 합니다. 부디 이 사람의 항복을 받아 주십시오.'" 그때에 세존께서는 비구들에게 이 말을 들으시고, 곧 자리에서 일어나 앙굴계가 있는 곳으로 가시었다. 세존께서 그곳으로 가시는 길에는 나무와 풀짐을 지고 가는 이, 밭을 가는 이, 지나가는 행인들이 있었는데, 모두 세존의 처소로 와서 세존께 이런 말씀을 드렸다. "사문께서는 이 길로 가지 마십시오. 왜냐하면 이 길에는 앙굴계라는 사람이 있는데, 사람들을 죽이고 중생에게 인자한 구석이라고는 없습니다. 성밖이나 시골에 사는 사람들이 모두 그에게 죽임을 당했고, 그는 또 그가 죽인 사람들의 손가락으로 꽃다발을 만들고

있으니 세존을 해칠까 싶습니다. 사문들이나 일반 사람들이 이 길을 가려면, 10명이 모인 후에야 이 길을 지나갈 수 있고, 아니면 20, 30, 40, 50, 혹은 1백, 혹은 1천 명이 된 후에야 지나갈 수 있습니다. 그런데도 저 앙굴계는 자기 마음 내키는 대로 모두 잡아죽입니다." 이 말을 듣고서도 세존께서는 계속 가셔서 앙굴계의 앞으로 나아가고 물러서려는 생각이 없었다. 그때에 앙굴계는 멀리서 세존께서 오시는 것을 보고서 곧 이런 생각을 하였다. '어떤 사람이든 이 길을 지나가려면, 10명이 함께 모여 오기도 하고 많게는 1천 명이 된 이후에야 지나가게 된다. 나는 그 가운데서 마음키는 대로 죽이곤 하였다. 그런데 저 사문은 벗도 없이 혼자 오니, 내 반드시 살려 두지 않을 것이다.' 그러고서 앙굴계는 즉시 허리에 찼던 칼을 빼어 들고, 세존이 계신 곳으로 갔다. 그때 세존께서는 멀리서 앙굴계가 오는 것을 보시고는, 곧 다시 발길을 돌리셨다. 그러자 앙굴계는 세존을 쫓아 젖먹던 힘까지 다하여 달렸으나 따라잡을 수가 없었다. 그때 앙굴계는 문득 이런 생각이 들었다. '나의 달음질은 코끼리도 따라잡을 수 있고, 말·수레·사나운 소·사람도 따라잡을 수 있다. 그러나 지금 저 사문은 뛰지도 않고 걷고 있는 데다가, 그것도 빠르지도 않게 걷고 있다. 그런데도 나는 죽을 힘을 다해도 따라잡을 수 없구나.' 그러면서 앙굴계는 멀리서 세존께 말하였다. "게 섰거라. 사문아." 세존께서 말씀하셨다. "나는 오래전부터 머물러 있건만, 너는 머물지 않고 있구나." 그러자 앙굴계는 게송을 말하였다. "저 사문은 자기는 가면서 머문다 하고/ 나더러는 머물지 않는다고 말하네./ 사문이여, 이 말을 설명해 주시오./ 왜 당신은 머물고 나는 머물지 않는지를?" 그러자 세존께서 앙굴계에게 말씀하셨다. "너는 내가 '나는 머물고 너는 머물지 않는다.'고 말한 뜻을 알고 싶으냐?" 그러고는 곧 게송을 말씀하셨다. "세존은 항상 머묾으로 해서/ 누구든 그 은혜를 입는다네./ 너는 죽이려는 생각에서/ 나쁜 짓도 피하지 않는구나." 이 말을 듣자 앙굴계는 곧 이런 생각이 들었다. '그럼 내가 이제까지 나쁜 짓을 했단 말인가?' 그러고는 앙굴계는 곧 게송을 말하였다. "나에게 자비심을 베푸시어/ 사문께서 이 게송을 말씀하신 것이네./ 나는 즉시 허리춤에서 칼을 버리고/ 온몸으로 부처님께 귀의하네./ 머리를 부처님 발에 대어 예배하여/ 사문이 되기를 애원하니,/ 부처님께서 '잘 온 비구'라고 하시며/ 곧 구족계를 받게 하시네."(時諸比丘白世尊言: "我等衆多比丘, 到時著衣持鉢, 入舍衛城乞食, 便聞拘婆羅王在宮門外, 有衆多人民攜手啼哭, 便作是說: '今境界中有大賊名鴦崛髻, 殺害人民至各取一指用作花髻, 以是故名曰鴦崛髻. 顧當降伏彼.'" 時世尊從比丘聞, 卽從坐起若鴦崛髻居三處, 世尊便往彼所. 時有衆人擔薪負草及耕田人, 有行路人詣世尊所, 語世尊言: "沙門莫從此道行. 所以然者, 此道中有鴦崛髻, 殺害人民無有慈心於衆生. 城郭村落皆爲彼人所害, 彼殺人以指作花髻, 觸嬈世尊. 諸有沙門

마치 '보살행(菩薩行)은 오무간업(五無間業)[573]을 짓지만 무간지옥(無間地獄)[574]에 들어가지는 않는다.'고 말하는 것과 같다.

그것은 현묘(玄妙)하게 통하는 무간업(無間業)이니, 중생이 무간지옥에 들어갈 오역죄(五逆罪)[575]와는 같지 않다.

人民之類從此道行者, 十人共集然後得過, 或二十人或三十人或四十人或五十人或百人或千人, 然後得過. 彼鴦崛髻從意所欲皆取食之." 時世尊遂便前行無退轉意. 時鴦崛髻遙見世尊來, 見已便作是念: '諸有人民欲來過此道者, 十人共集至, 或千人然後得過. 隨意所欲而殺害之. 然此沙門獨來無伴, 我今當取殺之.' 時鴦崛髻即拔腰劍往至世尊所, 時世尊遙見鴦崛髻來便復道還. 時鴦崛髻走逐世尊盡其力勢欲及世尊然不能及. 時鴦崛髻便作是念: '我走能逮象亦能及馬亦能及車, 亦能及暴惡牛亦能及人. 然此沙門行亦不疾. 然盡其力勢不能及.' 時鴦崛髻遙語世尊言: "住, 住, 沙門." 世尊告曰: "我久自住, 然汝不住." 時鴦崛髻便說此偈: "沙門行言住/ 謂我言不住/ 沙門說此義/ 自住我不住." 爾時世尊語鴦崛髻言: "汝聽我所說我住汝不住義?" 時便說偈言: "世尊常自住/ 一切蒙其恩./ 汝自殺害心/ 亦不避惡行." 爾時鴦崛髻便作是念: '我今作惡行耶?' 時鴦崛髻便說偈言: "於我發慈心/ 沙門說此偈./ 即時捨腰劍/ 五體歸命佛/ 頭面而禮足/ 求爲作沙門,/ 佛言來比丘/ 即受具足戒."

573) 오무간업(五無間業): 오역죄(五逆罪)를 말함. 이 5종의 악업을 지은 이는 반드시 무간지옥(無間地獄)에 떨어져 고통을 받는 까닭이다.

574) 무간지옥(無間地獄): 8열지옥(熱地獄)의 하나. 범어 아비(阿鼻)·아비지(阿鼻旨, avici)의 번역. 남섬부주 아래 2만 유순 되는 곳에 있다는 지옥. 괴로움을 받는 것이 끊임없으므로 이같이 이름한다.

575) 오역죄(五逆罪): 5무간업(無間業)이라고도 함. 불교에 대한 5종의 역적중죄. (1)소승의 5역= ①살부(殺父). ②살모(殺母). ③살아라한(殺阿羅漢). ④파화합승(破和合僧). ⑤출불신혈(出佛身血). 혹은 1과 2를 합하여 1로 하고, 다시 제5에 파갈마승(破羯磨僧)을 더하여 5로 함. (2)대승의 5역= ①탑(塔)·사(寺)를 파괴하고 경상(經像)을 불사르고, 3보의 재물을 훔침. ②삼승법(三乘法)을 비방하고 성교(聖敎)를 가볍고 천하게 여김. ③스님들을 욕하고 부려먹음. ④소승의 5역죄를 범함. ⑤인과(因果)의 도리를 믿지 않고, 악구(惡口)·사음(邪淫) 등의 10불선업(不善業)을 짓는 것.

악마에서 부처에 이르기까지 모두가 더러운 때[576]이므로 털끝만큼도 의지하거나 집착하지 말아야 한다.

이와 같은 것[577]을 일러 이승(二乘)[578]의 길이라고 하니, 하물며 논쟁을 하여 승부를 가리려 하겠는가?

'내가 잘한다. 내가 안다.'고 말하는 것을 일러 쟁론승(諍論僧)이라 일컬을 뿐, 무위승(無爲僧)이라고 일컫지는 않는다.

예컨대 지금 다만 온갖 있니 없니 하는 법들에 집착하지도 물들지도 않는다면, 일러 무생(無生)[579]이라 하고, 바른 믿음이라고 한다.

모든 법을 믿고 있으면[580] 일러 믿음이 갖추어지지 않았다 하고,[581] 또 믿음이 원만하지 못하다 하고, 또 치우친 믿음이어서 완전히 갖추어지지 못했다고 하고, 그 까닭에 일천제(一闡提)[582]라고 한다.

---

576) 구이(垢膩) : ①몸의 때. =구니(垢泥). ②더럽다. 불결하다.

577) 악마와 부처를 분별하는 것.

578) 이승(二乘) : 성문승(聲聞乘)과 연각승(緣覺乘). 소승(小乘)을 가리킴.

579) 무생(無生) : ①무생멸(無生滅) · 무생무멸(無生無滅)과 같음. 모든 법의 실상(實相)은 생멸(生滅)이 없다는 것. ②아라한 · 열반의 번역어. 다시 어리석은 중생의 생을 받지 않는다는 뜻.

580) 착(着) : ①놓지 않다. 가지다. 붙잡다. ②동사 뒤에 붙어서 지속을 나타내는 조사.

581) 개념으로 분별하여 알고 믿으므로 바른 믿음이 아니며, 믿는 대상이 따로 있으므로 바른 믿음이 아니다.

582) 일천제(一闡提) : icchantika. 일천저가(一闡底柯) · 일천제가(一闡提伽) · 일전가(一顚迦)라고도 음역하고, 줄여서 천제(闡提)라고 하며, 단선근(斷善根) · 신불구족(信不具足)이라 번역. 성불(成佛)할 성품이 없는 이를 뜻함.

敎文都總有二十一般空, 淘擇衆生塵累, 沙門持齋持戒, 忍辱柔和, 慈悲喜捨, 尋常是僧家法則, 會與麼, 宛然依佛敎, 祇是不許貪着依執, 若希望得佛得菩提等法者, 似手觸火. 文殊云: '若起佛見法見, 應當害己.' 所以文殊執劍於瞿曇, 鴦掘持刀於釋氏. 如云: '菩薩行五無間, 而不入無間地獄.' 他是玄通無間, 不同衆生五逆無間. 從波旬直至佛, 盡是垢膩, 都無纖毫依執. 如是名二乘道, 況乎諍論覓勝負? 說我能我解, 祇名諍論僧, 不名無爲僧. 祇如今但不貪染一切有無諸法, 是名無生, 是名正信. 信着一切法, 名信不具, 亦名信不圓, 亦名偏信不具, 故名一闡提.

60. 지키지도 범하지도 않는다

지금 곧장[583] 깨달아 알고자 한다면, 다만 사람과 법이 모두 사라지고, 사람과 법이 모두 끊어지고, 사람과 법이 모두 공(空)이어야 한다.

삼구(三句) 밖으로 뚫고 나가면, 이를 일러 온갖 숫자[584]에 떨어지지 않는다고 한다.

사람은 믿음이고, 법은 계율·보시·문법(聞法)[585]·지혜 등이다.

보살은 제자리를 잘 지키므로[586] 부처가 되지도 않고, 중생이 되지도 않고, 계를 지키지도 않고, 계를 범하지도 않는다.

그러므로 '지키지도 않고 범하지도 않는다.'고 한다.

如今欲得驀直悟解, 但人法俱泯, 人法俱絶, 人法俱空. 透三句外. 是名不墮諸數. 人者是信, 法者是戒施聞慧等. 菩薩忍不成佛, 忍不作衆生, 忍不持戒, 忍不破戒. 故云: '不持不犯.'

---

583) 맥직(驀直) : 곧장. 똑바로.
584) 수(數) : 24불상응행의 하나. 물(物)·심(心)의 온갖 법을 헤아려 세는 수. 곧 1·10·100 등의 분위(分位). 넓은 뜻으로 분별을 가리킴.
585) 문법(聞法) : 부처님의 가르침을 듣는 것. 설법을 듣는 것.
586) 인(忍) : 인내(忍耐)한다는 뜻. 자기의 마음에 거슬리는 일에 대하여, 진심(瞋心)을 내지 않음. 또 안인(安忍)의 뜻, 도리에 안주(安住)하여 마음을 움직이지 않는 것.

61. 상대적인 말들

지혜가 탁하면 깨끗함을 헤아려 보고, 지혜가 깨끗하면 탁함을 알아차린다.

부처의 입장에서는 비추어 보는 지혜라 하고, 보살의 입장에서는 지혜라 하고, 이승(二乘)과 중생의 입장에서는 식(識)이라 하고 또 번뇌라고 한다.

부처의 입장에서는 결과 속에서 원인을 말한다고 하고, 중생의 입장에서는 원인 속에서 결과를 말한다고 한다.[587]

부처의 입장에서는 법륜(法輪)[588]을 굴린다고 하고, 중생의 입장에서는 법륜이 구른다고 한다.[589]

보살의 입장에서는 영락장엄구(瓔珞莊嚴具)[590]라 하고, 중생의 입장에

---

587) 부처는 깨달음 속에서 망상번뇌를 말하고, 중생은 망상번뇌 속에서 깨달음을 말한다.

588) 법륜(法輪) : Dharmacakra. 부처님의 가르침인 교법(敎法)을 말함. 부처님의 교법이 중생의 번뇌망상을 없애는 것이, 마치 전륜성왕의 윤보(輪寶)가 산과 바위를 부수는 것과 같으므로 법륜이라 한다. 또 교법은 한 사람 한곳에 머물러 있지 아니하고, 늘 굴러서 여러 사람에게 이르는 것이 마치 수레바퀴와 같으므로 이렇게 이름.

589) 부처가 중생에게 능동적으로 법바퀴를 굴리니, 중생 입장에선 수동적으로 법바퀴가 구르는 것이다.

590) 영락장엄구(瓔珞莊嚴具) : 영락(瓔珞)으로 만든 장신구. 영락(瓔珞)은 주옥(珠玉)과 같은 아름다운 보석으로서, 영락장엄구는 불보살(佛菩薩)의 몸을 치장하는 데에 사용하는 장신구. 불보살의 특징을 다양하게 나타내고 그 위대함을 찬양하는 방편의 말씀을 가리킨다.

서는 오음(五陰)[591]의 수풀이라 하고, 부처의 입장에서는 본지(本地)[592]의 무명(無明)[593]이라 하니 곧 밝음 없는 밝음이다.

그러므로 말하기를 '무명이 도의 바탕이다.'고 하니, 중생의 캄캄하게 덮여 있는 무명과는 같지 않다.

智濁照清, 慧清識濁. 在佛名照慧, 在菩薩名智, 在二乘及衆生邊名識, 亦名煩惱. 在佛名果中說因, 在衆生名因中說果. 在佛名轉法輪, 在衆生名法輪轉. 在菩薩名瓔珞莊嚴具, 在衆生名五陰叢林, 在佛名本地無明, 是無明明. 故云: '無明爲道體.' 不同衆生暗蔽無明.

---

591) 오음(五陰) : 범어 panca-skandha. 오온(五蘊)이라고도 한다. 색온(色蘊), 수온(受蘊), 상온(想蘊), 행온(行蘊), 식온(識蘊)의 총칭임. 모든 경험을 가리킴.

592) 본지(本地) : 본분(本分). 본성(本性). 본심(本心). 본지풍광(本地風光)이라고도 한다.

593) 무명(無明) : 밝은 지혜가 없이 망상(妄想)의 어둠 속에 있는 것.

62. 산 말과 죽은 말

저것은 객관이고 이것은 주관이며, 저것은 들리는 것이고 이것은 듣는 것이다.

같지도 않고 다르지도 않으며, 끊어져 사라지지도 않고 변함없이 한결같지도 않으며, 오지도 않고 가지도 않는다면, 이것은 살아 있는 말이고 상식을 벗어난[594] 말이다. 밝지도 않고 어둡지도 않고 부처도 아니고 중생도 아니라는 등이 모두 이와 같은 말이다.

간다 · 온다 · 끊어진다 · 이어진다 · 부처 · 중생 등은 죽은 말이다.

두루하다 · 두루하지 않다 · 같다 · 다르다 · 끊어진다 · 이어진다 등은 외도(外道)라는 뜻이다.

彼是所, 此是能, 彼是所聞, 此是能聞. 不一不異, 不斷不常, 不來不去, 是生語句, 是出轍語句. 不明不暗, 不佛不衆生, 總與麼也. 來去, 斷常, 佛與衆生, 是死語. 遍不遍, 同異, 斷常等, 是外道義.

---

594) 출철(出轍) : 상규(常規)를 벗어나다. 관습이나 관례나 상식을 벗어나다.

63. 외도

반야바라밀(般若波羅蜜)⁵⁹⁵⁾은 자기의 불성(佛性)이다.

또 마하연(摩訶衍)⁵⁹⁶⁾이라고도 하는데, 마하(摩訶)는 크다는 뜻이고, 연(衍)은 수레라는 뜻이다.

만약 자기의 지각(知覺)⁵⁹⁷⁾을 지키고 있다면⁵⁹⁸⁾ 다시 자연외도(自然外道)⁵⁹⁹⁾가 되니 지킬 필요가 없다.⁶⁰⁰⁾

지금 거울처럼 깨어 있으면 따로 부처를 구할 필요가 없다. 만약 또 따로 구한다면 다시 인연외도(因緣外道)에 속한다.

般若波羅蜜, 是自己佛性. 亦云摩訶衍, 摩訶是大義, 衍是乘義. 若守住自己知覺, 又成自然外道, 不用守. 如今鑑覺, 不用別求佛. 若更別求, 又屬因緣外道.

---

595) 반야바라밀(般若波羅蜜) : Prajnaparamita의 음역. 반야바라밀다(般若波羅蜜多)라 음역. 지도(智度)·도피안(到彼岸)이라 번역. 6바라밀의 하나. 반야는 실상(實相)을 비춰 보는 지혜로서, 나고 죽는 이 언덕을 건너 열반의 저 언덕에 이르는 배나 뗏목과 같으므로 바라밀다라 한다.

596) 마하연(摩訶衍) : maha-yana의 음역. 대승(大乘)이라 번역.

597) 지각(知覺) : 느끼다. 알다. 알아차리다.

598) 수주(守住) : 단단히 지키다.

599) 자연외도(自然外道) : 만물이 자연에서 저절로 생긴다고 주장하는 학파. 주재자(主宰者)나 자유의지(自由意志)를 부정함.

600) 불용(不用) : ①-할 필요 없다. ②-하지 마라.

64. 얽매임 밖의 사람

이땅의 초조(初祖)[601]께선 말씀하시길 '마음에 옳은 것이 있으면 반드시 그른 것도 있다.'고 하셨다.

만약 한 물건이라도 귀하게 여기면 그 한 물건에 정신을 빼앗기고,[602] 만약 한 물건이라도 소중하게 여기면 그 한 물건에 정신을 빼앗긴다.

믿으면 믿음에 정신을 빼앗기고, 믿지 않으면 불법을 비방(誹謗)하게 된다. 귀하게도 여기지도 말고 귀하지 않다고 여기지도 마라. 믿지도 말고 믿지 아니하지도 마라.

부처는 또한 무위(無爲)[603]가 아니다. 비록 무위가 아니지만, 또한 어둠[604]도 아니니, 마치 허공과 같다.

부처는 마음이 큰 중생이니, 거울처럼 깨어 있음이 많다. 거울처럼 깨어 있음이 비록 많으나, 그의 거울처럼 깨어 있음은 깨끗하여 탐내고 화내는 귀신이 침범하지 못한다.

---

601) 중국 선종(禪宗)의 초조 보리달마(菩提達磨)를 가리킨다.

602) 혹(惑) : 현혹(眩惑)시키다. 정신을 빼앗다. 갈팡질팡하게 하다.

603) 무위(無爲) : asaṃskṛta. 모든 법의 진실체를 말함. 위(爲)는 위작(爲作)·조작(造作)의 뜻. 곧 분별로 위작·조작을 하지 않아 생·주·이·멸 4상(相)의 변천이 없는 진리를 말한다. 열반(涅槃)·법성(法性)·실상(實相) 등은 무위의 다른 이름이다.

604) 명막(冥寞) : =명막(冥漠), 명막(冥莫). ①어둡다. 어둠. ②저승.

부처는 얽매임[605] 밖의 사람이니, 털끝만큼의 애욕이나 집착도 없고
또 애욕이 없고 집착이 없다는 생각도 없다. 이것을 일러 육도만행(六
度萬行)[606]을 다 갖추었다고 한다.

만약 장엄의 도구가 필요하다면 여러 가지가 모두 있고, 필요하지
않다면 그는 쓰지도 않고 또 잃지도 않는다.[607]

그는 원인과 결과, 공덕과 지혜[608]를 자유롭게 쓸 수 있는데,[609] 이것
은 수행(修行)이지 수고로운 일을 하여[610] 무거운 짐을 짊어지는 것은
아니다.

---

605) 전(纏) : 얽어매어 묶는 줄을 뜻함. 번뇌의 다른 이름. 번뇌는 사람의 몸과 마음을 얽
    어매어 자유롭지 못하게 하는 것이므로 전(纏)이라 함. 8전・10전 등의 구별이 있다. 무
    참(無慚: 스스로에 대한 부끄러움이 없는 것)・무괴(無愧: 다른 것에 대한 부끄러움이 없는
    것)・질(嫉: 시샘하는 것)・간(慳: 인색한 것)・회(悔: 자기의 행위를 후회하는 것)・면(眠:
    잠들어 있는 것)・도거(掉擧: 마음이 시끄러운 것)・혼침(昏沈: 마음이 어둠 속에 가라앉아
    있는 것)을 팔전(八纏)이라 하고, 여기에 분(忿: 분노하는 것)・복(覆: 어리석음으로 뒤덮여
    있는 것)을 더하여 십전(十纏)이라 한다.

606) 육도만행(六度萬行) : 보시(布施)・지계(持戒)・인욕(忍辱)・정진(精進)・선정(禪
    定)・지혜(智慧)의 육도(六度; 육바라밀)는 모든 선행(善行)의 근본이기 때문에 넓게 말하
    면 만행(萬行)이 됨을 가리킴.

607) 마음을 나타내기 위한 다양한 방편이 필요하면 얼마든지 다양한 방편을 통하여 마음을
    나타내지만, 마음을 나타낼 필요가 없을 때에는 마음은 있는 것도 아니고 없는 것도 아니
    다.

608) 복지(福智) : 복혜(福慧)라고도 함. 복덕과 지혜. 공덕(功德)과 지혜.

609) 사득(使得) : ①쓸 수 있다. ②쓸 만하다. 알맞다. 합당하다. 적절하다. ③(의도, 계획,
    사물이)-한 결과를 낳다. -하게 하다.

610) 집로(執勞) : 수고로운 일을 하다.

그러나 수행이라고 부른다면 도리어 이와 같지[611] 않다.

此土初祖云: '心有所是, 必有所非.' 若貴一物, 則被一物惑, 若重一物, 則被一物惑. 信被信惑, 不信又成謗. 莫貴莫不貴. 莫信莫不信. 佛亦不是無爲. 雖不是無爲, 又不是冥寞, 猶如虛空. 佛是大心衆生, 鑑覺多. 鑑覺雖多, 他鑑覺淸淨, 貪瞋鬼捉他不着. 佛是纏外人, 無纖毫愛取, 亦無無愛取知解. 是名具足六度萬行. 若要莊嚴具, 種種皆有, 如不要, 他不用亦不失. 他使得因果福智自由, 是修行, 非是執勞負重. 喚作修行, 卻不與麼.

---

611) 여마(與麼): 여마(與磨), 여마(與摩), 임마(恁麼)라고도 쓴다. 문어(文語)의 여시(如是), 여차(如此)와 같은 뜻이다.

65. 삼신불

삼신(三身)[612]은 하나의 몸이다.

삼신 가운데 첫 번째는 법신(法身)으로서 실상(實相)의 부처님이다.

법신의 부처님은 밝지도 않고 어둡지도 않다.

밝음과 어둠은 환상(幻相)에 속한다.

실상은 헛됨에 대응하여 붙인 이름이고, 본래는 어떤 이름도 없다.

마치 '불신(佛身)은 무위(無爲)로서 헤아릴 수 있는 어떤 숫자에도 떨어지지 않는다.'[613]고 말하는 것과 같다.

부처가 된다거나 보개(寶蓋)[614]를 바친다는 등은 한 되 한 홉을 짊어지는 말이니, 더러움으로부터 깨끗함을 판별하기를 바라서 얻은 이름

---

612) 삼신(三身) : 불신(佛身)을 그 성질상으로 보아 셋으로 나눈 것. 법신(法身) · 보신(報身) · 응신(應身). ①법신. 법은 영겁토록 변치 않는 삼라만상의 본체, 신은 모여 있다는 뜻. 본체에 인격적 의미를 붙여 법신이라 하니, 빛깔도 형상도 없는 이치인 부처. ②보신. 인(因)에 따라서 나타난 불신. 아미타불과 같음. 곧 보살위(菩薩位)의 어려운 수행을 견디고, 정진 노력한 결과로 얻은 영구성이 있는 유형(有形)의 불신. ③응신. 보신불을 보지 못하는 이를 제도하기 위하여 나타나는 불신. 역사적 존재를 인정하는 석가모니와 같음. 응신을 화신(化身)이라고도 함.

613) 『불설대승보살장정법경(佛說大乘菩薩藏正法經)』 제7권 「여래불사의품(如來不思議品) 제4-1」에 나오는 구절.

614) 보개(寶蓋) : 보물인 덮개. 우산(雨傘)이나 일산(日傘)의 미칭(美稱). 천개(天蓋)라고도 한다. 원래 인도에서 햇볕을 피하기 위한 비단 일산이었으나, 불상(佛像) 위에 덮는 덮개를 가리킨다.

이다.

그러므로 말한다.

'실상(實相)의 법신불(法身佛)은 청정법신(淸淨法身)이라 일컫기도 하고, 비로자나불(毘盧遮那佛)[615]이라 일컫기도 하고, 허공법신불(虛空法身佛)이라 일컫기도 하고, 대원경지(大圓鏡智)[616]라 일컫기도 하고, 제팔식

---

615) 비로자나불(毘盧遮那佛) : 법신불(法身佛). 범어로는 바이로차나(Vairocana)이며 비로자나불이라고 음역하고, 최고현광안장(最高顯廣眼藏)·변조왕여래(遍照王如來)·광명변조(光明遍照)·변일체처(遍一切處)·대일변조(大日遍照) 등으로 의역한다. 비로자나불을 변일체처·광명변조·변조 등으로 번역하는 것은 이 부처님의 신광(身光) 또는 지광(智光)이 이사무애(理事無碍)의 법계에 두루 원명(圓明)함을 의미한다.

616) 대원경지(大圓鏡智) : 유식설(唯識說)에서 말하는 사지(四智)의 하나. 거울과 같은 지혜이다. 아뢰야식 안에서 모든 오염이 제거되어, 마음이 티끌 하나 없이 깨끗한 거울처럼 된 상태. 깨끗한 거울에 삼라만상이 왜곡됨 없이 비추어지는 것처럼, 대원경지에서는 공간적으로 시간적으로 삼라만상이 늘 주관과 객관의 분리 없이 있는 그대로 나타난다. 이것이 진여법계(眞如法界)와 하나가 된 지혜이다.

617) 제팔식(第八識) : alaya vijnana. 아뢰야식(阿賴耶識)이라 음역. 유식(唯識)에서 뢰야연기(賴耶緣起)의 근본이 되는 식. 진제(眞諦) 등은 무몰식(無沒識)이라 번역하고, 현장(玄奘)은 장식(藏識)이라 번역. 앞의 것은 아(阿)를 짧은 음으로 읽어 아는 무(無), 뢰야는 멸진(滅盡)·몰실(沒失)이라 번역하여 멸진·몰실하지 않는 식이라 한 것이고, 뒤의 것은 아를 긴 음으로 읽어 가(家)·주소(住所)·저장소(貯藏所)의 뜻이 있으므로 장식이라 한 것임. 『성유식론』제2에 의하면, 장(藏)에 세 가지 뜻을 들었으니, ①능장(能藏)은 만유를 내는 친인(親因)인 종자를 저장해 두는 식이란 뜻이고, ②소장(所藏)은 8식 중 다른 7식에 의하여 염법(染法)의 종자를 훈습하여 저장한 식이란 뜻이고, ③집장(執藏). 제8식은 오랜 옛날부터 없어지지 않고 상주하므로 자아(自我)인 듯이 제7식에게 집착하는 식이란 뜻이다. 그러나 이 가운데서 주로 집장의 의미로 장식이라 하므로 아애집(我愛執)이 일어나지 않을 때에 이르면 아뢰야란 이름이 없어진다.

(第八識)⁶¹⁷⁾이라 일컫기도 하고, 성종(性宗)⁶¹⁸⁾이라 일컫기도 하고, 공종
(空宗)⁶¹⁹⁾이라 일컫기도 하고, 부처님은 깨끗하지도 않고 더럽지도 않
은 땅에 머문다고 하기도 하고, 굴속에 있는 사자⁶²⁰⁾라 하기도 하고, 금
강후득지(金剛後得智)⁶²¹⁾라 하기도 하고, 무구단(無垢檀)⁶²²⁾이라 하기도 하
고, 제일의공(第一義空)⁶²³⁾이라 하기도 하고, 현지(玄旨)⁶²⁴⁾라 하기도 한
다.'

---

618) 성종(性宗) : ↔상종(相宗). 차별되는 현상세계를 초월하여, 삼라만상의 진실한 본성
  (本性)을 말하는 종지(宗旨). 삼론종(三論宗), 화엄종(華嚴宗) 등.

619) 공종(空宗) : 삼라만상은 모두 실제로 있는 것이라고 고집하는 그릇된 소견을 물리치
  고 교화하기 위하여 온갖 것이 모두 공(空)하다는 교리를 종지(宗旨)로 한 종파(宗派). 성
  실종(成實宗), 삼론종(三論宗) 따위가 여기에 속한다.

620) 굴속에 있는 사자란, 모든 짐승의 왕인 사자가 굴 밖으로 나와서 그 위세를 뽐내지 않
  고 굴속에 고요히 머물러 있음을 가리킨다.

621) 금강후득지(金剛後得智) : 금강석 같은 후득지. 금강(金剛) 즉 금강석(金剛石)은 굳고
  예리한 두 가지 덕을 가지고 있으므로, 불멸의 진여(眞如)를 가리키는 비유의 말. 후득지
  (後得智)는 본래 가지고 있는 근본지(根本智)와 상대어로서 근본지에 의하여 진리를 깨달
  은 뒤에, 다시 분별하는 얕은 지혜를 일으켜 의타기성(依他起性)의 속사(俗事)를 아는 지
  혜. 후득지가 금강석처럼 예리하고 단단하다는 뜻.

622) 무구단(無垢檀) : 더러움이 없는 깨끗한 보시. 무주상보시(無住相布施)와 같음. 단(檀)
  은 범어 단나(dana)의 음역으로 보시(布施)라는 뜻.

623) 제일의공(第一義空) : paramartha. 18공(空)의 하나. 진실공(眞實空)·진경공(眞境空)
  이라고도 함. 대승의 열반. 대승에서는 법계의 제1원리인 열반은 소승에서 말하는 편진단
  공(偏眞但空)이 아니고, 공한 것까지도 공한 중도실상(中道實相)의 공이므로 제일의공이
  라 함.

624) 현지(玄旨) : 말로써 설명할 수 없고 헤아릴 수 없는 현묘한 뜻. 마음을 가리킨다. 『임
  제록』에 이런 구절이 있다. "스님들이여! 붙잡았으면 곧장 쓸 뿐, 다시 이름을 붙일 필요는
  없으니, 그것을 일러 현지(玄旨)라고 한다."(道流! 把得便用, 更不着名字, 號之爲玄旨.)

삼조(三祖)가 말했다.

'현지(玄旨)를 알지 못하니, 헛되이 생각을 고요히 쉬려 애쓴다.'[625]

두 번째는 보신불(報身佛)인데, 보리수(菩提樹)[626] 밑에서 깨달은 부처[627]이니, 또 환화불(幻化佛)[628]이라 하기도 하고, 상호불(相好佛)[629]이라 하기도 하고, 응신불(應身佛)[630]이라 하기도 하고, 원만보신노사나불(圓滿報身盧舍那佛)[631]이라 일컫는 것이며, 평등성지(平等性智)[632]라 하기도 하

---

625) 삼조승찬(三祖僧璨)이 지은 『신심명(信心銘)』에 나오는 구절.

626) 보리수(菩提樹) : bodhidruma, bodhivriksha. 도수(道樹) · 각수(覺樹)라 번역. 도장수(道場樹)라고도 한다. 석가모니 부처님이 정각(正覺)을 이루시던 곳을 덮었던 나무.

627) 석가모니(釋迦牟尼)를 가리킨다.

628) 환화불(幻化佛) : 환상으로 변화하여 나타난 부처.

629) 상호불(相好佛) : 상호(相好) 즉 32상 80종호라는 모습을 가지고 있는 부처.

630) 응신불(應身佛) : 중생을 제도(濟度)하기 위하여 때와 장소에 응하여 여러 가지로 몸을 나타내는 부처님. 화신불(化身佛)과 같음.

631) 노사나불(盧舍那佛) : 정만불(淨滿佛)이라고 한역하며 보신불(報身佛)로서 3혹(惑)을 일시에 다하여 묘각(妙覺)의 지위에 있는 부처님이다.

632) 평등성지(平等性智) : 유식설(唯識說) 사지(四智)의 하나. 모든 차별되는 법계의 평등한 본성을 보는 지혜. 제7말라식은 아견(我見) · 아애(我愛) · 아만(我慢) · 아치(我癡) 등의 심소(心所)를 지녀 자아 중심으로 차별하고 아집으로 가득 찬 것이지만, 이 말라식에서 근원 적인 자아(自我)가 없어져서 자기와 남, 안과 밖이 평등하게 되는 지혜이다. 또한 열반과 생사윤회의 본성이 동일함이 드러나므로, 생사윤회와 열반이 같게 된다. 그리하여 대자비(大慈悲)를 일으켜 중생을 구제하는 활동을 하게 된다.

633) 제칠식(第七識) : 말나식(末那識; manas). 8식의 하나. 8식이 모두 사량(思量)하는 작용이 있으나, 이 식은 특별히 항(恒)과 심(審)의 두 가지 뜻을 함께 가지고 있어, 다른 7식보다 나은 것이므로 말나(末那; 意)라 한다. 제8식에 근거하여 제8식의 견분(見分)을 반연하며, 그것으로써 자내아(自內我)라고 사량집착하며, 모든 미망(迷妄)의 근본이 되는 식(識). 제7식과 상응(相應)하는 것은 아치(我癡) · 아견(我見) · 아만(我慢) · 아애(我愛)의

고, 제칠식(第七識)⁶³³⁾이라 하기도 하고, 수인답과불(酬因答果佛)⁶³⁴⁾이라 하기도 하니, 52선나(禪那)⁶³⁵⁾의 숫자와 같고, 아라한(阿羅漢)⁶³⁶⁾과 같고, 벽지불(僻支佛)⁶³⁷⁾과 같고, 모든 보살과 같고, 생멸(生滅) 등의 고통은 받으나 중생이 업에 매여 있는 등의 고통과는 같지 않다.

세 번째는 화신불(化身佛)인데, 예컨대 지금 있니 없니 하는 온갖 법에 물들지 않고 물들지 않음도 없고 사구(四句)⁶³⁸⁾의 밖으로 벗어나 판단력과 말재주를 가지고 있다면 화신불이라고 일컬으니, 천백억화신석가모니불(千百億化身釋迦牟尼佛)이라고 일컫는 것이며, 또 대신변(大神變)⁶³⁹⁾이라고도 일컫고, 유희신통(遊戲神通)⁶⁴⁰⁾이라고도 일컫고, 묘관찰

4번뇌, 5변행(遍行) · 별경(別境)의 혜(慧) · 대수혹(大隨惑)의 8이다.

634) 수인답과불(酬因答果佛) : 원인에 따라서 결과를 나타내는 부처.

635) 선나(禪那) : dhyana. 6바라밀의 하나인 선정(禪定). 타연나(駄衍那)라고도 쓰며, 선(禪)이라 약칭. 정려(靜慮) · 사유수(思惟修) · 정(定)이라 번역. 진정한 이치를 사유(思惟)하고, 생각을 안정케 하여 산란치 않게 하는 작용.

636) 아라한(阿羅漢) : arhan. 소승의 교법을 수행하는 성문(聲聞) 4과의 가장 윗자리. 응공(應供) · 살적(殺賊) · 불생(不生) · 이악(離惡)이라 번역.

637) 벽지불(僻支佛) : pratyekabuddha. 연각(緣覺) · 독각(獨覺)이라 번역. 꽃이 피고 잎이 지는 등의 외연(外緣)에 의하여 스승 없이 혼자 깨닫는 이. 혹은 십이인연법(十二因緣法)을 통찰하여 깨달음을 얻은 이. =연각(緣覺).

638) 사구(四句) : 분별이 나타나는 4가지 형태. ①A이다, ②A가 아니다, ③A이기도 하고 A가 아니기도 하다, ④A도 아니고 A 아닌 것도 아니다. 분별은 기본적으로 이 4가지 형태를 따라 이루어진다. 그러므로 사구(四句)란 곧 분별을 가리킨다.

639) 대신변(大神變) : 매우 신령스럽게 변화한다.

640) 유희신통(遊戲神通) : 신통(神通)을 자유자재하게 가지고 논다.

지(妙觀察智)⁶⁴¹⁾라고도 일컫고, 제육식(第六識)⁶⁴²⁾이라고도 일컫는다.

三身一體. 三身, 一者法身實相佛. 法身佛, 不明不暗. 明暗屬幻化. 實相由對虛得名, 本無一切名目. 如云: '佛身無爲, 不墮諸數.' 成佛獻蓋等, 是升合擔語, 要從濁辨淸得名. 故云: '實相法身佛, 是名淸淨法身, 毗盧遮那佛, 亦名虛空法身佛, 亦名大圓鏡智, 亦名第八識, 亦名性宗, 亦名空宗, 亦名佛居不淨不穢土, 亦名在窟師子, 亦名金剛後得智, 亦名無垢檀, 亦名第一義空, 亦名玄旨.' 三祖云: '不識玄旨, 徒勞念靜.'

二報身佛, 菩提樹下佛, 亦名幻化佛, 亦名相好佛, 亦名應身佛, 是名圓滿報身盧舍那佛, 亦名平等性智, 亦名第七識, 亦名酬因答果佛, 同五十二禪那數, 同阿羅漢·辟支佛, 同一切菩薩等, 同受生滅等苦, 不同衆生繫業等苦.

三化身佛, 祇如今於一切有無諸法都無貪染, 亦無無染, 離四句外, 所有言說辨才名化身佛, 是名千百億化身釋迦牟尼佛, 亦名大神變, 亦名遊戲神通, 亦名妙觀察智, 亦名第六識.

---

641) 묘관찰지(妙觀察智) : 유식설(唯識說) 사지(四智)의 하나. 법의 본성을 묘하게 관찰하는 지혜. 제6의식이 바뀌어 이루어지는 지혜. 의식에서 이것·저것이라는 분별이 바뀌어 이것이 곧 저것이고 저것이 곧 이것이라는 불이(不二)의 법성(法性)을 관찰한다. 묘(妙) 즉 불가사의(不可思議)한 자재(自在)의 힘을 가지고 교묘하게 법을 말하여 중생들의 여러 가지 의심을 끊게 한다.

642) 제육식(第六識) : 의식(意識). 의식은 안식(眼識)·이식(耳食) 등의 6식 가운데 여섯 번째이므로 제6식.

66. 공양

공양(供養)이란 몸으로 짓는 업(業)·입으로 짓는 업·의식으로 짓는 업 등 삼업(三業)[643]을 깨끗하게 하는 것이다.

과거[644]에 끊어야 할 번뇌가 없고, 현재에 지켜야 할 자성(自性)이 없고, 미래에 이루어야 할 부처가 없는 것이 곧 과거·현재·미래를 끊는 것이고, 삼업을 깨끗하게 하는 것이고, 주는 이·받는 이·주는 물건 등 삼륜(三輪)[645]이 공(空)인 것이고, 삼단(三檀)[646]이 공(空)인 것이다.

그러니 어떻게 비구가 부처님께 공양을 드리겠는가?[647]

供養者, 淨三業. 前際無煩惱可斷, 中際無自性可守, 後際無佛可成, 是三際斷, 是三業清淨, 是三輪空, 是三檀空. 云何比丘給侍於佛?

643) 삼업(三業) : 신업(身業)·구업(口業)·의업(意業). 곧 신체의 동작·언어·의지(意志)의 작용에 의한 업(業).

644) 전제(前際) : 과거. 과거·현재·미래 삼세(三世)를 전제(前際)·중제(中際)·후제(後際) 삼제(三際)라 한다.

645) 삼륜(三輪) : 시(施)·수(受)·시물(施物)을 일컬음. 보시행을 함에 베푸는 이, 받는 이, 베푸는 물품의 셋.

646) 삼단(三檀) : =삼시(三施). 남에게 주는 세 가지. (1) ①재시(財施). 자기의 재물을 줌. ②법시(法施). 교법을 말해 주어 깨닫게 함. ③무외시(無畏施). 죽음에 대한 두려움을 없애게 함. (2) ①음식시(飮食施). 굶주린 이에게 먹을 것을 줌. ②진보시(珍寶施). 가난한 이에게 재물을 줌. ③신명시(身命施). 굶주린 이에게 살을 떼어 주거나, 또는 온몸을 다 주는 것.

647) 급시(給侍) : 모시다. 시중 들다. 보살펴 주다. 공양을 드리다.

67. 부처에겐 눈이 없다

이른바 육근(六根)으로 새어 나가지 않는다[648]는 것은, 또한 공(空)을 장식함에 온갖 새어 나가는 숲이 없음을 일컫고, 공을 장식함에 온갖 오염된 꽃과 열매가 없음을 일컫고, 공을 장식함에 의지하는[649] 부처의 눈이 없음을 일컫는다.

수행하는 사람이 법을 보는 눈으로 깨끗함과 더러움을 판별하면서도 또한 깨끗함과 더러움을 판별한다는 알음알이를 짓지 않는다면, 이를 일러 눈이 없다고 한다.

『보적경(寶積經)』에서 말했다.

'법신(法身)[650]은 보고·듣고·느끼고·아는 것으로써 구할 수 없다. 육안(肉眼)으로 보는 것이 아니니 색깔이 없기 때문이고, 천안(天眼)[651]으로 보는 것이 아니니 망상(妄相)이 없기 때문이고, 혜안(慧眼)으로 보는 것이 아니니 모습을 떠났기 때문이고, 법안(法眼)으로 보는 것이 아니니 모든 행위를 벗어났기 때문이고, 불안(佛眼)으로 보는 것이 아니

---

648) 무루(無漏)를 가리킨다.

649) 약(約) : ①가로막다. 단절시키다. ②의거하다. 근거하다.

650) 법신(法身) : dharma-kaya. 3신(身)의 하나. 법은 진여(眞如), 법계의 이(理)와 일치한 부처님의 진신(眞身). 빛깔도 형상도 없는 본체신(本體身). 대승(大乘)에서는 사람의 마음을 우주의 본체요 진여실상(眞如實相)인 법신이라고 한다.

651) 천안(天眼) : 오안(五眼)의 하나. 선정(禪定)을 닦아서 얻게 되는 눈. 미세한 사물까지도 멀리 또 널리 볼 수 있으며, 미래의 일도 미리 알 수 있다고 함.

니 모든 의식(意識)을 떠났기 때문이다.⁶⁵²⁾

만약 이렇게 하지 않고 본다면, 일러 부처가 본다고 한다.

所謂不漏六根者, 亦名莊嚴空無諸漏林樹, 莊嚴空無諸染花果, 莊嚴空無佛眼約. 修行人, 法眼辨淸濁, 亦不作辨淸濁知解, 是名乃至無眼. 『寶積經』云: '法身不可以見聞覺知求. 非肉眼所見, 以無色故, 非天眼所見, 以無妄故, 非慧眼所見, 以離相故, 非法眼所見, 以離諸行故, 非佛眼所見, 以離諸識故.' 若不作如是見, 是名佛見.

---

652) 『대보적경(大寶積經)』 제99권 「무외덕보살회(無畏德菩薩會)」 제32」에 나오는 구절.

68. 색과 공

색(色)과 같으나 모습의 색이 아닌 것을 일러 참된 색이라 하고, 공
(空)과 같으나 허공이 아닌 것을 일러 참된 공이라 한다.

색과 공은 역시 병을 약으로 치료하는 방편의 말이다.

『법계관(法界觀)』에서 말했다.

'색을 만난다고 말할 수 없으니 색을 만나는 것이 아니고, 공을 만난
다고 말할 수 없으니 공을 만나는 것이 아니다.'[653]

同色非形色, 名眞色, 同空非太虛, 名眞空, 色空亦是藥病相治語. 『法界觀』云: '不可
言卽色不卽色, 亦不可言卽空不卽空.'

---

653) 청량징관(淸涼澄觀)이 쓴 『대방광불화엄경수소연의초(大方廣佛華嚴經隨疏演義鈔)』 제
10권에 나오는 구절. 규봉종밀(圭峰宗密)이 쓴 『주화엄법계관문(注華嚴法界觀門)』에는 동
일한 취지의 내용은 있으나 동일한 구절은 없다.

69. 만들어지지 않은 계율

눈·귀·코·혀·몸·의식이 있니 없니 하는 어떤 법도 받아들이지 않는 것을 일러 제칠지(第七地)⁶⁵⁴⁾로 돌아 들어간다고 한다.

칠지보살(七地菩薩)은 불퇴전(不退轉)의 지위에 있고, 칠지 위의 세 개 지위⁶⁵⁵⁾의 보살은 마음이 밝고 깨끗하여 쉽게 오염되니 말을 하기만 하면 곧 오염된다.

색계(色界)보다 위⁶⁵⁶⁾의 수행자에게는 베푸는 것이 병이고 아끼는 것

---

654) 제칠지(第七地) : 『화엄경』「십지품(十地品)」에 설해져 있는 보살수행의 52위 가운데서 제47위. 제칠지는 원행지(遠行地)라고 하는데, 수혹(修惑)을 끊고 큰 자비심을 일으켜 소승인 이승(二乘)의 깨달음을 벗어나 광대무변한 진리 세계에 이르는 지위라고 한다. 수혹(修惑)이란 사혹(思惑)이라고도 하는데, 낱낱 사물의 진상을 알지 못하므로 일어나는 번뇌이니, 정(情)·의(意)에 관한 것이어서, 이를 끊기는 쉽지 않고, 오랜 시간에 걸쳐 이를 알고 끊어야 한다고 한다.

655) 십지(十地)에서 마지막 세 지위는 다음 셋이다. 여덟 번째 부동지(不動地) : 수혹(修惑)을 끊고 이미 온전한 진여(眞如)를 얻었으므로 다시는 동요되지 않는 지위. 아홉 번째 선혜지(善慧地) : 수혹을 끊어 부처님의 10力을 얻고 여러 근기(根機)에 대하여 교화(教化)의 가부(可否)를 알아 오묘하게 설법하는 지위. 열 번째 법운지(法雲地) : 수혹을 끊고 끝없는 공덕을 구비하고서 사람을 이롭게 하는 일을 행하여 대자(大慈)의 구름이 되는 지위.

656) 삼계(三界)에서 색계보다 위는 곧 무색계(無色界)이다. 무색계는 욕망도 물질적 조건도 초월하고 순수한 정신만을 지닌 수행자의 세계이다. 무색계에는 물질인 색(色)은 없고, 수(受)·상(想)·행(行)·식(識)의 4온(蘊)만 있는데, 여기에는 공무변처(空無邊處)·식무변처(識無邊處)·무소유처(無所有處)·비상비비상처(非想非非想處)의 넷이 있다. 공무변처는 물질인 이 육신을 싫어하고 가없는 허공의 막힘 없음을 기뻐하는 곳이다.

이 약이며,[657] 색계보다 아래[658]의 수행자에게는 아끼는 것이 병이고 베푸는 것이 약이다.[659]

만들어진[660] 계율은 세간법(世間法)을 끊어 버리는 것이니, 단지 몸과 손으로 짓는 허물이 없는 것만이 아니다.

만들어지지 않은 계율은 드러나지 않는 계율이라고도 하고 무루(無漏)[661]의 계율이라고도 하는데, 마음을 움직이고 생각을 일으키기만 하

식무변처는 가없는 공(空)을 싫어하여 마음을 돌려 식(識)과 반응하며, 식과 서로 대응하여 마음이 고정되어 과거·현재·미래의 식이 다 나타나는 곳이다. 무소유처는 공을 싫어하여 식에 반연했으나, 과거·현재·미래에 늘 반연하는 식(識)은 실제로 있는 것이 아님을 아는 곳이다. 비상비비상처는 비유상비무상처(非有想非無想處)라고도 하는데, 3계(界)의 맨 위에 있어서 그 아래의 세계와 같은 거친 생각이 없으므로 비상(非想) 또는 비유상(非有想)이지만, 세밀한 생각은 없지 아니하므로 비비상(非非想) 또는 비무상(非無想)이며, 거친 생각이 없는 비유상이므로 외도들은 참된 열반(涅槃)이라 하지만 미세한 생각은 있는 비무상이므로 불교에서는 중생심이라 한다.

657) 베푸는 것은 버리는 것이고, 아끼는 것은 가지고 있는 것이다. 무색계(無色界)는 욕망도 육체도 사라진 허공과 같은 순수 정신세계이니, 베풀 것이 없는데 베풀려고 하면 도리어 망상이 일어나므로 병이 되고, 허공과 같은 순수 정신세계를 잘 유지하는 것이 약이 된다.

658) 삼계에서 색계보다 아래는 곧 욕계(欲界)와 색계(色界) 둘이다. 욕계는 욕망에 사로잡힌 중생이 거주하는 세계로, 천(天)·인간(人間)·축생(畜生)·아귀(餓鬼)·지옥(地獄)·아수라(阿修羅) 등의 육도(六道)가 포함된다. 색계는 욕망은 초월하였지만 물질적 조건〔色〕에 사로잡힌 수행자의 세계이다.

659) 욕계와 색계에서는 욕망과 육체에 얽매여 있으므로, 욕망과 육체에 집착하여 가지고 있는 것이 병이 되고, 욕망과 육체를 베풀어서 내버리는 것이 약이 된다.

660) 유작(有作) : ①만들어 내다. ②만들어진 것. ③인연으로 만들어진 것. =유위(有爲).

661) 무루(無漏) : ↔유루(有漏). 누(漏)는 객관 대상에 대하여 끊임없이 6근에서 허물을 누출(漏出)한다는 뜻으로 번뇌의 다른 이름. 소승에서는 번뇌를 증상(增上)하지 않음을 말

여도 모두가 계율을 어기는 것이라고 한다.

眼耳鼻舌身意, 不納一切有無諸法, 名轉入第七地. 七地菩薩不退, 七地向上三地菩薩, 心地明白易染, 說火卽燒. 從色界向上, 布施是病, 慳貪是藥, 從色界向下, 慳貪是病, 布施是藥. 有作戒者, 割斷世間法, 但不身手作無過. 無作戒, 亦云無表戒, 亦云無漏戒, 但有擧心動念, 盡名破戒.

하고, 대승에서는 번뇌와 함께 있지 아니함을 말한다. =무루지(無漏智).

70. 헤아림을 넘어선 사람

예컨대 지금 다만 온갖 있거나 없는 경계에 정신을 빼앗겨 헤매지
[662] 않고, 또 정신이 빼앗겨 헤매지 않음에 의지하여 머물지도 않고, 또
의지하여 머물지 않는다는 생각도 없다면, 일러 두루 배운다고 하고,
부지런히 명심하여 지킨다고[663] 하고, 널리 유포(流布)시킨다고 한다.

아직 깨닫지 못하고 아직 알지 못할 때를 일러 어머니라 하고, 깨달
아 밝아지면 일러 아들이라 하는데, 다시 깨달아 앎도 없다는 생각조
차도 없으면 일러 어머니와 아들이 모두 죽었다고 하니, 선(善)이라는
얽매임[664]도 없고 악(惡)이라는 얽매임도 없고 부처라는 얽매임도 없고
중생이라는 얽매임도 없고, 헤아림[665]도 그러하여 어떤 헤아림에도 얽
매임이 전혀 없다.

그러므로 말한다. '부처님은 얽매임을 벗어났고 헤아림을 넘어선 사

---

662) 혹란(惑亂) : 혼란하게 만들다. 현혹(眩惑)시키다. 정신을 빼앗아 하여야 할 바를 잊어
버리도록 만들다.

663) 호념(護念) : 명심하여 지키는 것. 모든 불·보살·하늘·귀신들이 선행을 닦는 중생
이나 수행자에 대하여 온갖 마장을 제거하여 보호하며, 깊이 기억하여 버리지 않는 것. 가
피(加被), 가지(加持)와 비슷함.

664) 전(纏) : 얽어매어 묶는 줄을 뜻함. 번뇌의 다른 이름. 번뇌는 사람의 몸과 마음을 얽어
매어 자유롭지 못하게 하는 것이므로 전(纏)이라 함.

665) 수(數) : 24불상응행(不相應行)의 하나. 물(物)·심(心)의 온갖 법을 헤아려 세는 수.
곧 1·10·100 등의 분위(分位). 넓은 뜻으로 분별을 가리킴.

람이다.'

祇如今但不被一切有無諸境惑亂, 亦不依住不惑亂, 亦無不依住知解, 是名遍學, 是
名勤護念, 是名廣流布. 未悟未解時名母, 悟了名子, 亦無無悟解知解, 是名母子俱喪,
無善纏, 無惡纏, 無佛纏, 無衆生纏, 量數亦然, 乃至都無一切量數纏. 故云: '佛是出纏
過量人.'

71. 알음알이라는 번뇌

뜻을 가진 구절을 이해하는 것을 탐내고 좋아하면, 마치 어머니가
자식을 좋아하여 다만 아이에게 연유(煉乳)를 많이 먹이기만 할 뿐 아
이가 소화를 시키는지 못 시키는지는 전혀 알지 못하는 것과 같다.

이 말은 비유하면, 십지(十地)의 보살이 사람과 하늘의 신령들이 존
귀하게 여김을 받아들이는 번뇌[666]와 같고, 색계와 무색계에 태어나는
선정(禪定)과 복락(福樂)이라는 번뇌와 같고, 하늘로 날아오르고 숨기
도 하고 나타나기도 하는 자유자재한 신통을 얻어 온 우주의 모든 불
국토에 두루 이르면서도 부처님의 설법을 듣지 못하는 번뇌와 같고,
자비희사(慈悲喜捨)[667]라는 인연을 배우는 번뇌와 같고, 공(空)·평등(平

---

666) 사람과 하늘의 신령이 존귀하게 여기는 것을 받아들인다면, 비록 십지보살이라 하더라
     도 여전히 아상(我相)과 아만(我慢)을 가지고 있는 것이니 역시 번뇌망상이다.

667) 사무량심(四無量心) : 중생을 어여삐 여기는 한량없는 네 가지 마음인 자비희사(慈悲
     喜捨). ①자무량심(慈無量心). 무진(無瞋)을 체(體)로 하고, 한량없는 중생에게 즐거움을
     주려는 마음. ②비무량심(悲無量心). 무진(無瞋)을 체(體)로 하고, 남의 고통을 벗겨 주려
     는 마음. ③희무량심(喜無量心). 희수(喜受)를 체로 하고, 다른 이로 하여금 고통을 여의
     고 즐거움을 얻게 하려는 마음. ④사무량심(捨無量心). 무탐(無貪)을 체로 하여 원(怨)·
     친(親)의 구별을 두지 않고 중생을 평등하게 보려는 마음.

等)·중도(中道)를 배우는 번뇌와 같고, 삼명(三明)[668]·육통(六通)[669]·사무애(四無礙)[670]를 배우는 번뇌와 같고, 대승의 마음으로 사홍서원(四弘誓願)[671]을 내는 것을 배우는 번뇌와 같고, 초지(初地)·이지(二地)·삼지

---

668) 삼명(三明) : 아라한의 지혜에 갖추어져 있는 자재하고 묘한 작용. 지혜가 대상경계를 밝게 아는 것을 명(明)이라 함. 6신통(神通) 중의 숙명통·천안통·누진통에 해당하는 숙명명(宿命明)·천안명(天眼明)·누진명(漏盡明). ①숙명명. 자기와 남의 지난 세상에 생활하던 상태를 아는 것. ②천안명. 자기나 다른 이의 다음 세상의 생활상태를 아는 것. ③누진명. 지금 세상의 고통을 알아 번뇌를 끊는 지혜. 부처님에 대하여는 3달(達)이라 함.

669) 육통(六通) : =육신통(六神通). 육종신통력(六種神通力)·육신통(六神通)이라고도 함. 6종의 신통력. 부사의한 공덕 작용. ①천안통(天眼通). 육안으로 볼 수 없는 것을 보는 신통. ②천이통(天耳通). 보통 귀로는 듣지 못할 음성을 듣는 신통. ③타심통(他心通). 다른 사람의 의사를 자재하게 아는 신통. ④숙명통(宿命通). 지나간 세상의 생사를 자재하게 아는 신통. ⑤신족통(神足通). 또는 여의통(如意通). 부사의하게 경계를 변하여 나타내기도 하고 마음대로 날아다니기도 하는 신통. ⑥누진통(漏盡通). 자재하게 번뇌를 끊는 힘.

670) 사무애지(四無礙智) : 사무애변(四無礙辯)·사무애해(四無礙解)라고도 함. 마음의 방면으로는 지(智) 또는 해(解)라 하고, 입의 방면으로는 변(辯)이라 함. ①법무애(法無礙)는 온갖 교법에 통달한 것. ②의무애(義無礙)는 온갖 교법의 요의(要義)를 아는 것. ③사무애(辭無礙)는 여러 가지 말을 알아 통달치 못함이 없는 것. ④요설무애(樂說無礙)는 온갖 교법을 알아 다양한 부류의 근기를 가진 중생들이 듣기 좋아하는 것을 말하는 데 자재한 것.

671) 사홍서원(四弘誓願) : 온갖 보살에게 공통한 네 가지 서원. 홍은 광홍(廣弘) 즉 드넓음, 서는 서제(誓制) 즉 맹세함이다. 보살은 이 원의 마음으로 위로는 깨달음을 구하고 아래로는 중생을 교화하려고 한다. 제불·보살의 본원(本願)에 총원(總願)·별원(別願)이 있는 중 이것은 여러 보살에 공통함으로 총원이라 함. ①중생무변서원도(衆生無邊誓願度)=고통 세계의 중생들은 그 수가 한이 없다 할지라도 다 제도하려는 서원. ②번뇌무진서원단(煩惱無盡誓願斷)=번뇌가 한이 없다 할지라도 다 끊으려는 서원. ③법문무량서원학(法門無量誓願學)=법문이 한량없이 많지만 다 배우려는 서원. ④불도무상서원성(佛道無上誓願成)=위없는 깨달음을 이루려는 서원.

(三地)·사지(四地)를 밝게 이해하는 번뇌와 같고, 오지(五地)·육지(六地)·칠지(七地)를 모두 알음알이로 보는 번뇌와 같고, 팔지(八地)·구지(九地)·십지(十地)의 보살이 이제(二諦)[672]를 모두 비추어 보는 번뇌와 같고, 나아가 부처님의 지위[673]에서 헤아릴 수 없는 온갖 좋은 행위[674]를 배우는 번뇌와 같다.

다만 뜻을 가진 구절의 알음알이를 탐낼 뿐, 그것이 도리어 얽어매는 번뇌임을 알지 못하니, 그 까닭에 '강물은 코끼리도 떠내려 보낼 수 있다.'[675]고 한 것이다."

貪愛知解義句, 如母愛子, 唯多與兒酥喫, 消與不消, 都總不知. 此語喩十地受人天尊貴煩惱, 生色界無色界禪定福樂煩惱, 不得自在神通飛騰隱顯遍至十方諸佛淨土聽

---

672) 이제(二諦) : =진속이제(眞俗二諦). 진제(眞諦)와 속제(俗諦). 제(諦)는 변치 않는 진리를 말함. 진제(眞諦)는 출세간의 진리, 속제(俗諦)는 세속의 진리. 진제는 제일의제(第一義諦)·성제(聖諦)·승의제(勝義諦)라고도 하며, 열반·진여·실상(實相)·중도(中道)·법계(法界)·진공(眞空) 등 깊고 묘한 진리를 말한다. 속제는 세속제(世俗諦)·세제(世諦)라고도 하며, 세속인들이 아는 도리, 곧 세간 일반에서 인정하는 도리.

673) 불과(佛果) : 수행한 원인이 되어 도달하는 결과인 깨달은 자 즉 부처님의 지위.

674) 만행(萬行) : ①모든 선행(善行). 모든 수행(修行). ②깨달아 안목을 갖춘 승려가 한곳에 머물지 않고 자유롭게 돌아다니며 여러 곳의 선지식들을 만나 더욱 깊이 공부하는 것.

675) 『대반열반경(大般涅槃經)』 제23권 「광명편조고귀덕왕보살품(光明遍照高貴德王菩薩品) 제10-3」에 나오는 "흐르는 강물은 코끼리도 떠내려 보낼 수 있다.(駛河能漂香象)"라는 구절을 인용한 듯하다. 흐르는 강물 즉 사하(駛河)를 왜 현하(見河)라고 바꾸었는지는 알 수 없지만, 아마도 폭포수를 가리키는 현하(懸河)가 아닌가 한다. 『열반경』의 다음 구절은 "번뇌라는 흐르는 강물도 역시 그와 같다.(煩惱駛河亦復如是)"고 하여, 흐르는 강물로써 번뇌를 비유함을 나타낸다.

法之煩惱, 學慈悲喜捨因緣煩惱, 學空平等中道煩惱, 學三明六通四無礙煩惱, 學大
乘心發四弘誓願煩惱, 初地二地三地四地明解煩惱, 五地六地七地諸知見煩惱, 八地
九地十地菩薩雙照二諦煩惱, 乃至學佛果百萬阿僧祇諸行煩惱. 唯貪義句知解, 不知
卻是繫縛煩, 故云: '見河能漂香象.'

72. 보는 데에는 둘이 없다

물었다.

"보십니까?"

답했다.

"본다."

다시 물었다.

"본 뒤에는 어떻습니까?"

답했다.

"봄에는 둘이 없다."

물었다.

"봄에 둘이 없다고 말씀하셨으나, 봄으로써 봄을 보지는 못합니다. 만약 봄이 다시 본다면, 앞의 봄이겠습니까? 뒤의 봄이겠습니까?"

백장이 말했다.

"마치 '봄을 볼 때에 봄은 봄이 아니니라. 봄은 오히려 봄을 벗어났으므로 볼 수 없느니라.'⁶⁷⁶⁾고 말하는 것과 같다."

---

676) 『능엄경』 제2권에 나온다. 이해를 돕기 위하여 인용문 앞의 내용을 보면 다음과 같다 : "밝음을 볼 때에 이 봄은 밝음이 아니고, 어둠을 볼 때에 이 봄은 어둠이 아니며, 텅 빔을 볼 때에 이 봄은 텅 빔이 아니며, 막힘을 볼 때에 이 봄은 막힘이 아니다. 이 네 가지 의미가 이루어졌으니, 너는 또 알아야 하리라. 봄을 볼 때에 봄은 봄이 아니니라. 봄은 오히려 봄을 벗어났으므로 볼 수 없느니라."(見明之時 見非是明, 見暗之時 見非是暗, 見空之時 見非

그 승려가 말했다.

"법을 보지 않고 법을 듣지 않고 법을 느끼지 않기 때문에 모든 부처님은 재빨리 수기(授記)[677]하시는 것입니다."

백장이 꾸짖으며[678] 말했다.

"보는 것이 이미 아닌데, 수기라는 말은 또 어찌[679] 기억할 필요가 있겠느냐?"[680]

問: "見否?"

是空, 見塞之時 見非是塞. 四義成就, 汝復應知. 見見之時, 見非是見. 見猶離見, 見不能及.)

677) 수기(授記) : 부처님이 불법에 귀의한 중생에게 어느 시기, 어느 국토에서 어떤 이름의 부처로 태어날 것이며, 그 수명은 얼마나 될 것이라는 것 등을 낱낱이 제시하면서, 미래세의 언젠가는 반드시 부처가 될 것이라고 알려 주는 것. 화가라(和伽羅), 화가라나(和伽羅那), 기별(記別), 수기설(授記說).

678) 난(難) : 비난하다. 힐난하다. 책망하다.

679) 하용(何用) : 어찌 −할 필요가 있겠는가? −할 필요가 없다. 무엇하는가? 어디에 쓰는가? 무슨 도움이 되는가?

680) 『조당집』 제14권 '백장화상(百丈和尙)'에 다음과 같이 비슷한 내용이 나오는데, 약간 다르다 : 백장이 법당에 올라 설법하였다. "강물이 코끼리를 떠내려 보내는 것을 본다." 어떤 승려가 곧 물었다. "스님께서 보십니까?" 백장이 말했다. "본다." 그 승려가 물었다. "보신 뒤에는 어떻습니까?" 백장이 말했다. "본 것을 보면 둘이 없다." 승려가 말했다. "본 것을 보면 둘이 없다고 하시지만, 보는 것으로 본 것을 보지는 못합니다. 만약 보는 것으로 본 것을 다시 본다면, 앞에 보는 것입니까? 뒤에 보는 것입니까?" 백장이 말했다. "본 것을 볼 때에는 본 것은 보는 것이 아니다. 본 것은 이미 보는 것에서 벗어났으므로 볼 수가 없다."(師垂語云: "見河能漂香象." 僧便問: "師見不?" 師云: "見." 僧云: "見後如何?" 師云: "見見無二." 僧云: "旣言見見無二, 不以見見於見. 若見更見, 爲前見, 爲後見?" 師云: "見見之時, 見非是見, 見猶離見, 見不能及.")

答曰: "見."

又問: "見後如何?"

答曰: "見無二.

"旣云: '見無二.' 不以見見於見. 若見更見, 爲前見是, 爲後見是?"

"如云: '見見之時, 見非是見. 見猶離見, 見不能及.'"

"所以不行見法, 不行聞法, 不行覺法, 諸佛疾與授記."

難曰: "見旣不是, 授記之言, 復何用記?"

73. 깨끗이 세탁한 옷

백장이 말했다.

"먼저 근본을 깨달은 사람은 어떤 있거나 없는 온갖 법의 모습에도 얽매이지 않으니 마치 깨끗이 세탁한 옷과 같다.

그러므로 '모습을 벗어난 이를 일러 부처라고 한다.'[681]고 말한다.

헛됨과 진실함이 전혀 있지 않고 중도(中道)의 뜻만이 홀로 그윽하다.

하나의 길에 그윽히 통달하니, 종문(宗門)의 후진들이 그 단계(段階)에 들어맞을 것이다. 그러므로 '수기한다'고 하는 것이다.

무명(無明)[682]이 아버지이고 탐냄과 좋아함이 어머니인데, 자기(自己)

---

681) 『대반야경(大般若經)』 제307권 「초분불모품(初分佛母品)」 제41-3에 "세간에서 모습을 멀리 벗어나는 것을 일러 모든 부처의 어머니라고 한다."(世間遠離相名諸佛母.)는 구절이 있고, 『사익범천소문경(思益梵天所問經)』 제3권 「논적품(論寂品)」 제8에 "만약 법이 곧 부처임을 안다면, 모습을 벗어난 것이 곧 법이다."(若知法卽是佛, 離相卽是法.)는 구절이 있고, 『심밀해탈경(深密解脫經)』 제2권 「성자공덕림보살문품(聖者功德林菩薩問品)」 제7에 "모든 법은 항상되어 변동하지 않으니, 모습을 벗어나면 일러 보살이라 한다."(諸法常不動, 離相名菩薩.)는 구절이 있다.

682) 무명(無明): 밝은 지혜가 없이 망상(妄想)의 어둠 속에 있는 것. 현상계의 모든 사물이 무상(無常)·무아(無我)임을 모르고 갈애(渴愛)를 일으켜 윤회(輪廻)·상속(相續)의 원인이 되는 것을 말한다. 그러므로 무명은 가장 근본적인 번뇌(煩惱)이다. 『대승기신론(大乘起信論)』에서는 진여법(眞如法)이 본래 평등일미(平等一味)·무차별(無差別)인 것임을 알지 못하기 때문에 망상심(妄想心)이 생기며 그것이 업(業)이라 하였다. 이 망상심을 근본무명(根本無明)이라 하며, 이 근본무명에서 파생된 것을 지말무명(枝末無明)이라 한다.

가 병이면 다시 자기를 치료하는 것이 약이고, 자기가 칼이면 다시 자기의 무명과 탐애(貪愛)라는 부모를 죽여야 한다. 그러므로 '아버지를 죽이고 어머니를 해친다.'[683]고 하는 것이니, 한마디 말이 모든 법을 종류별로 부수는 것이다.

師云: "先悟宗人, 不被一切有無諸法相拘, 如浣垢衣. 故云: '離相名佛.' 虛實盡不存, 中旨獨玄. 玄達一路, 同道後進契其階. 故云: '授記耳.' 無明爲父, 貪愛爲母, 自己是病, 還醫自己是藥, 自己是刀, 還殺自己無明貪愛父母. 故云: '殺父害母.' 一語類破一切法.

그러나 모든 존재에 불성(佛性)이 있다고 하듯이 무명과 불성은 얼음과 물의 관계처럼 일체번뇌의 근본인 무명의 실체가 그대로 청정한 불성이다.

683) 원래 아버지를 죽이고 어머니를 해치는 것은 무간지옥(無間地獄)에 떨어질 오역죄(五逆罪) 가운데 둘을 가리키는데, 여기에서는 다르게 해석하였다.

74. 때 아닌 식사

때 아닌 식사[684]를 하는 것은 또 어떤가?

예컨대 지금 단지 있니 없니 하는 모든 법들은 전부 때 아닌 식사를 하는 것이니, 또한 나쁜 음식이라고도 한다.

이것은 더러운 밥을 보배 그릇에 담아 놓는 것이니, 계(戒)를 어기는 것이고, 헛된 말이고, 아무것이나 마구 먹는 것이다.

喫非時食者, 亦復如何? 祇如今但是一切有無等法, 盡是喫非時食也, 亦名惡食. 是穢食置於寶器, 是破戒, 是妄語, 是雜食.

---

684) 비시식(非時食) : 비구가 비시(非時; 정오부터 다음 날 새벽까지)에 먹는 것. 오전 이외의 때에 식사하는 것. 오전 중을 시식(時食)으로 하는 불교 규칙에 반하여, 대낮 이후에 식사하는 것. 불비시식계(不非時食戒)를 범하는 것. (다만, 쥬스와 물은 마셔도 상관없다.) 정오 이후에는 식사를 하지 않는 것이 원시불교 이래 승원(僧院)의 규정이고, 남아시아에서는 오늘날에도 역시 엄수하고 있다.

75. 부처는 구함 없는 사람

부처는 구하지 않는 사람이다.

지금 온갖 있니 없니 법들을 탐내고 구한다면, 단지 가지고 있거나 행하는 것이 전부 (바른 법을) 등지게 되니 도리어 부처를 비방하는 것이다.

탐내고 물듦이 있기만 하면 모두 전해 주고 받는다[685]고 일컫는다.

예컨대 지금 탐내어 물들지 않을 뿐만 아니라, 또 탐내어 물들지 않는 곳에도 머물지 않고, 또한 탐내어 물들지 않음에 머물지 않는다는 의식(意識)도 없다면, 이를 일러 반야(般若)의 불이라고 한다.

이것이 손가락을 불태우는 것이고,[686] 목숨을 아끼지 않는 것이고,[687]

---

685) 수수(授手) : ①전해 주다. 전해 받다. ②항복하다. 죽음을 당하다. ③구원하다. 구원의 손길을 내밀다.

686) 『범망경(梵網經)』「노사나불설보살심지계품(盧舍那佛說菩薩心地戒品) 제10권-하」에 다음 내용이 있다 : 만약 불자(佛子)라면 응당 좋은 마음으로 먼저 대승(大乘)의 위의(威儀)와 경율(經律)을 배워 그 의미를 널리 이해하여 드러낸 뒤에, 새로 배우는 보살이 100리, 1,000리에서 대승의 경율을 구하여 찾아오면 마땅히 몸을 불태우거나 팔을 불태우거나 손가락을 불태우는 등의 모든 고행(苦行)을 여법하게 말해 주어야 한다. 만약 몸이나 팔이나 손가락을 불태워 모든 부처님에게 공양을 올리지 않는다면, 출가한 보살이 아니다.(若佛子, 應好心先學大乘威儀經律, 廣開解義味, 見後新學菩薩有從百里千里來求大乘經律, 應如法爲說一切苦行, 若燒身燒臂燒指. 若不燒身臂指供養諸佛, 非出家菩薩.)

687) 『불설법구경(佛說法句經)』「구선지식불차내외수명혐의품(求善知識不借內外壽命嫌疑品) 제10」에 이런 내용이 있다 : 만약 지혜가 있는 자라면, 선지식을 보고서 마땅히 공양하여 목숨을 아끼지 않을 것인데, 하물며 재물이나 권속이나 처자나 나라를 생각하여 아

사지(四肢)를 마디마디 자르는 것이고,[688] 세간을 벗어나는 것이고, 세계를 손바닥에 놓고 다른 세계로 옮기는[689] 것이다.

까워할 수 있겠는가?(若有智者, 見善知識應當供養不惜身命. 何況揣財眷屬妻兒及以國城如得吝惜?)

688) 『대반야바라밀다경(大般若波羅蜜多經)』 제351권 「초분다문불이품(初分多聞不二品) 제61-1」에 다음 내용이 있다 : "수보리여, 이 보살마하살은 모든 중생들 때문에 분노나 원한을 일으키지는 않는다. 가령 늘 훼방과 능욕을 당하고 가슴을 깊숙이 찌르는 나쁜 말을 듣더라도 끝내 한순간도 분노나 원한을 일으키지 않는다. 또 가령 칼·돌멩이·몽둥이·흙덩이 등의 물건이 그 몸을 쳐서 사지를 조각조각내더라도 역시 한순간도 나쁜 마음을 내지 않는다. 까닭이 무엇인가? 이 보살마하살은 모든 소리는 메아리와 같고 모든 색깔은 물거품과 같음을 관찰하기 때문이다."(善現, 是菩薩摩訶薩, 爲諸有情不起瞋恨. 假使恒被毀謗凌辱, 辛楚苦言切於心髓, 終不發起一念瞋恨. 設復常遭刀仗瓦石杖塊等物, 捶打其身, 割截斫刺, 節節支解, 亦不發起一念惡心. 所以者何? 是菩薩摩訶薩, 觀察一切聲如谷響, 色如聚沫.)

689) 『설무구칭경(說無垢稱經)』「불사의품(不思議品) 제6」에 다음의 내용이 있다 : "또 사리자님. 만약 이와 같이 불가사의해탈에 머무는 보살이라면, 이와 같이 드넓은 삼천대천세계를 방편으로 신령스러운 힘을 가지고 잘라 오른쪽 손바닥 위에 놓고서 마치 옹기장이가 물레 돌리듯이 재빠르게 돌려 저 헤아릴 수 없는 세계의 밖으로 내던졌다가 다시 집어와 본래 있던 자리에 놓아도 세계가 늘어나거나 줄어들지 않게 할 수 있습니다."(又舍利子. 若住如是不可思議解脫菩薩, 如是三千大千世界形量廣大, 能以神力方便斷取置右掌中, 如陶家輪速疾旋轉, 擲置他方殑伽沙等世界之外, 又復持來還置本處, 而令世界無所增減.) "또 사리자님. 만약 이와 같은 불가사의해탈에 머무는 보살이라면, 신통력으로써 부처의 공덕으로 꾸며진 모든 깨끗한 세계를 모아 하나의 불국토에 놓고서 모든 중생들에게 보여 줄 수 있습니다. 또 신통력으로써 하나의 불국토에 있는 모든 중생들을 붙잡아 오른쪽 손바닥에 놓고 뜻의 기세(氣勢)를 타고서 온 우주에 두루 걸림 없이 이르러 모든 불국토를 두루 내보입니다. 비록 온 우주의 모든 불국토에 이르지만, 하나의 불국토에 머물러 오지도 가지도 않습니다.(又舍利子. 若住如是不可思議解脫菩薩, 能以神力, 集一切佛功德莊嚴淸淨世界, 置一佛土示諸有情. 又以神力, 取一佛土一切有情, 置之右掌, 乘意勢通遍到十方, 普示一切諸佛國土. 雖到十方一切佛土, 住一佛國而不移轉.)

佛是無求人. 如今貪求一切有無諸法, 但是所有所作皆背也, 卻是謗佛. 但有貪染, 盡名授手. 秪如今但不貪染, 亦不依住不貪染, 亦無不依住知解, 是名般若火. 是燒手指, 是不惜軀命, 是節節支解, 是出世間, 是掌世界於他方.

76. 구함도 없고 얻음도 없다

예컨대 지금 만약 십이분교(十二分敎)⁶⁹⁰⁾와 있니 없니 하는 온갖 법을 마음속⁶⁹¹⁾에 털끝만큼이라도 넣어 둔다면 그물을 벗어나지 못한 것이다.

구함이나 얻음이 있기만 하면, 또 의도적으로⁶⁹²⁾ 생각하기만⁶⁹³⁾ 하면, 모두 들여우⁶⁹⁴⁾라고 일컫는다.

예컨대 지금 마음속에 전혀 구함이 없고 전혀 얻음이 없다면, 이 사람은 대시주(大施主)⁶⁹⁵⁾이고 사자후(師子吼)⁶⁹⁶⁾이다.

또 얻음 없음에 머물지도 않고 머물지 않는다는 생각도 없다면, 일러 육절사자(六絶師子)⁶⁹⁷⁾라고 한다.

---

690) 십이분교(十二分敎) : =십이분경(十二分經), 십이부경(十二部經). 석가모니의 가르침을 그 성질과 형식에 따라 구분하여 12부로 분류하여 놓은 불교 경전.

691) 장부(臟腑) : ①오장육부(五臟六腑). ②내면, 즉 마음을 가리킴.

692) 생심(生心) : ①딴 마음을 먹다. 못된 일을 꾸미다. ②고의로. 의식적으로. 의도적으로.

693) 동념(動念) : ①마음이 움직이다. 마음이 끌리다. ②생각하다.

694) 야간(野干) : ①들여우. ②터무니없는 사람. 엉터리.

695) 대시주(大施主) : 많은 사람들에게 크게 보시하는 사람. 여기에선 불법을 베푸는 부처님을 가리킨다.

696) 사자후(師子吼) : 부처님이나 종사(宗師)의 뛰어난 설법(說法)을 사자의 울부짖음에 비유한 말. 사자가 울부짖으면 모든 짐승들이 두려워하고 따르듯이, 부처님이나 종사의 뛰어난 설법은 어떤 외도(外道)의 견해도 두려워하지 않는다는 뜻.

697) 육절사자(六絶師子) : 여섯 가지 뛰어난 장점을 가진 사자(師子). 사자(師子)는 동물 가운데 왕인데, 부처님을 비유한 말이다. 부처님을 찬양하는 말.

나와 남이라는 분별이 생기지 않고 어떤 악(惡)도 일어나지 않으면, 이것이 바로 수미산을 겨자씨 속에 집어넣는[698] 것이다.

어떤 탐냄·성냄 등의 팔풍(八風)[699]을 일으키지 않는다면, 이것은 동서남북의 바닷물을 몽땅 입으로 마실 수 있는[700] 것이다.

모든 허망한 말을 받아들이지 않는다면, 헛된 말이 귓속으로 들어오지 않는 것이다.

---

698) 『설무구칭경(說無垢稱經)』「불사의품(不思議品)」제6에 다음 구절이 있다 : "만약 이와 같은 불가사의해탈(不可思議解脫)에 머무는 보살이라면, 수미산(須彌山)이 높고 넓기가 이와 같더라도 신통력으로써 겨자씨 속에다 집어넣고 겨자씨의 크기가 늘어나지 않도록 하고 수미산의 크기가 줄어들지 않도록 할 수 있습니다."(若住如是不可思議解脫菩薩, 妙高山王高廣如是, 能以神力內芥子中, 而令芥子形量不增, 妙高山王形量不減.)

699) 팔풍(八風) : 수행자의 마음을 흔들리게 하는 8가지 장애. 이(利)·쇠(衰)·훼(毁)·예(譽)·칭(稱)·기(譏)·고(苦)·낙(樂)을 합쳐 8풍이라 한다. 이(利)는 뜻에 맞는 것, 쇠(衰)는 뜻에 거스르는 것, 훼(毁)는 뒤에서 비방하는 것, 예(譽)는 뒤에서 칭찬하는 것, 칭(稱)은 면전에서 칭찬하는 것, 기(譏)는 비방하는 것, 고(苦)는 신심(身心)을 괴롭히는 것, 낙(樂)은 신심(身心)을 즐겁게 하는 것.

700) 『설무구칭경(說無垢稱經)』「불사의품(不思議品)」제6에 다음 구절이 있다 : "만약 이와 같은 불가사의해탈에 머무는 보살이라면, 사대해(四大海 : 불교 천문학에서 수미산(須彌山)의 사방에 있다는 큰 바다. 바다 가운데 4대주(大洲)가 있고, 그 주위를 철위산(鐵圍山)이 둘러쌌다 함)의 바닷물이 깊고 넓기가 이와 같더라도 신통력으로써 한 개 털구멍 속에 넣고서, 털구멍의 크기는 늘어나지 않고 사대해의 바닷물의 크기는 줄어들지 않게 할 수 있습니다."(若住如是不可思議解脫菩薩, 四大海水深廣如是, 能以神力內一毛孔, 而令毛孔形量不增, 四大海水形量不減.)

701) 『설무구칭경(說無垢稱經)』「불사의품(不思議品)」제6에 다음 구절이 있다 : "또 신통력으로써 온 우주에 있는 불국토가 겁화(劫火 : 우주의 파괴 시기(壞劫)의 종말에 일어나는 화재를 말함. 이 때문에 초선천(初禪天)이하 모든 것이 태워진다고 함. 세계 종말의 시기의 큰 화재, 지구 최후의 불, 세계를 다 태우는 대화재를 말한다)에 불탈 때에 모든 불을

몸으로 남에게 어떤 나쁜 짓도 하지 않는다면, 뱃속에 모든 불을 집어넣는[701] 것이다.

祇如今若於十二分敎, 及一切有無諸法, 於藏腑中, 有纖毫停留, 是不出網. 但有所求所得, 但有生心動念, 盡名野干. 祇如今於藏腑中, 都無所求, 都無所得, 此人是大施主, 是師子吼. 亦不依住無所得, 亦無不依住知解, 是名六絶師子. 人我不生, 諸惡不起, 是納須彌於芥子中. 不起一切貪瞋八風等, 是悉能吸四大海水入口中. 不受一切虛妄語言, 是不入耳中. 不令身起一切惡於人, 是納一切火於腹中.

뱃속에 삼키는데, 이 불꽃이 비록 활활 타면서 멈추지 않더라도 그 몸은 전혀 해를 입지 않습니다."(又以神力, 十方世界所有佛土劫盡燒時, 總一切火內置腹中, 雖此火勢熾焰不息, 而於其身都無損害.)

77. 정신을 빼앗기지 않는다

만약 지금 하나하나의 경계에서 정신을 빼앗기지도 않고 혼란스럽지도 않고 성내지도 않고 기뻐하지도 않는다면, 자기의 눈·귀·코·혀·몸·의식 앞에서 남김없이[702] 처리하여[703] 깨끗해질 것이니, 이 사람은 일 없는 사람으로서 모든 지식과 두타(頭陀)[704]와 정진(精進)보다도 더욱 뛰어날 것이다.

이를 일러 천안(天眼)[705]이라 하고, 또 밝게 비춤을 눈으로 삼는다고 한다.

이를 일러 법계성(法界性)[706]이라고 하니, 수레가 되어 인과(因果)[707]를 실어나른다.[708]

---

702) 괄삭(刮削) : ①(칼 따위로) 깎다. ②(재물을) 긁어 가다. 착취하다.

703) 병당(倂當) : =병당(屛當), 병당(摒擋). (일을) 처리하다. 수습하다. 정리하다.

704) 두타(頭陀) : ①번뇌의 티끌을 떨어 없애고, 의식주에 탐착하지 않으며, 청정하게 불도를 수행하는 것. ②두타를 행하는 승려. 선승(禪僧)을 가리킴. ③걸식수행을 말함.

705) 천안(天眼) : 5안의 하나. 선정(禪定)을 닦아서 얻게 되는 눈. 미세한 사물까지도 멀리 또 널리 볼 수 있으며, 미래의 일도 미리 알 수 있다고 함.

706) 법계성(法界性) : 법계의 자성(自性). 세계의 본성(本性). 세계의 실성(實性).

707) 인과(因果) : 인과법(因果法). 원인과 결과가 있는 법. 인과응보(因果應報)의 법. 업을 지으면 과보를 받는 법. 세간의 이법(二法)을 말한다. 불법은 비인비과(非因非果), 불생불멸(不生不滅)의 불이중도(不二中道)이다.

708) 분별을 벗어난 법계의 본성 위에 분별법인 인과가 나타난다. 본질 위에 현상이 나타나니, 현상과 본질이 둘이 아니다.

祗如今於一一境不惑不亂, 不瞋不喜, 於自己六根門頭, 刮削併當, 得淨潔, 是無事人, 勝一切知解, 頭陀精進. 是名天眼, 亦名了照爲眼. 是名法界性, 是作車載因果.

78. 병을 치료하는 방편의 말

부처가 세간(世間)에 나타나 중생을 제도하였다면, 앞 순간⁷⁰⁹⁾이 생겨나지 않게 되고 뒤 순간이 이어지지 않게 한다.

앞 순간의 업(業)이 사라지면 일러 중생을 제도한다고 한다.

앞 순간에 화를 낸다면 기쁨이라는 약(藥)으로 치료하니, 곧 중생을 제도하는 부처가 있게 된다.

단지 모든 가르침의 언어는 그저 병을 치료하는 약일 뿐이니, 병이 같지 않으면 약도 같지 않다.

그러므로 어떤 때에는 부처가 있다고 말하기도 하고, 어떤 때에는 부처가 없다고 말하기도 한다.

진실한 말은 병을 치료하니, 병이 만약 치유되었다면 하나하나는 곧 진실한 말이 치료한 것이다.

만약 병이 치유되지 않았다면, 하나하나는 곧 허망한 말이다.

진실한 말이 곧 허망한 말이 되니 견해를 내기 때문이고, 허망한 말

---

709) 염(念) : 순간. 극히 짧은 시간. 머리카락 한 올을 세로로 열 등분 내지는 백 등분, 천 등분으로 가른다. 그리고 그 가른 것 하나를 옥판(玉板) 위에 놓고, 날카로운 칼날을 갖다 대어 자른다. 그 날카로운 칼날이 옥판에 도달할 때까지의 시간이 일념(一念)이다.(堅析 一髮爲十分乃至白分千分. 以其一分置玉板上, 擧利刀斷. 約其利刀至板時爲一念也.)(『화엄일 승법계도총수록(華嚴一乘法界圖叢髓錄)』)

이 곧 진실한 말이 되니 중생의 망상(妄相)⁷¹⁰⁾을 끊어 버리기 때문이다.

병은 곧 허망한 망상이니 허망한 망상이 있기만 하면 약으로써 치료를 하므로 부처가 세간에 나타나 중생을 제도하는 것이다.

이것이 곧 구부경(九部經)⁷¹¹⁾의 말씀이고, 불료의교(不了義敎)⁷¹²⁾의 말씀이다.

분노와 기쁨, 병과 약은 모두 자기(自己)이고 다시 두 사람이 없는데, 어디에 세간에 출현하는 부처가 있으며, 어디에 제도될 수 있는 중생이 있겠는가?

마치 경전의 말인 '제도할 중생이 진실로 없다.'⁷¹³⁾는 것과 같고, 또

---

710) 전도(顚倒) : ①(상하, 전후의 위치가) 뒤바뀌다. 뒤집히다. 전도흑백(顚倒黑白), 전도시비(顚倒是非)는 고의로 사실을 왜곡한다는 뜻. ②뒤섞여 어수선하다. 착란(錯亂)하다. ③(불교에서) 세계의 실상을 보지 못하고 망상을 진실이라고 잘못 아는 것. 번뇌망상의 다른 이름.

711) 구부교(九部敎) : 구부경(九部經)의 약칭. ①소승 12부경 가운데 방광(方廣), 수기(授記), 무문자설(無問自說)의 3부를 제외한 소승교(小乘敎)의 구부(九部). ②대승 12부경 가운데 인연(因緣), 비유(譬喩), 논의(論議)의 3부를 제외한 대승교(大乘敎)의 구부. 일반적으로는 소승의 구부교를 가리킴.

712) 불료의교(不了義敎) : 요(了)는 '끝까지'란 뜻. 불법의 이치를 다 말한 것이 요의(了義)이고, 끝까지 다 말하지 못하고 모자라는 것이 불료의(不了義)이다. 요(了) · 불료(不了)의 해석에 대해서는 그 가르침에서 말한 이치가 진실하냐 아니냐에 대하여, 또 말이 교리를 완전히 표시하고 있냐 아니냐에 대하여 판단한다. 의(義)는 의리(義理) 즉 도리(道理). 대승(大乘)에서 보면 궁극적 진리를 분명하게 말한 요의교(了義敎)는 대승경전이고, 소승의 경전은 다 불료의교(不了義敎)이다. 또 대승경전과 소승경전 각각에서도 그 가운데 요의와 불료의를 나눈다.

713) 『금강반야바라밀경(金剛般若波羅蜜經)』에 있는 구절. 모든 『금강경』에 이런 취지의 구절이 등장하지만, 특히 보리류지(菩提流支)가 번역한 『금강경』에 같은 구절이 등장한다.

'부처님의 깨달음을 좋아하지 않는다.'는 말과도 같다.

있니 없니 하는 온갖 법을 탐내지도 않고 온갖 법에 물들지도 않는 것을 일러 남을 제도(濟度)한다고 하고, 또 자기를 지키고 있지 않는 것을 일러 자기를 제도한다고 한다.

병이 같지 않기 때문에 약도 같지 않은데, 처방(處方)이 같지 않으니 한결같게 될 수 없다.

부처에 고집스레 의지하고 깨달음 등의 법에 굳게 의지하는 것은 모두 방편에 의지하는 것이다.

그러므로 '지혜에 도달한다면, 한결같게 되는 것이 아니라 가르침 속에서 판별된다.'[714]고 한다.

비유하면 누른 잎사귀[715]와 같고, 또 빈주먹으로 어린아이를 속이는

---

714) 지혜란 고정된 기준이나 형식이 있는 것이 아니라서 일정한 형태로 나타나지 않는다. 다만, 부처와 조사의 말씀을 소화시킬 수 있는 힘이 생기므로, 그 가르침을 소화하는 가운데 자기의 지혜가 드러나 판별되는 것이다.

715) 울음을 멈추게 하는 방편(方便)의 말이라는 이른바 지제지설(止啼之說)을 가리킨다. 『대반열반경(大般涅槃經)』 제21권 「영아행품(嬰兒行品)」에 "영아행(嬰兒行)이란 어린아이가 큰 소리로 보채며 우는 것을 이른다. 이때 부모는 서둘러 버드나무의 노란 잎을 따 가지고 와 우는 아이에게 주면서 '울지 마라. 내가 금을 줄게.'라고 달랜다. 아무것도 모르는 아이는 그것이 진짜 금인 줄 알고 곧 울음을 그친다. 그러나 이 노란 잎은 진짜 금이 아니다."라는 구절이 있는데, 우는 아이는 자기 머리를 가지고 자기 머리를 찾는 어리석은 중생을 뜻하고, 울음을 멈추게 하는 가짜 금인 나뭇잎은 중생의 갈증을 멈추게 하는 가르침인 방편설(方便說)을 뜻한다. 번뇌는 본래 허망한 것이어서 번뇌가 사라지면 그만이지 다시 얻을 법은 없다. 방편은 단지 망상에서 깨어나게 하는 가르침일 뿐, 본래 없었던 새로운 무엇을 제공하는 것은 아니다.

것[716]과 같다.

만약 사람이 이 이치를 알지 못하면, 일러 무명(無明)과 같다고 한다.

佛出世度衆生, 則得前念不生, 後念莫續. 前念業謝, 名度衆生. 前念若瞋, 卽將喜藥治之, 卽名爲有佛度衆生. 但是一切言教, 祇是治病, 爲病不同, 藥亦不同. 所以有時說有佛, 有時說無佛. 實語治病, 病若得瘥, 箇箇是實語治. 病若不瘥, 箇箇是虛妄語. 實語是虛妄語, 生見故, 虛妄是實語, 斷衆生顚倒故. 爲病是虛妄, 祇有虛妄藥相治, 佛出世度衆生. 是九部教語, 是不了義教語. 瞋及喜, 病及藥, 總是自己, 更無兩人, 何處有佛出世? 何處有衆生可度? 如經云: '實無衆生得滅度.'者, 亦云: '不愛佛菩提.' 不貪染有無諸法, 名爲度他, 亦不守住自己, 名爲自度. 爲病不同, 藥亦不同, 處方不同, 不得一向. 固執依佛依菩提等法, 盡是依方. 故云: '至於智者, 不得一向, 教中所辨.' 喩如黃葉, 亦如空拳誑小兒. 若人不知此理, 名同無明.

---

716) 공권(空拳) : 빈손으로 주먹을 쥐어서 마치 무엇인가 있는 듯이 어린아이를 속이는 것. 만법(萬法)이 공(空)임을 보여 주기 위하여 쓰는 방편. 보리류지(菩提流支)가 번역한 『대보적경(大寶積經)』제90권 「우파리회(優波離會) 제24」에 나오는 게송에 이런 내용이 있다 : 마치 빈손으로 주먹을 쥐고 어린아이를 꾀어서 물건을 쥐고 있다고 말해 그를 기쁘게 하나, 주먹을 펴 아무것도 없음을 보이면 어린아이가 다시 우는 것과 같다. 이와 같이 여러 부처님들은 헤아리기 어렵고 표현하기 어려운 것에서 뛰어난 방편으로 중생의 마음을 잘 조복시켜 법의 자성이 있는 것이 아님을 알게 하고, 가짜 이름을 세워 세간에 보이신다.(如以空拳誘小兒, 示言有物令歡喜, 開手拳空無所見, 小兒於此復號啼. 如是諸佛難思議, 善巧調伏衆生類, 了知法性無所有, 假名安立示世間.)

79. 반야를 행하는 보살

'반야를 행하는 보살은 〈나〉라는 이름에 집착하지도[717] 않고 교칙(教
敕)[718]에 의지하지도 않는다.'고 한다.

화를 내면 돌덩이[719] 같이 딱딱하고 사랑하면 강물같이 부드럽지만,
그런데 지금 다만 화를 내지도 않고 사랑하지도 않는다면 산과 강과
절벽을 뚫고 나아가 곧장 어리석은 세속[720]의 병을 치료하게 되고,[721]
사리를 가려 설명하는 말[722]을 많이 들으면 눈병을 치료한다.[723]

사람에서 부처에 이르는 것은 얻는 것이고 사람에서 지옥에 이르는
것은 잃는 것인데, 옳고 그름을 따지는 것도 그와 같다.

---

717) 아어(我語) : atma-vada. 사취(四取; 욕취(欲取)·견취(見取)·계금취(戒禁取)·아어
취(我語取)) 가운데 하나. 아(我)라는 말. 실체가 없는 헛된 개념이요 이름인 '나(아(我))'
라는 말에 대한 집착인 아어취(我語取)와 같다.

718) 교칙(教勅) : =교칙(教敕). 부처님이 중생을 교화하기 위하여 내린 계칙(戒勅). 또는
그러한 가르침을 내려 훈계하는 것. 성인의 가르침이 지니고 있는 엄격성을 왕이 내린 칙
령(勅令)에 비유한 것이다. 『대반열반경(大般涅槃經)』 제28권 「사자후보살품(師子吼菩
薩品) 11-2」에 이런 구절이 있다. "계(戒)를 지키는 사람에게는 다시 두 종류가 있으니,
하나는 본성이 스스로 지킬 줄 아는 것이고, 하나는 남이 가르친 명령을 기다리는 것이
다."(持戒之人復有二種, 一者性自能持, 二者須他教敕.)

719) 석두(石頭) : 돌. 돌멩이. 두(頭)는 접미어.

720) 농속(聾俗) : 무지하고 세속적이다.

721) 분별을 벗어나면 곧장 어디에도 걸림 없는 출세간이다.

722) 변설(辯說) : 사리를 분별하여 설명하다. 시비를 가려 설명하다.

723) 눈병을 치료한다는 것은 법계의 실상을 보는 안목이 생긴다는 말.

삼조(三祖)가 말하기를 '얻고 잃음과 옳고 그름을 일시에 놓아 버려라.'[724]고 하였다.

있고 없는 온갖 법들에 머물지 않는 것을 일러 인연(因緣)에 머물지 않는다고 한다.

또 머물지 않음에도 머물지 않으면 일러 공인(空忍)[725]에 머물지 않는다고 한다.

자기가 부처이고 자기가 선도(禪道)[726]라고 이해하는 것을 고집하면 일러 내견(內見)이라 하고, 인연(因緣)[727]에 의해 닦아서 깨달아[728] 이룬다고 고집하면 일러 외견(外見)이라고 한다.

---

724) 삼조승찬(三祖僧璨)의 「신심명(信心銘)」에 나오는 구절.

725) 공인(空忍) : ①10인(忍)의 하나. 삼계(三界)가 고(苦)임을 관하여 참는 힘을 얻게 되는 것. 인(忍)은 안인(安忍)이다. ②유연(有緣)의 상대어. 일체가 공(空)임을 알고서 공에 머무는 것. 공에 집착하는 것.

726) 선도(禪道) : ①선(禪). 선종(禪宗). 선문(禪門). ②선(禪)의 깨달음.

727) 인연(因緣) : ①결과를 내는 직접 원인은 인(因), 결과를 내는 데 도움이 되는 간접 원인은 연(緣). 쌀과 보리는 그 종자를 인으로 하고, 노력(勞力)·우로(雨露)·비료(肥料) 등을 연으로 하여 생긴다. 인연이란 일이 이루어짐에 개별적 실재성은 없고 상호 관계되어 나타나는 상대적인 것들을 가리킴. 연기(緣起)는 인연에 의하여 나타남. ②학인의 깨달음에 원인이 될 수 있는 부처나 조사의 언행(言行), 일화(逸話), 이야기, 기연(機緣)과 같은 말.

728) 수증(修證) : ①수행하여 깨달음. ②수행과 깨달음.

지공(誌公)[729]은 말하기를 '내견과 외견이 모두 잘못이다.'[730]고 하였다.

云: '行般若菩薩, 不得取我語, 及依教敕.' 瞋如石頭, 愛如河水, 秖如今但無瞋無愛, 是透山河石壁, 直爲治聾俗病, 多聞辯說治眼病. 從人至佛是得, 從人至地獄是失, 是非亦然. 三祖云: '得失是非, 一時放却.' 不執住一切有無諸法, 是名不住有緣. 亦不依住不依住, 是名不住空忍. 執自己是佛, 自己是禪道解者, 名內見, 執因緣修證而成者, 名外見. 誌公云: '內見外見俱錯.'

---

729) 지공(誌公) : 금릉보지(金陵寶誌). 418–514. 위진남북조(魏晋南北朝)의 스님. 금릉은 출신 지명. 속성은 주(朱) 씨. 어려서 출가하여 강소성 건강(建康) 도림사(道林寺)에서 선정을 닦음. 태시(泰始: 465–471) 초년에 불시에 일어나 거소를 정하지 않고 음식도 때를 정하지 않으며, 머리도 길게 기르고 냄비를 손에 들고 행각하는 기행(奇行)을 보임. 502년경에 〈대승찬(大乘讚)〉 24수를 지어 황제에게 바침. 또 각종 이적을 보여 대중을 교화. 고구려왕도 그 명성을 듣고 사신을 보내어 은모자를 기증했다고 함. 천감(天監) 13년 겨울에 화림원 불당의 금강신장을 밖에 놓게 하고 열흘 만에 입적함. 세수 97. 칙령으로 광제(廣濟) 대사라 시호함. 후당(後唐)의 장종(莊宗)은 묘각(妙覺) 대사라 시호함. 그 후에도 도림진각(道林眞覺) 보살·도림진각 대사·자응혜감(慈應惠感) 대사·보제성사(普濟聖師) 보살·일제진밀(一際眞密) 선사 등의 시호가 내려짐.

730) 지공(誌公)의 「대승찬(大乘讚)」에 나오는 구절. 문맥은 다음과 같다. "내견(內見)과 외견(外見)이 모두 나쁘고, 불도(佛道)와 마도(魔道)가 모두 잘못이네. / 이 두 가지 커다란 악마(惡魔)에게 사로잡히면, 즉시 괴로움을 싫어하고 즐거움을 찾을 것이다. / 삶과 죽음의 본바탕이 공(空)임을 깨달으면, 부처와 마귀가 어느 곳에 자리잡겠는가?"(內見外見總惡, 佛道魔道俱錯. / 被此二大波旬, 便卽厭苦求樂 / 生死悟本體空, 佛魔何處安著?)

80. 신통

눈 · 귀 · 코 · 혀가 각각 있거나 없는 온갖 법들을 탐내거나 오염되지 않으면 이를 일러 사구게(四句偈)[731]를 받아 지닌다고 하고, 또 사과(四果)[732]가 보고 · 듣고 · 냄새 맡고 · 맛 보고 · 감촉하고 · 의식(意識)함

---

731) 사구게(四句偈) : 네 개의 구절로 이루어진 게송(偈頌). 여기에선 『금강경』의 사구게를 가리킴. 『금강경』의 사구게는 다음의 넷이 있다. 〈제5 여리실견분(如理實見分)〉 "무릇 모습은/ 전부 허망하다./ 만약 모든 모습이 모습 아님을 보면,/ 곧 여래를 보는 것이다."(凡所有相, 皆是虛妄. 若見諸相非相, 則見如來.) 〈제10 장엄정토분(莊嚴淨土分)〉 "색에 머물러 마음을 내어서도 안되고,/ 소리 · 냄새 · 맛 · 촉감 · 법에 머물러 마음을 내어서도 안된다./ 마땅히 머묾 없이/ 그 마음을 내어야 한다."(不應住色生心, 不應住聲香味觸法生心. 應無所住, 以生其心.) 〈제26 법신비상분(法身非相分)〉 "만약 색으로써 나를 보거나/ 소리로써 나를 찾는다면,/ 이 사람은 삿된 도를 행하는 것이라,/ 여래를 볼 수 없다."(若以色見我, 以音聲求我, 是人行邪道, 不能見如來.) 〈제32 응화비진분(應化非眞分)〉 "모든 유위법은,/ 꿈 같고 환상 같고 물거품 같고 그림자 같고,/ 또 이슬 같고 번갯불 같으니,/ 마땅히 이렇게 보아야 한다."(一切有爲法, 如夢幻泡影, 如露亦如電, 應作如是觀.)

732) 사과(四果) : 소승(小乘)이 얻는 깨달음인 증과(證果)의 4계위(階位). 과(果)는 무루지(無漏智)가 생기는 지위. 수다원과(須陀洹果) · 사다함과(斯陀含果) · 아나함과(阿那含果) · 아라한과(阿羅漢果).

733) 육입(六入) : 눈 · 귀 · 코 · 혀 · 몸 · 의식의 6근(根)과 빛깔 · 소리 · 냄새 · 맛 · 촉감 · 법(法)의 6경(境)을 구역에서는 6입(入), 신역에서는 6처(處)라 함. 이 6근 · 6경을 합하여 12입 또는 12처라 함. 그 중에서 6경을 외육입(外六入), 6근을 내육입(內六入). 12인연 중의 6입은 내육입. 입(入)은 거두어들인다는 뜻. 6근 · 6경은 서로 거두어들여 6식(識)을 내는 것이므로 6입이라 하고, 처(處)는 소의(所依), 6근 · 6경은 6식을 내는 소의가 되므로 6처라 함.

⁷³³⁾에 흔적이 없다고도 하고, 또 육통(六通)⁷³⁴⁾이라고도 한다.

지금 다만 있거나 없는 온갖 법들에 가로막히지 않고, 또 (가로막히지 않는다는 생각에도 머물지 않고, 또) 생각에 머물지 않는다는 생각조차 없다면, 이를 일러 신통(神通)이라고 하는데, 다시 이 신통을 지키고 있지 않으면 이를 일러 신통이 없다고 한다.

마치 '신통 없는 보살의 족적은 찾을 수 없으니 그는 부처님이신 위쪽의 사람⁷³⁵⁾으로서 가장 불가사의하다.'고 하는 경우와 같다.

眼耳鼻舌各各不貪染一切有無諸法, 是名受持四句偈, 亦名四果六入無跡, 亦名六通. 祇如今但不被一切有無諸法礙, 亦無不依住知解, 是名神通, 不守此神通, 是名無神通. 如云: '無神通菩薩足跡不可尋, 是佛向上人最不可思議.'

---

734) 육통(六通) : 육신통(六神通). 여기에선 일반적으로 말하는 육신통인 천안통(天眼通) · 천이통(天耳通) · 타심통(他心通) · 숙명통(宿命通) · 신족통(神足通) · 누진통(漏盡通)을 말하지 않고, 눈 · 귀 · 코 · 혀 · 몸 · 의식이라는 여섯 분별의 길에서 머물거나 막힘이 없이 자유롭게 통한다는 뜻으로 육신통(六神通)을 말하고 있다. 어느 쪽의 육신통을 말하든지 방편의 취지는 경계에 걸림이 없어야 한다는 뜻으로 동일하다.

735) 향상인(向上人) : 향상(向上)은 미혹함에서 깨달음으로 가는 것을 가리키고, 향하(向下)는 깨달음에서 미혹한 경계로 가는 것을 가리킨다. 향상인이란 깨달음으로 향하여 가는 사람 혹은 깨달음의 경계에 있는 사람을 가리키는 말.

81. 사람과 하늘

사람은 자기이고, 하늘은 지혜가 비추는 것이다.[736]

칭찬하면 기뻐하는데, 기뻐함은 경계에 속한다.

경계는 하늘이고, 칭찬하는 것은 사람이다.

사람과 하늘이 서로 만나 둘이 서로 마주보게[737] 되면,[738] 또한 '깨끗한 지혜는 하늘이고 바른 지혜는 사람이다.'라고 한다.

人是自己, 天是智照. 讚卽喜, 喜者屬境. 境是天, 讚是人. 人天交接, 兩得相見, 亦云:
'淨智爲天, 正智爲人.'

---

736) 사람은 주관(主觀)이고, 하늘은 객관(客觀)이다.

737) 상견(相見) : 만나다. 대면하다. 마주 보다.

738) 주관과 객관이 둘이 아니게 되면.

82. 머물지 않는다

본래 부처가 아닌데 그에게 부처라고 말한다면, 일러 얽매이는 번뇌[739]를 몸소 경험한다고 한다.

그런데 지금 다만 부처라는 생각을 하지 않고, (또 생각을 하지 않음도 없고,) 또 생각을 하지 않음이 없다는 것조차 없다면, 이를 일러 얽매이는 번뇌를 소멸시킨다고 하고, 또 진여(眞如)라고 하고, 또 여여(如如)함을 체험한다고 한다.

부처를 구하고 깨달음을 구하면, 일러 현신(現身)[740]의 뜻이라 한다.

그런데 지금 다만 어떤 구하는 마음이 있기만 하면 모두를 일러 현신의 뜻이라고 하니, 마치 '깨달음을 구하는 것이 비록 뛰어나게 구하는 것이지만 번뇌를 더욱 두텁게 한다.'고 말하는 것과 같다.

부처를 구하면 부처의 무리이고, 있거나 없는 온갖 법을 구하면 중생의 무리이다.

다만 지금 거울처럼 깨어 있다면, 있거나 없는 온갖 법에 머물러 있지 않을 뿐만 아니라 어떤 헤아림에도 들어가지 않는다.

---

739) 결(結) : bandhana. 결박한다는 뜻. 몸과 마음을 결박하여 자유를 얻지 못하게 하는 번뇌. 여기에 3결 · 5결 · 9결의 구별이 있음.

740) 현신(現身) : ①현재 생을 누리고 있는 이 몸. 현실의 몸. 이 신체. ②부처님이나 보살이 중생을 구하기 위해 여러 가지로 변화하여 나타난 몸. 화신(化身), 응신(應身), 현신불(現身佛). ③이 몸. 여기에선 ①의 뜻. 나타나서 분별되는 것이란 뜻.

本不是佛, 向渠說是佛, 名體結. 秖如今但莫作佛知解, 亦無無不依住知解, 是名滅結, 亦名眞如, 亦名體如. 求佛求菩提, 名現身意. 秖如今但有一切求心, 盡名現身意, 如云: '求菩提, 雖是勝求, 重增塵累.' 求佛是佛衆, 求一切有無諸法是衆生衆. 秖如今鑑覺, 但不依住一切有無諸法, 是不入衆數.

83. 부처가 보고 듣고 말한다

다만 지금 하나하나의 소리 · 색깔 · 맛 · 촉감 · 개념 등을 좋아하지 않고, 하나하나의 경계를 탐내지도 않아서 열 개의 더러운 마음[741]이 없기만 하면, 곧 부처가 될 원인을 밝히는 것이다.

문자를 배우고 이해를 구하면, 일러 부처가 될 원인과 인연을 맺는 다고 한다.

부처를 보고 부처를 알면 부처를 말할 수 있지만, 아는 것이 있고 보는 것이 있다면 도리어 부처를 비방하는 것이다.

만약 부처가 알고 부처가 보고 부처가 듣고 부처가 말한다고 한다 면, 맞는 말이다.

불을 본다고 하면 맞는 말이나 불이 본다고 하면 맞지 않는 말이니, 마치 칼이 물건을 자른다고 하면 맞는 말이나 물건이 칼을 자른다고 하면 맞지 않는 말인 것과 같다.

부처를 아는 사람, 부처를 보는 사람, 부처를 듣는 사람, 부처를 말 하는 사람은 갠지스 강의 모래알만큼 많으나, 부처가 알고, 부처가 보 고, 부처가 듣고, 부처가 말하는 경우는 만 명 가운데 하나도 없다.

---

741) 십구탁심(十句濁心)은 아래 '91. 말과 행동이 전부 부처'에 다음과 같은 열 가지 마음이 라고 나온다 : 탐내는 마음 · 좋아하는 마음 · 물든 마음 · 성내는 마음 · 사로잡힌 마음 · 머무는 마음 · 의지하는 마음 · 집착하는 마음 · 취하는 마음 · 그리워하는 마음.(貪心 · 愛 心 · 染心 · 瞋心 · 執心 · 住心 · 依心 · 着心 · 取心 · 戀心.)

秖如今於一一聲香味觸法等不愛, 於一一境不貪, 但無十句濁心, 是了因成佛. 學文句覓解者, 名緣因成佛. 見佛知佛, 則得說佛, 有知有見, 卻是謗佛. 若云: '佛知佛見佛聞佛說.' 卽得. 見火卽得, 火見卽不得, 如刀割物卽得, 物割刀卽不得. 知佛人, 見佛人, 聞佛人, 說佛人, 如恒河沙, 是佛知, 是佛見, 是佛聞, 是佛說, 萬中無一.

84. 비량지

단지 자기에게 안목이 없기 때문에 남이 만든 안목에 의지하니, 교학(敎學)에서는 이를 일러 비량지(比量智)[742]라 한다.

그런데 지금 부처의 견해를 탐낸다면 이 역시 비량지이고, 세간에서 비유하면 이것은 순유(順喩)[743]이다.

불료의교(不了義敎)는 순유이고, 요의교(了義敎)는 역유(逆喩)[744]이다.

머리·눈·골수·뇌를 내버리면 역유이니, 지금 부처·깨달음 등의 법을 좋아하지 않으면 곧 역유이다.

버리기가 쉽지 않음을 머리·눈·골수·뇌에 비유하여 말하자면, 있거나 없는 온갖 경계의 법들을 비추면 일러 머리라 하고, 있거나 없

---

742) 비량지(比量智) : 비량(比量)에 의한 지혜. 비량(比量)은 인명(因明) 3량(量)의 하나로서 진비량(眞比量)이라고도 하는데, 비교하고 헤아려 추측하는 것. 이미 아는 사실에 의지하여 비교하고 헤아려서, 아직 알지 못하는 사실을 추측하는 것. 예를 들면, 연기가 올라오는 것을 보고 그 아래에 불이 있음을 미루어 아는 것과 같은 따위.

743) 순유(順喩) : 비유를 그대로 따른다는 뜻. 세제(世諦)에 따라 작은 것부터 큰 것으로 순서를 자연스럽게 옮겨가며 취하는 비유. 『대반열반경』에 나오는 여덟 가지 비유 가운데 첫번째. 예컨대 큰 비가 내리면 도랑이 넘치고, 도랑이 넘치면 작은 구덩이에 물이 차고, 작은 구덩이에 물이 넘치면 작은 하천으로 흘러가고, 작은 하천에 가득한 물은 바다로 흘러가 결국 바다까지 가득 차게 된다는 방식으로 작은 것으로부터 점차 큰 것으로 옮아가는 비유이다. 이 비유는 여래가 내리는 법의 비가 중생의 마음에 채워져 가득하게 되면 결국 원만한 깨달음이 완성된다는 것을 비유한 것이다.

744) 역유(逆喩) : 결과를 보고 그 원인을 미루어 알고, 말단을 보고 그 근본을 추구하는 비유법.

는 온갖 경계의 법들에게 휘둘리면 일러 손이라 하고, 앞의 경계를 전혀 비추어 보지 않을 때를 일러 골수와 두뇌라고 한다.

祇爲自無眼, 依他作眼, 敎中喚作比量智. 祇如今貪佛知解, 亦是比量智, 世間譬喩是順喩. 不了義敎, 了義敎, 是順喩, 是逆喩. 捨頭目髓腦是逆喩, 如今不愛佛菩提等法是逆喩. 難捨喩於頭目髓腦, 如照着一切有無境法名頭, 被一切有無境法相撓着名手, 都未照前境時名髓腦.

85. 부처가 중생 속으로

부처의 지위[745]에서 범부가 되는 원인을 훈습(熏習)하면,[746] 부처가 중생 속으로 들어가 중생과 같은 부류가 되어 범부를 꾀어서 끌어들여 교화하여 이끄니, 저[747] 아귀(餓鬼)와 함께 사지의 관절이 불에 타면서 그 아귀에게 반야바라밀을 말하여 그를 발심케 한다.

만약 한결같이 부처의 지위에 머물러 있다면, 무엇에 의지하여 그들에게 다가가 그들과 더불어 말할 수 있겠는가?

부처는 온갖 중생의 부류 속으로 들어가 중생들에게 배와 뗏목[748]을 만들어 주면서 그들과 함께 고통을 받으니 그 수고로움이 끝이 없다.

부처가 고통스러운 곳에 들어가는 것은 중생이 고통을 받는 것과 같으나,[749] 부처는 가고 머묾에 자유로우니 중생과 같지는 않다.

부처는 허공이 아닌데 고통을 받으면서도 어떻게 고통스럽지 않을

---

745) 성지(聖地) : 성인(聖人) 즉 부처님의 지위(地位).

746) 습(習) : ①습기(習氣). 습관으로 남아 있는 기분(氣分). 비유하면, 향 담았던 그릇은 향을 비웠어도 여전히 향기가 남아 있는 것과 같다. 버릇. 유식학(唯識學)에서 습기는 종자(種子)의 다른 이름. 모든 식(識)이 나타날 때에 그 기분(氣分)을 제8식에 훈습(熏習)시키는 것이 종자이므로 이렇게 말함. ②집제(集諦). 사성제(四聖諦)의 두 번째. 고통의 원인. ③원인. 인(因). 연(緣). ④실천하여 습관으로 만드는 행위. 훈습(熏習). ⑤마음으로 계속 바라는 것.

747) 거(渠) : (3인칭 대명사) 그. 그이. 그 사람. =타(他).

748) 선벌(船筏) : 배와 뗏목. 중생을 구제하는 방편을 가리킴.

749) 지시(祗是) : =지시(只是). ①다만. 오직. 오로지. ②그런데. 그러나.

수 있겠는가?

만약 고통스럽지 않다고 말한다면, 이 말은 어긋난[750] 말이니 실없이 [751] 이런 말은 하지 마라.

聖地習凡因, 佛入衆生中, 同類誘引化導, 同渠餓鬼肢節火然, 與渠說般若波羅蜜, 令渠發心. 若一向在聖地, 憑何得至彼共渠語? 佛入諸類, 與衆生作船筏, 同渠受苦, 無限勞極. 佛入苦處亦同衆生受苦, 佛秖是去住自由, 不同衆生. 佛不是虛空, 受苦何得不苦? 若說不苦, 此語違負, 等閑莫說.

---

750) 위부(違負) : ①어기다. 저버리다. =위배(違背). ②차이가 나다. 부족하다.
751) 등한(等閑) : ①예사롭다. 보통이다. ②쉽다. ③내키는 대로 하다. ④헛되이. 실없이. 공연히. =등한(等閒).

86. 잘못 말하지 마라

부처의 신통은 자재하기도 하고 자재하지 않기도 하다고 잘못 말하지 말지니, 모두가 사람을 부끄럽게 만든다.

부처는 유위(有爲)이기도 하고 무위(無爲)이기도 하다고 감히 말하지 말고, 부처는 자재하기도 하고 자재하지 않기도 하다고 감히 말하지 마라.

약 처방[752]을 찬양하는 것이 아니라면, 추하고 더러운 양쪽[753]을 드러내려 하지 마라.

경(經)에서 말했다.

'만약 사람이 부처의 깨달음을 분별[754]하여 옳다고 여기는 쪽에 놓아 둔다면, 그 사람은 큰 죄를 짓는 것이다.'

또 말했다.

'만약 부처를 알지 못하는 사람에게 이와 같이 말한다면 허물이 없을 것이다. 마치 건강한 소의 우유를 가지고 병든 소를 치료할 수 있는 것과 같다.[755] 그 건강한 소는 높은 고원지대에 살지도 않고 낮고 습

---

752) 약방(藥方) : 약 처방. 처방전. 처방. 중생의 병을 치료하는 부처의 방편을 가리킴.

753) 분별은 양쪽을 나누는 것으로서 추하고 더러운 망상이다.

754) 안배(安排) : =안배(按排). ①배치하다. 배분하다. ②마련하다. 준비하다. ③처리하다. 꾸리다. ④일부러 적당히 배분하다.

755) 직역은 다음과 같다 : 무루(無漏)인 우유는 유루(有漏)의 병을 치료할 수 있는 것과 같

한 저지대에 살지도 않기 때문에 이 소의 우유는 약이 될 수 있는 것이다. 높은 고원지대는 부처를 비유하고, 낮고 습한 저지대는 중생을 비유한다.'

錯說佛神通自在不自在, 具慚愧人. 不敢說佛是有爲是無爲, 不敢說佛自由不自由. 除讚藥方外, 不欲得露現兩頭醜陋. 敎云: '若人安佛菩提, 置有所是邊, 其人得大罪.' 亦云: '如不識佛人前, 向渠與麼說無過, 如無漏牛乳, 能治有漏病. 其牛者, 不在高原, 不居下隰, 此牛乳堪作藥. 高原喩於佛, 下隰喩於衆生.'

다. (건강한 소의) 흘러나오는 것이 없는 우유는 (병든 소의 우유가) 흘러나오는 병을 치료할 수 있는 것과 같다. 소의 유방이 병이 들어 우유가 저절로 흘러나오는 경우, 건강한 소의 우유를 가지고 그 병을 치유할 수 있다는 말인 듯하다.

87. 여래의 생로병사

만약 '여래의 진실하고 지혜로운 법신(法身)에는 이러한 병[756]이 없어서 판단 능력에 막힘이 없고 높이 오르는 것이 자유자재하여 생겨남도 없고 사라짐도 없다.'고 한다면, 이를 일러 생로병사(生老病死)라 한다.

통증으로 몸이 굳을 정도라면[757] 이것은 어둠이고, 버섯으로 쑨 죽을 먹고 근심거리 이질(痢疾)이 끝났다면 이것은 어둠이 숨고 밝음이 드러난 것인데, 밝음과 어둠을 모두 버려서 취하지 마라.

취함이 없고 또 취함이 없음도 없다면, 그것은 밝음도 아니고 어둠도 아니다.

왕궁에 태어나서 야소다라[758]와 결혼하는 등 일생 동안 여덟 가지 모습으로 살면서 도(道)를 이루었다고[759] 하는 것은 성문(聲聞)과 외도(外

---

756) 유루(有漏)의 병(病).

757) 습습(瘤瘤) : ①마비된 모습. ②약간 아픈 모습.

758) 야수다라(耶輸陀羅) : Yasodhara. 야소다라. 지칭(持稱)·구칭(具稱)·지예(持譽)·명문(名聞)이라 번역. 소문이 널리 퍼졌다는 뜻. 구리 성주 선각왕의 딸. 석존의 외사촌. 석존이 출가하기 전 싯달타 태자 때의 비(妃). 태자와 19세에 결혼하여 아들 라후라를 낳고, 석존이 성도하고 5년 뒤에 이모 마하파사파제와 5백 석가족의 여자들과 함께 출가하여 비구니가 됨.

759) 팔상성도(八相成道) : 불보살이 이 세상에 출현하여 중생을 제도하기 위하여 일생 동안 나타내어 보이는 여덟 가지 모습. 여러 학설이 있다. ①강도솔상(降兜率相)·탁태상(託胎相)·출생상(出生相)·출가상(出家相)·항마상(降魔相)·성도상(成道相)·전법륜

道)가 헛된 생각으로 헤아린 것이다.

마치 '아무거나 먹는 몸이 아니다.'[760]고 하는 것과 같다.

순타(純陀)[761]가 말했다.

'여래께선 결코 받지도 않고 먹지도 않았음을 나는 안다.'[762]

상(轉法輪相) · 입열반상(入涅槃相). ②강도솔상 · 입태상(入胎相) · 주태상(住胎相) · 출
태상(出胎相) · 출가상 · 성도상 · 전법륜상 · 입열반상. ③수태상(受胎相) · 강생상(降生
相) · 처궁상(處宮相) · 출가상 · 성불상 · 항마상 · 설법상 · 열반상. ④재천상(在天相) · 처
태상(處胎相) · 초생상(初生相) · 출가상 · 좌도장상(坐道場相) · 성도상 · 전법륜상 · 입열
반상. ⑤생천상(生天相) · 처도솔천상 · 하천탁태상(下天託胎相) · 출태상 · 출가상 · 항마
상 · 전법륜상 · 입열반상. ⑥주태상 · 영해상(嬰孩相) · 애욕상(愛欲相) · 낙고행상(樂苦行
相) · 항마상 · 성도상 · 전법륜상 · 입멸상(入滅相).

760) 담무참(曇無讖)이 번역한 『대반열반경(大般涅槃經)』 제3권 「수명품(壽命品) 제1-3」에
다음 구절이 있다 : "마땅히 알아야 하리니, 여래는 늘 머무는 법이고 바뀌지 않는 법이
며, 여래의 이 몸은 변화하는 몸이지만 아무거나 먹는 몸은 아니다. 중생을 제도하기 위하
여 독 있는 나무와 같음을 보여 주는 것이고, 이 까닭에 이 몸을 버리고 열반에 들어가는
것을 나타낸다."(當知, 如來是常住法, 不變易法, 如來此身, 是變化身, 非雜食身. 爲度衆生示同
毒樹, 是故現捨入於涅槃.) 또 「금강신품(金剛身品) 제4」에서는 "여래의 몸은 늘 머무는 몸
이고, 부서질 수 없는 몸이고, 다이아몬드와 같은 몸이고, 아무거나 먹는 몸이 아니니, 이
것이 곧 법의 몸이다."(如來身者是常住身, 不可壞身, 金剛之身, 非雜食身, 卽是法身.)라고 한
다.

761) 순타(純陁) : '순타(純陀)'로도 쓴다. 범어 Cunda. 음역으로 주나(周那)라고도 한다. 석
가모니 시대에 파파성(波婆城)의 사람으로 대장장이의 아들. 석가모니에게 최후의 공양
을 바친 인물. 만년에 석가모니에게 귀의하였는데, 그가 바친 공양(供養)을 먹고 석가모
니는 발병하여 열반하였다고 한다. 열반에 들기 직전 석가모니는 순타를 생각하여 부처에
게 성도(成道)할 때 바치는 음식물과 입멸(入滅)하기 전에 바치는 최후의 음식물은 최상
의 공덕이라고 말씀하시고 그의 공양을 찬탄하였다고 한다.

762) 『대반열반경』 제2권 「수명품(壽命品) 제1-2」에 여래(如來)가 순타(純陀)에게 말하는
다음 내용이 있다 : "착한 남자여, 여래의 몸은 이미 무한한 세월 동안 음식을 먹지 않았

무엇보다도 두 눈을 갖추고 양쪽 일을 확실히 살펴보아서[763] 오로지 한쪽 눈으로 한쪽 방향으로만 가는 일이 없어야 한다.

그렇게 한다면 어느 쪽에 이르겠느냐?[764]

공덕천(功德天)[765]과 흑암녀(黑暗女)[766]가 함께 다니지만,[767] 지혜 있는 주인(主人)이라면 둘 모두를 받아들이지 않는다.

다. 온갖 성문(聲聞)들을 위하여 말하기를 '먼저 난타와 난타바라 두 소 키우는 여자들이 바친 우유를 받아 마시고 뒤에 위없는 바르고 평등한 깨달음을 얻었다.'고 하나, 나는 실제로는 먹지 않았다. 나는 지금 이 모임에 있는 대중을 위하여 그대 순타가 최후에 바치는 음식을 먹지만 실제로는 역시 먹지 않는 것이다."(善男子, 如來之身, 已於無量阿僧祇劫, 不受飲食. 爲諸聲聞說言: '先受難陀難陀波羅二牧牛女所奉乳糜, 然後乃得阿耨多羅三藐三菩提.' 我實不食. 我今爲於此會大衆, 是故受汝最後所奉, 實亦不食.)

763) 조파(照破): 확실히 살펴서 안다. 분명히 안다. 파(破)는 완료를 나타내는 조사.

764) 어느 쪽에도 이르지 않는다. 어디에도 머물지 않는다.

765) 공덕천(功德天): =길상천(吉祥天), shri-mahadevi. 마하실리(摩訶室利)ㆍ실리천녀(室唎天女)ㆍ길상천녀(吉祥天女)ㆍ길상공덕천(吉祥功德天)ㆍ공덕천(功德天)이라 번역. 여신(女神)의 이름. 본래 인도 신화에 나오는 낙걸사명(洛乞史茗, Laksmi)의 다른 이름. 비슈노의 아내, 애욕신(愛慾神) Kama의 어머니. 일찍부터 제석(帝釋)ㆍ마혜수라(摩醯首羅)ㆍ비습노(毘濕笯)와 함께 불교에 들어가서 북쪽 비사문천(毘沙門天)을 주처(住處)로 하고, 미래에 성불하여 길상마니보생여래(吉祥摩尼寶生如來)라 이름한다고 함. 밀교에서는 태장계 대일(大日)의 변신이라 하여, 금강계 대일의 변신인 비사문천왕의 아내라 함.

766) 흑암녀(黑暗女): Kalaratri. 가라라저리(迦羅囉底哩)라 음역. 흑암천(黑闇天)ㆍ흑암녀천(黑闇女天)ㆍ암야천(暗夜天)ㆍ흑야천(黑夜天)ㆍ야흑천(夜黑天)이라고도 번역. 또는 흑이(黑耳, Kakara)라고도 함. 길상천(吉祥天)의 누이동생으로 항상 길상천을 따라 모시며, 얼굴이 추악하여 이르는 곳마다 공덕을 소모케 하고, 재난을 사람에게 준다는 신(神). 밀교에서는 이를 염마왕의 왕비라 하여 태장계 만다라 외금강부원에 둠.

767) 상수(相隨): 상축(相逐)과 같은 말. 서로 뒤쫓는다. 서로 뒤따르다. 서로 의지하고 있다. 서로 뗄 수 없는 한 물건이다.

如云:'如來實智法身, 又無此病, 辨才無礙, 昇騰自在, 不生不滅.' 是名生老病死. 疼痛瘡瘻是暗, 喫菌羹患痢疾而終, 是暗爲藏明頭跡, 明暗都遣莫取. 無取亦無無取, 他不明不暗. 王宮生, 納耶輸陀羅, 八相成道, 聲聞外道, 妄想所計. 如云:'非雜食身.' 純陀云:'我知如來決定不受不食.' 第一須具兩隻眼, 照破兩頭事, 莫祇帶一雙眼向一邊行. 卽有那箇邊到? 功德天黑暗女相隨, 有智主人, 二俱不受.

88. 마음이 허공과 같다면

그런데 지금 마음이 허공과 같다면, 배우기 시작할 때에 이미 이룬 바가 있을 것이다.

서쪽 나라의 시조(始祖)[768]는 말했다.

'구름 덮인 산은 대열반을 비유한다.'[769]

이 땅의 초조(初祖)[770]는 말했다.

'마음 마음이 나무 같고 돌 같다.'[771]

---

768) 고조(高祖) : 고조(高祖)는 뜻이 ①고조부(高祖父), ②선조(先祖), ③역대 왕조의 시조 (始祖) 등인데, 여기에선 불교(佛教)의 창시자인 석가모니 부처님을 가리킨다.

769) 『대반열반경』 제32권 「사자후보살품(師子吼菩薩品) 제11-6』에 다음의 구절이 있다 : "물러남이 없으면 곧장 앞으로 나아가고, 앞으로 나아갔으면 저 언덕에 이르러 크고 높은 산을 올라갈 수 있고, 온갖 두려움을 벗어나 안락을 많이 얻는다. 착한 남자여, 저 언덕은 여래를 비유하고, 안락을 얻음은 부처가 늘 머물러 있음을 비유하고, 크고 높은 산은 대열 반을 비유한다."(無退轉已, 即便前進, 既前進已, 得到彼岸, 登大高山, 離諸恐怖, 多受安樂. 善 男子, 彼岸山者喩於如來, 受安樂者喩佛常住, 大高山者喩大涅槃.)

770) 중국의 초조(初祖)는 보리달마(菩提達磨)이다.

771) 달마가 "마음이 나무나 돌멩이 같다."고 말한 것은 발견되지 않는다. 다만 『경덕전등 록』 제3권 '제이십팔조보리달마(第二十八祖菩提達磨)'의 주석(註釋)에 다음과 같은 내용 이 있다 : 별기(別記; 「이입사행론(二入四行論)』을 가리키는 듯함)에서 말했다. 스님은 애 초 소림사에 9년을 머물렀는데, 이조(二祖)를 위하여 법을 말할 때에는 다만 이렇게 가르 쳤다. "밖으로 온갖 인연을 쉬고, 안의 마음에 헐떡거림이 없도록 하여라. 마음을 장벽(牆 壁)과 같게 하여야 도(道)에 들어갈 수 있다."(別記云. 師初居少林寺九年, 爲二祖說法祇敎 曰: "外息諸緣內心無喘. 心如牆壁可以入道.")

삼조(三祖)가 말했다.

'고요히⁷⁷²⁾ 인연을 잊어라.'⁷⁷³⁾

육조(六祖)⁷⁷⁴⁾는 말했다.

'좋음과 나쁨을 전혀 생각하지 마라.'⁷⁷⁵⁾

마조(馬祖) 선사(先師)⁷⁷⁶⁾는 말했다.

'마치 어리석은 사람이 방향⁷⁷⁷⁾을 구분하지 못하는 것과 같다.'

승조(僧肇)⁷⁷⁸⁾가 말했다.

---

772) 올이(兀爾) : ①고요히 멈춘 모습. ②아둔한 모습. 어두운 모습. 혼미한 모습. ③우뚝
 서서 움직이지 않는 모습. ④(부) 갑자기. 돌연히. =올연(兀然).

773) 삼조승찬(三祖僧璨)의「신심명(信心銘)」에 나오는 구절.

774) 조계(曹溪) : 조계는 곧 육조혜능(六祖慧能)을 가리킨다. 원래는 중국 광동성(廣東省)
 소주부의 동남쪽 30리 쌍봉산(雙峰山) 아래 있는 땅이름. 667년 조숙량(曹叔良)에게 이
 땅을 희사(喜捨)받아 보림사(寶林寺)를 짓고 선풍(禪風)을 크게 떨쳤다. 입적한 뒤에 전신
 (全身)을 이곳에 묻었으므로 육조의 별호가 되었다. 육조혜능을 조계고불(曹溪古佛) 혹은
 조계고조(曹溪高祖)라고 존칭한다.

775) 『육조단경(六祖壇經)』에 나오는 구절. 혜능이 오조홍인(五祖弘忍)에게서 인가를 받고
 남쪽으로 갔는데 도명(道明)이 뒤따라와 가르침을 구하자 도명에게 해 준 말 : "선(善)도
 생각하지 말고, 악(惡)도 생각하지 마십시오. 바로 이러한 때에 어느 것이 혜명 상좌(上
 座)의 본래면목입니까?"(不思善, 不思惡. 正與麼時, 那箇是明上座本來面目?)

776) 선사(先師)는 세상을 떠난 스승을 가리키는 말인데, 백장회해(百丈懷海)의 스승은 마
 조도일(馬祖道一)이다.

777) 방소(方所) : 방향과 장소. 범위.

778) 승조(僧肇) : 384-414년 생존. 중국 동진(東晉)의 장안(長安) 출신. 가난한 집에서 태
 어나 일찍이 노장(老莊) 사상에 기울었다가, 유마경을 읽고서 불문(佛門)에 귀의하여, 구
 마라집(鳩摩羅什) 문하에서 공부하고, 역경(譯經)에 힘썼다. 414년에 세수 31세의 나이로
 죽음을 당하였다. 저서에 『조론(肇論)』, 『주유마힐경(注維摩詰經)』이 있다.

'지혜를 가로막고 총명함을 끊어 버리고, 홀로 깨달아 그윽하고 아득할[779] 뿐이다.'[780]

문수(文殊)가 말했다.

'마음은 허공과 같기 때문에 공경하여 절을 올려도 보이는 것이 없다.'[781]

祇如今心如虛空相似, 學始有所成. 西國高祖云: '雲山喩大涅槃.' 此土初祖云: '心心如木石.' 三祖云: '兀爾忘緣.' 曹溪云: '善惡都莫思量.' 先師云: '如迷人不辨方所.' 肇公云: '閉智塞聰, 獨覺冥冥者矣.' 文殊云: '心同虛空故, 敬禮無所觀.'

---

779) 명명(冥冥) : ①깜깜함. 어두움. ②깜깜한 밤. ③무지몽매함. ④자욱한 모양. ⑤아득함. ⑥멂. 또는 멀리 보이는 하늘. ⑦깊숙하여 어둑한 모양. ⑧세상을 피해 숨어 사는 곳을 이르는 말. ⑨저승. 명부(冥府). ⑩인간의 화복(禍福)을 주재하는 신령의 세계. ⑪죽음. ⑫혼미(昏迷)함. ⑬조용히 침묵을 지키는 모양. ⑭골똘히 정성을 쏟는 모양. ⑮남의 눈에 띄지 않는 곳.

780) 승조(僧肇)가 지은 『조론(肇論)』의 「반야무지론(般若無知論) 제3」에 나오는 구절.

781) 이 구절은 담마류지(曇摩流支)가 번역한 『여래장엄지혜광명입일체불경계경(如來莊嚴智慧光明入一切佛境界經)』 하권(下卷)에 나오는 문수사리(文殊師利)의 게송 가운데 한 구절이다.

89. 수행할 자격

'깊고 깊은 경전은 듣지도 못하고 받아 지니지도 못한다.'[782]

지금 다만 있거나 없는 온갖 법들을 전혀 보지도 말고 듣지도 말고 육근(六根)[783]을 막아 버려라.

만약 이와 같이[784] 배울 수 있고 이와 같이 경전을 지닐 수 있다면, 비로소 수행(修行)할 자격이 있다.

이[785] 말은 듣기에 거북하고 말하기도 싫은[786] 말이지만, 만약[787] 이와

---

782) 불야다라(弗若多羅)와 라집(羅什)이 같이 번역한 『십송율(十誦律)』제49권 「비니증(毘尼增) 1-2」의 '오법초(五法初)'에 부처님이 우파리에게 말하는 다음 구절이 나온다 : "이미 여래가 말한 깊고 깊은 경전의 공(空)·무상(無相)·무원(無願)·십이인연(十二因緣) 등 여러 깊고 중요한 법은 믿을 수도 좋아할 수도 받아 지닐 수도 없다."(已如來所說甚深修多羅, 空無相無願十二因緣諸深要法, 不能信樂受持.)

783) 육근(六根) : 대상을 인식하는 여섯 가지 기관, 즉 눈(眼)·귀(耳)·코(鼻)·혀(舌)·살갗(身)·의식(意) 등을 가리킨다.

784) 여마(與麼) : 여마(與磨), 여마(與摩), 임마(恁麼)라고도 쓴다. 문어(文語)의 여시(如是), 여차(如此)와 같은 뜻이다.

785) 자개(者箇) : 이. 이것.

786) 역이고구(逆耳苦口) : 귀에 거슬리고 입에 쓰다. 듣기 싫은 말. 양약고구충언역이(良藥苦口忠言逆耳) 즉 '좋은 약은 입에 쓰고 진실한 말은 귀에 거슬린다.'에서 온 말.

787) 가중(可中) : ①그 속. 이 속. =기중(其中), 차중(此中). ②만일. 만약. =약(若).

같이 할 수 있다면 현재의 생[788]이나 미래의 생[789]에 이르러 부처가 없는 곳에서 큰 도량(道場)에 앉아 평등하고 바른 깨달음을 이룰 수 있을 것이다.

그리하면 악(惡)을 바꾸어 선(善)으로 만들고 선을 바꾸어 악으로 만들 수 있으며, 악법(惡法)으로 십지보살을 교화하고 선법(善法)으로 지옥과 아귀를 교화할 수 있으며, 밝은 곳에서는 밝음이라는 속박을 풀고 어두운 곳에서는 어둠이라는 속박을 풀 수 있으며, 황금을 붙잡아 흙으로 만들고 흙을 붙잡아 황금으로 만들 수 있으니, 온갖 종류의 일들을 못해내는 것이 없으며[790] 갠지스 강의 모래알 수 같이 무수한 세계의 밖으로 벗어나 자유롭다.

'甚深修多羅, 不聞不受持.' 祇如今但是一切有無諸法, 都不見不聞, 六根杜塞. 若能與麼學, 與麼持經, 始有修行分. 者簡語逆耳苦口, 可中與麼作得, 至第二第三生, 能向無佛處坐大道場, 示現成等正覺, 變惡爲善, 變善爲惡, 使惡法敎化十地菩薩, 使善法敎化地獄餓鬼, 能向明處解明縛, 能向暗處解暗縛, 撮金成土, 撮土成金, 百般作得變弄, 自由於恒沙世界外.

---

788) 제이생(第二生) : 과거생(過去生)·현재생(現在生)·미래생(未來生)의 삼생(三生) 가운데 두 번째인 현재생을 제이생이라고 함.

789) 제삼생(第三生) : 과거생(過去生)·현재생(現在生)·미래생(未來生)의 삼생(三生) 가운데 세 번째인 미래생을 제삼생이라 함.

790) 변롱(變弄) : 갖은 방법을 다 하여 손에 넣다. 어떻게 해서라도 손에 넣다.

90. 작은 쓰임과 큰 쓰임

구원을 찾는 자가 있다면, 세존(世尊)[791]은 곧 삼십이상(三十二相)의 모습으로 그 사람의 앞에 나타나 그가 사용하는 말로써 그에게 법을 말한다.

이것은 만나는 때에 따라 감화(感化)하고 대상에 맞추어 모습을 달리 하는 것으로서, 온갖 중생의 길[792]에서 모습을 바꾸어 나타나 '나'와 '나의 것'이라는 집착에서 벗어나게 하니, 도리어 저쪽[793]의 일에 속하고 오히려 작은 쓰임이고 또한 불사문(佛事門)[794]에 속한다.

---

791) 바가바(婆伽婆) : bhagavat. 제불통호(諸佛通號)의 하나. 박가범(薄伽梵)이라고도 쓰며, 세존(世尊)·중우(衆祐)·파정지(破淨地)라 번역. 『대지도론』 제3권에는 네 가지 뜻을 들어 설명하였다. ①바가(婆伽)는 덕을 말하고, 바(婆)는 유(有)를 말한 것으로 이는 덕이 있다는 뜻. ②바가는 분별, 바는 교(巧)라 이름하니, 이는 공교하게 모든 법의 총상(總相)과 별상(別相)을 잘 분별한다는 뜻. ③바가는 명성(名聲), 바는 유(有)를 말한 것으로, 명성을 얻은 것이 부처님과 같은 이가 없다는 뜻. ④바가는 파(破), 바는 능(能)이란 말로 능히 음(婬)·노(怒)·치(癡)를 없애 버렸다는 뜻.

792) 제취(諸趣) : 취(趣)는 중생이 윤회하는 길인 도(道)와 같음. 제취는 오취(五趣) 혹은 육취(六趣)를 말함.

793) 깨달음으로 이끄는 방편의 세계를 가리킴. 방편은 아직 분별의 세계이니 작은 쓰임이라고 하였고, 방편문(方便門)인 불사문(佛事門)이라고 하였다.

794) 불사문(佛事門) : 불법(佛法)으로써 중생을 교화하는 일. 방편문(方便門), 장엄문(莊嚴門)과 같은 말. 중생을 제도하기 위하여 중생이 소화시킬 수 있는 방편을 사용하지만, 방편은 진실이 아니고 여전히 분별망상에 속하므로 분별할 수 없는 깨달음의 실상을 곧장 가리키는 것보다는 못하다.

큰 쓰임이란, '큰 몸은 숨어 있어서 모습이 없고 큰 소리는 작고 희미한 소리 속에 숨겨져 있다.'[795]는 말처럼 마치 나무 속의 불과 같고 종과 북 속의 소리와 같아서 인연이 갖추어질 때가 아니면 그것을 있니 없니 하고 말할 수 없다.

과보(果報)를 따라 하늘나라에 태어나서야 그 불사문을 버리는[796] 것이 마치 코를 풀고 침을 뱉는[797] 것과 같다.

보살의 육도만행(六度萬行)[798]은 마치 죽은 시체를 싣고서 언덕을 넘어가는 것과 같고 또 감옥에서 똥통 구멍으로 빠져나오는 것과 같다.[799]

부처가 삼십이상(三十二相)을 나타내면 더러운 때[800]와 같은 옷이라고 일컫는다.

---

795) 『노자도덕경(老子道德經)』 제41장에 다음 구절이 있다 : 큰 장소에는 구석이 없고, 큰 그릇은 늦게 이루어지고, 큰 소리는 잘 들리지 않고, 큰 모양은 모양이 없고, 도(道)는 이름 없이 숨어 있다.(大方無隅, 大器晚成, 大音希聲, 大象無形, 道隱無名.)

796) 버려야 할 것이란 작은 쓰임인 불사문(佛事門)을 가리킨다. 복을 지어 그 과보로 하늘에 태어나더라도 여전히 중생을 벗어나지 못하기 때문에 중생에게 사용하는 방편문인 불사문을 버린다는 것이다. 불가사의한 해탈법문인 실상(實相)을 곧장 가리키는 것이 더 좋은 것임을 나타내는 말.

797) 체타(涕唾) : ①콧물과 침. ②(멸시하는 뜻으로) 코를 풀고 침을 뱉다.

798) 육도만행(六度萬行) : 보시(布施)·지계(持戒)·인욕(忍辱)·정진(精進)·선정(禪定)·지혜(智慧)의 육도(六度; 육바라밀)는 모든 선행(善行)의 근본이기 때문에 넓게 말하면 만행(萬行)이 됨을 가리킴.

799) 불사문(佛事門)이고 교화문(敎化門)인 방편은 분별에 속하므로 깨끗하고 진실한 본성은 아니다.

800) 구니(垢膩) : ①=구니(垢泥). 몸의 때. ②더럽다. 불결하다.

有求救者, 婆伽婆卽披三十二相, 見其人前, 同渠語音, 與渠說法, 隨機感化, 應物殊形, 變現諸趣, 離我我所, 猶屬彼邊事, 猶是小用, 亦是佛事門中收. 大用者, '大身隱於無形, 大音匿於希聲.' 如木中之火, 如鍾鼓之聲, 因緣未具時, 不可言其有無. 傍報生天, 棄之如涕唾. 菩薩六度萬行, 如乘死屍過岸, 如在牢獄厠孔得出. 佛披三十二相, 喚作垢膩之衣.

91. 세간이 곧 출세간이다

또 이렇게 말한다.

'만약 부처가 한결같이 오온(五蘊)을 받아들이지 않는다고 말한다면, 이것은 있을 수 없는 일이다. 부처는 허공이 아닌데 어떻게 한결같이 받아들이지 않을 수 있겠는가? 부처는 다만 가고 머묾에 자유로워서 중생들과 같지 않을 뿐이다. 하나의 하늘 세계에서 또 하나의 하늘 세계에 이르기까지 하나의 불국토에서 또 하나의 불국토에 이르기까지는 온갖 부처의 변함 없는 법이다.'

다시 말했다.

'만약 삼승(三乘)의 가르침에 의거하여 신도의 보시[801]와 공양을 받는다면, 그는 지옥 속에 있는 것이다. 보살은 자비(慈悲)를 행하여 중생들과 함께 하며 그들을 교화하고 이끌어서 부처님의 은혜에 보답하여야 하니, 늘 열반에 머물러 있어선 안 된다.'

다시 말했다.

'마치 사람이 불을 보면서 손으로 만지지만 않으면 불이 사람을 태우지는 않는 것과 같으니, 예컨대 지금 다만 탐내는 마음·좋아하는 마음·물든 마음·성내는 마음·사로잡힌 마음·머무는 마음·의지하는 마음·집착하는 마음·취하는 마음·그리워하는 마음 등 열 구

---

801) 신시(信施) : 재가 신자가 불법승(佛法僧) 삼보에게 보시하는 물건.

절의 더러운 마음이 없기만 하면, 다만 하나하나의 구절마다 삼구(三句)[802]가 있어서 하나하나의 구절에서 삼구 밖으로 뚫고 벗어날 것이다. 그리하여 다만 살펴보고 행동하는[803] 모든 경우에 방해하지 않고 내버려두면,[804] 모든 행동과 행위와 말과 침묵과 울음과 웃음이 전부 부처의 지혜일 것이다.'"

亦云: '若說佛一向不受五陰, 無有是處. 佛不是虛空, 何得一向不受? 佛秖是去住自由, 不同衆生. 從一天界至一天界, 從一佛利至一佛利, 諸佛常法.' 又云: '若據三乘教, 受他信施供養, 他在地獄中. 菩薩行慈悲, 同類化導報恩, 不可常在涅槃.' 又云: '如火[805]見火, 但莫手觸, 火不燒人, 秖如今但無十句濁心·貪心·愛心·染心·瞋心·執心·住心·依心·着心·取心·戀心, 但是一句各有三句, 箇箇透過三句外. 但是一切照用, 任聽縱橫, 但是一切擧動施爲, 語默啼笑, 盡是佛慧.'"

---

802) 삼구(三句) : 앞서 나왔듯이 백장삼구(百丈三句)는 초선(初善)·중선(中善)·후선(後善)인데, 초선(初善)에서는 긍정하거나 부정하는 하나의 입장을 지키고, 중선(中善)에서는 초선의 입장을 버리며, 후선(後善)에서는 초선의 입장을 버렸다는 생각(知解)도 버리는 것이다.

803) 조용(照用) : 마음으로 비추어 보고 작용하다. 살펴보고 행동하다. 조(照)는 상대방이 어떤 태도로 나오는지를 살펴보는 것이고, 용(用)은 상대방의 태도에 대응하는 행위이며, 조(照)는 알아차리는 것이고, 용(用)은 행동하는 것이다.

804) 임청종횡(任聽縱橫) : 자유에 맡기다. 마음대로 하게 하다. 마음대로 하도록 내버려두다. 방해하지 않고 내버려두다.

805) 火 : 문맥으로 보아 '人'의 오기(誤記)로 여겨진다.

『천성광등록』제9권 끝

天聖廣燈錄卷第九

부록

＊『탑명(塔銘)』(818년), 『조당집』(952년), 『송고승전』(988년), 『전등록』
(1004년), 『사가어록』(1066년)의 백장에 관한 기록 가운데 『천성광등록』
(1036년)에 없는 내용만 뽑아서 소개한다.[806]

---

806) ①『당홍주백장산고회해선사탑명(唐洪州百丈山故懷海禪師塔銘)』은 『전당문(全唐文)』
(1814년 편찬)에 실려 있지만 백장회해가 열반에 든 4년 뒤인 818년에 이융(李融)이 작성
한 글이다. ②『조당집(祖堂集)』은 현존하는 선종사서(禪宗史書) 중 가장 오래된 것으로서
20권으로 되어 있다. 오대(五代) 남당(南唐) 보대(保大) 10년인 952년 천주(泉州) 초경사
(招慶寺)의 정(靜)·균(筠) 두 선승(禪僧)이 펴냈고, 현존하는 판본은 고려(高麗) 고종(高
宗) 32년(1245년)에 개판(開版)되어 고려대장경(高麗大藏經)에 들어 있는 것이다. ③『송
고승전(宋高僧傳)』은 988년에 찬녕(贊寧)이 당(唐)과 오대(五代)의 고승(高僧)들의 전기
를 집대성한 책이다. ④『경덕전등록(景德傳燈錄)』은 줄여서 『전등록(傳燈錄)』이라고 하는
데, 전 30권으로 송(宋)의 진종 경덕(景德) 원년인 1004년에 오나라의 사문 도원(道原)이
편찬하였다. 선종(禪宗) 전등(傳燈)의 계보를 밝히고 있는데 총 1,701인의 이야기를 싣
고 있다. 중국 선종 연구의 기본 자료이다. 이후에 이것을 본받아 여러 가지 등록(燈錄)이
생겨났다. ⑤『사가어록(四家語錄)』은 마조도일(馬祖道一)·백장회해(百丈懷海)·황벽희
운(黃檗希運)·임제의현(臨濟義玄)의 어록(語錄)을 모아서 펴낸 어록이다. 『사가어록』의
존재를 확인할 수 있는 최고(最古)의 자료는 송(宋) 원풍(元豐) 8년(1085) 11월 1일이라
는 날짜를 가진 양걸(楊傑)의 서(序)이다. 그런데 양걸(楊傑)의 서(序)에는 특히, 『사가어
록』의 텍스트를 결정한 사람으로 적취노남(積翠老南)의 이름이 나타난다. 적취노남(積翠
老南)은 곧 황룡혜남(黃龍慧南; 1002-1069)인데, 황룡혜남(黃龍慧南)은 송초(宋初)에 성
립한 오가칠종(五家七宗) 가운데 임제종(臨濟宗) 황룡파(黃龍派)의 종조(宗祖)이다. 황룡
혜남(黃龍慧南)에 의한 『사가어록』의 성립은 대강 치평(治平) 3년(1066) 전후의 일이라고
할 수 있다. 본 번역의 텍스트인 『천성광등록』본 『백장어록』과, 『조당집』과 『전등록』에 실린
『백장어록』의 내용 속에 『사가어록』에 실린 『백장어록』의 내용이 모두 실려 있음을 확인할
수 있다.

1. 탑명(塔銘)

당(唐) 홍주(洪州) 백장산(百丈山) 고(故) 회해(懷海) 선사(禪師) 탑명(塔銘)⁸⁰⁷⁾

별의 위치⁸⁰⁸⁾는 북두칠성의 순서와 같고 산의 생김새는 독수리가 서 있는 듯한데, 사문(沙門)⁸⁰⁹⁾ 가운데 상수(上首)가 말했다.

"회해(懷海) 선사(禪師)는 여기에 집을 짓고 살았고, 여기에다 탑을 쌓았고, 여기에서 불법을 전했다."

그 문하의 제자들은 산과 골짜기가 변하여 때가 되면⁸¹⁰⁾ 잊힐까⁸¹¹⁾ 두려워하여 유학자(儒學者)에게 부탁하여 명(銘)⁸¹²⁾을 지어 나타내게 하였다. 서방(西方)의 가르침⁸¹³⁾이 중국(中國)에서 행해지니 그것의 육도(六

---

807) 『전당문(全唐文)』제446권에 실려 있다. 『전당문』은 청(淸) 가경(嘉慶) 19년인 1814년에 편찬되었지만, 이 탑명(塔銘)은 백장이 입멸한 4년 뒤인 원화(元和) 13년(서기 818년)에 기록되었다고 말미에 밝혀져 있다.

808) 성전(星躔) : 별의 운행 궤도 위의 위치.

809) 상문(桒門) : 사문(沙門)의 다른 음역. 승려.

810) 일시(日時) : ①특정한 날짜와 시간. ②날짜나 시간을 두루 일컫는 말. ③철. 때. ④항상. 때마다.

811) 실기(失紀) : =실기(失記). ①기록에서 빠지다. 기록을 빠뜨리다. ②잊다. 잊어버리다.

812) 명(銘) : ①비석이나 기물 위에 사실이나 공덕을 새긴 문장. ②쓰거나 새겨서 자신의 교훈으로 삼는 글.

813) 서방의 가르침은 곧 불교(佛敎)를 말한다.

度)⁸¹⁴⁾를 우리의 오상(五常)⁸¹⁵⁾과 같이 본다면 악(惡)을 막아서 선(善)으로 바꾸므로, 길은 다르지만 이르는 곳은 같다.⁸¹⁶⁾

단지 선종(禪宗)⁸¹⁷⁾ 하나만이 삶과 죽음을 뛰어넘는데, 큰 지혜를 갖춘 자⁸¹⁸⁾가 비로소 그것을 얻어서 스스로 어려운 발걸음을 하여 조계(曹溪)⁸¹⁹⁾에까지 이른 것은 문서⁸²⁰⁾에 자세히 기록되어 있다. 조계는 형악(衡岳)의 관음원(觀音院)⁸²¹⁾에 머물렀던 회양(懷讓)⁸²²⁾ 스님에게 (선법(禪

814) 육도(六度) : 대승보살 수행의 방편문인 육바라밀(六波羅蜜)의 가르침. 즉 보시, 지계, 인욕, 정진, 선정, 반야바라밀의 가르침.

815) 오상(五常) : 유교에서 변하지 않는 도(道)로 여기는 인(仁) · 의(義) · 예(禮) · 지(智) · 신(信)의 5가지 덕목. 전한(前漢)의 동중서(董仲舒)가 제왕이 닦아야 할 '오상의 도(道)'로서 이 5가지 덕목을 든 이래로 오륜(五倫)과 함께 유교의 윤리설을 대표하는 것이 되었다.

816) 수도동철(殊途同轍) : 길은 다르지만 행적은 같다. 방법은 다르지만 결과는 같다. =수도동귀(殊途同歸).

817) 선나(禪那) : dhyana. 6바라밀의 하나인 선정(禪定). 타연나(馱衍那)라고도 쓰며, 선(禪)이라 약칭. 정려(靜慮) · 사유수(思惟修) · 정(定)이라 번역.

818) 여기에서 '큰 지혜를 갖춘 자'란 중국에 선(禪)을 전한 보리달마(菩提達磨)를 가리킨다.

819) 조계(曹溪) : 조계는 곧 육조혜능(六祖慧能)을 가리킨다. 원래는 중국 광동성(廣東省) 소주부의 동남쪽 30리 쌍봉산(雙峰山) 아래에 있는 땅이름. 667년 조숙량(曹叔良)에게 이 땅을 희사(喜捨)받아 보림사(寶林寺)를 짓고 선풍(禪風)을 크게 떨쳤다. 입적한 뒤에 전신(全身)을 이곳에 묻었으므로 육조의 별호가 되었다. 육조혜능을 조계고불(曹溪古佛) 혹은 조계고조(曹溪高祖)라고 존칭한다.

820) 기첩(紀牒) : 기록해 놓은 문서.

821) 남악회양(南嶽懷讓)이 머물렀던 형악(衡岳) 반야사(般若寺)의 관음원(觀音院).

822) 남악회양(南嶽懷讓) : 677-744. 당대(唐代) 선승. 남악(南嶽)은 머문 산 이름. 속성은 두(杜) 씨. 산동성(山東省) 금주(金州) 출신. 15세에 호북성 형주(荊州) 옥천사(玉泉寺)의 홍경(弘景) 율사(律師)를 찾아가 출가하여 율장을 공부함. 그 뒤에 숭산(嵩山)의 숭악혜안

法)을) 전하였고, 관음원의 회양 스님은 강서(江西)의 도일(道一)[823] 스님
에게 전하였는데, (두 글자가 빠져 있음)[824]조칙(詔勅)으로 도일 스님에게
대적선사(大寂禪師)라는 시호(諡號)를 내렸다. 대적선사는 (백장회해) 대
사(大師)에게 전하였는데, 중국 땅에서 전해진[825] 계보를 따진다면 9대

(嵩嶽慧安)을 만나 그의 권유에 의하여 조계(曹溪)의 육조혜능을 찾아가 5년간 그 문하에
서 공부하고 육조의 법을 이었다. 당(唐) 선천(先天) 2년(713)에 남악(南嶽)의 반야사(般
若寺)에 머물렀고, 개원(開元) 연간(713-741)에 마조도일(馬祖道一)을 가르쳐 법을 전하
였다. 청원행사(青原行思)와 더불어 혜능의 2대 제자이다. 그의 문하에서 임제종(臨濟宗)
과 위앙종(潙仰宗)이 출현하여 중국 신종의 주류를 이룸. 시호는 대혜선사(大慧禪師).

823) 마조도일(馬祖道一) : 709-788. 당대(唐代) 선승. 남악회양(南嶽懷讓)의 법제자. 신라
승 무상(無相)에게서도 공부하였다. 성은 마(馬) 씨. 한주(漢州; 사천성(四川省)) 시방(什
邡) 사람. 용모가 기이하여 소처럼 걷고 호랑이처럼 노려보며 혀가 길고 발에 두 개의 바
퀴무늬가 있었다 함. 어려서 여러 학문을 공부하였고, 근처 나한사(羅漢寺)의 자주처적
(資州處寂)에게 출가하였다. 뒤에 남악(南嶽)에서 육조(六祖)의 제자 회양(懷讓)의 깨우
침에 의하여 이른바 남악마전(南嶽磨磚)을 통하여 심인(心印)을 얻었다. 천보(天寶) 원년
(742) 건양(建陽) 불적암(佛蹟巖)에서 개법(開法)한 후 대력(大曆) 4년(769)에는 종릉(鐘
陵; 강서성(江西省)) 개원사(開元寺)에 머물며 종풍(宗風)을 드날렸다. 만년에 늑담(泐潭;
정안현(靖安縣)) 석문산(石門山) 보봉사(寶峰寺)에 머물다가 정원(貞元) 4년 2월 입적하
였다. 세수 80세. 문인 권덕여(權德輿)가 '탑명병서(塔銘幷序)'를 짓고 석문산에 탑(塔)을
세웠다. 시호는 대적선사(大寂禪師; 헌종), 조인(祖印; 송(宋) 휘종)이라 했다. 당시 사람들
이 강서마조(江西馬祖)와 호남석두(湖南石頭)를 선계(禪界)의 쌍벽이라 함. 문하에 백장
회해(百丈懷海), 서당지장(西堂智藏), 남전보원(南泉普願), 염관제안(塩官齊安), 대매법
상(大梅法常) 등의 뛰어난 종장(宗匠)들이 많다. 설법과 문답을 모은 『마조록(馬祖錄)』이
남아 있음.

824) 아마도 빠진 두 글자는 헌종(憲宗)이 아닐까? 마조도일에게 대적선사라는 시호를 내린
이는 당(唐) 헌종(憲宗)이다.

825) 상승(霜承) : 엄정하게 이어지다.

에 해당한다.[826)]

唐洪州百丈山故懷海禪師塔銘

星躔斗次, 山形鷲立, 桑門上首曰: "懷海禪師, 室於斯, 塔於斯, 付大法於斯." 其門弟

子, 懼陵谷遷貿, 日時失紀, 托於儒者, 銘以表之. 西方敎行于中國, 以彼之六度, 視我

之五常, 遏惡遷善, 殊途同轍. 唯禪那一宗, 度越生死, 大智慧者方得之, 自難足達于曹

溪, 紀牒詳矣. 曹溪傳衡岳觀音台懷讓和上, 觀音傳江西道一和上, (闕二字)詔諡爲大

寂禪師. 大寂傳大師, 中土霜承, 凡九代矣.

　(백장회해) 대사는 태원(太原)[827)] 왕씨(王氏)로서, 복주(福州)[828)]의 장락현

(長樂縣) 사람이다. 먼 조상은 영가(永嘉)의 난리[829)] 때문에 민(閩)[830)] 땅으

로 이사하였다.

---

826)　①달마(達磨)→ ②혜가(慧可)→ ③승찬(僧璨)→ ④도신(道信)→ ⑤홍인(弘忍)→ ⑥혜
　　　능(慧能)→ ⑦회양(懷讓)→ ⑧도일(道一)→ ⑨회해(懷海).

827)　태원(太原) : 백장의 속가 성(姓)인 왕씨(王氏)의 본관(本貫). 태원은 산서성(山西省)
　　　에 있는 지명이다.

828)　복주(福州) : 복건성(福建省) 즉 민(閩) 지방에 있는 고을.

829)　영가지란(永嘉之亂) : 서기 313년에 서진(西晉)의 유총(劉聰)이 낙양(洛陽)을 함락시
　　　키고 효회제(孝懷帝)를 시해(弑害)한 난리. 이 난으로 인하여 많은 고서(古書)가 유실되었
　　　다. 영가(永嘉)는 효회제의 연호로서 서기 307년-313년 사이이다.

830)　민(閩) : 복건성(福建省) 지역. 복건성에는 민강(閩江)이 있다.

대사는 대사인연(大事因緣)[831] 때문에 상법시대(像法時代)[832]의 제일 끝에 태어났다. 잉태되자[833] 꽃향기와 고기의 노린내를 스스로 멀리하였고, 태어날 때가 되자 신기하고 이상한 일이 일어났으며, 소년으로 자라면서 영특하고 성스러움이 나타났으니, 과거 생애[834]에 덕의 뿌리를 심지 않았다면 어찌 이와 같았으랴?

서산(西山)의 혜조(慧照) 화상에게서 머리를 깎고 출가하여,[835] 형산(衡山)의 법조(法朝) 율사(律師)에게서 구족계(具足戒)를 받고는 탄식하며 말했다.

"허망한 원인을 씻어 내고 반드시 법의 바다에 노닐어야 하는데, 어찌 마음으로 깨닫기만 할 것인가? 또한 말로써 설명한 것에도 의지해야 할 것이다."

---

831) 대사인연(大事因緣) : =일대사인연(一大事因緣). 극히 중대한 인연이란 뜻. 부처님이 이 세상에 나타난 까닭은 소승(小乘)·대승(大乘)·권교(權教)·실교(實教)의 여러 방편을 가지고 다양한 근기(根機)의 중생들을 인도하여 일불승(一佛乘)의 가르침을 알게 하기 위함이니, 이것을 일대사인연이라고 함.

832) 상법시대(像法時代) : 3시(時)의 하나. 정법(正法) 시대와 비슷한 시기란 뜻. 부처님이 멸도한 뒤 500년(혹 1천년)의 정법 시기가 지난 뒤의 1천년 동안. 정법 때에는 교(教)·행(行)·증(證)이 갖추어 있지만, 상법 때는 교행만 있다고 함.

833) 탁태(托胎) : =탁태(託胎). ①모태(母胎)에 들어가 의지하여 머물다. ②여래 팔상(八相)의 하나. 석존께서 도솔천에서 내려와 마야부인의 오른 옆구리를 통하여 태(胎) 안에 들어가 계신 것.

834) 숙세(宿世) : 지난 세상의 생애. 곧 과거세.

835) 낙발(落發) : 머리를 깎고 출가하여 승려가 되다. =낙발(落髮).

그리하여 여강(盧江)[836]으로 가서 방편[837]인 경장(經藏)을 열람하였는데, 집 밖으로 나오지 않은 것이 여러 해가 되었다.

大師太原王氏, 福州長樂縣人. 遠祖以永嘉喪亂, 徒于閩隅. 大師以大事因緣, 生於像季. 托孕而薰膻自去, 將誕而神異聿來, 成童而靈聖表識, 非夫宿植德本, 曷以臻此? 落髮於西山慧照和尙, 進具於衡山法朝律師, 旣而嘆曰: "將滌妄源, 必游法海, 豈惟心證? 亦假言詮." 遂詣盧江, 閱浮槎經藏, 不窺庭宇者積年.

대적선사(大寂禪師)[838]를 스승으로 삼고 나서는 마음 도장[839]을 모두 얻었다. 말씀은 간결하지만 이치는 정밀(精密)하였고 용모는 온화하지만 정신은 엄준(嚴峻)하였으니, 보는 사람마다 존경심을 내었고 평소[840] 스스로 모든 일을 다 하였다. 훌륭하면서도 명성(名聲)을 가까이하지 않았으므로 선사(先師)[841]의 비문(碑文)은 홀로 숨겨져 드러나지 않는다고[842] 일컬어진다.

---

836) 여강(盧江): ①강서성(江西省) 북쪽을 흐르는 강. ②안휘성(安徽省)에 있는 군(郡) 이름.
837) 부사(浮槎): 뗏목. 방편을 가리킴.
838) 대적(大寂): 마조도일(馬祖道一)의 시호(諡號).
839) 심인(心印): =불심인(佛心印). 심(心)은 불심(佛心), 인(印)은 인가(印可)·인증(印證). 언어문자(言語文字)로써 표현할 수 없는 깨달음의 마음을 스스로의 내면에서 증명(證明)하는 것.
840) 거상(居常): 평소. 여느 때. 보통 때.
841) 백장회해를 가리킴.
842) 회복(晦茯): =회복(晦伏). 숨겨져 드러나지 않음.

행동을 대중과 함께 했기 때문에 문인(門人)들이 울력[843]할 때에는 반드시 그들과 노고를 같이 하였다. 미움과 사랑을 모두 잊었기 때문에 고향[844]을 버렸고, 똑똑한 사람과 어리석은 사람에 대하여 변함없이 한결같았기 때문에 배우러 오는 사람을 두루 받아들였다. 늘 삼신(三身)[845]에 머묾이 없었고, 온갖 행동이 모두 공(空)이었고, 삿됨과 바름을 함께 버렸고, 근원과 흐름을 모두 없앴다. 이러한 가르침의 요점[846]을 가지고 사람들의 본보기[847]로 삼았으니, 앞서 부처님이 말씀하신 것이 이에 돈문(頓門)이 되었다.

既師大寂, 盡得心印. 言簡理精, 貌和神峻, 睹即生敬, 居常自畢. 善不近名, 故先師碑文, 獨晦茯稱號. 行同於衆, 故門人力役, 必等其艱勞. 怨親兩忘, 故棄遺舊里, 賢愚一貫, 故普授來學. 常以三身無住, 萬行皆空, 邪正幷捐, 源流劉泯. 用此教旨, 作人表式, 前佛所說, 斯爲頓門.

---

843) 역역(力役) : 부역(賦役). 울력.

844) 구리(舊里) : 고향(故鄕). 예전에 살던 곳.

845) 삼신(三身) : 불신(佛身)을 그 성질상으로 보아 셋으로 나눈 것. 법신(法身) · 보신(報身) · 응신(應身). ①법신. 법은 영겁토록 변치 않는 삼라만상의 본체, 신은 모여 있다는 뜻. 본체에 인격적 의미를 붙여 법신이라 하니, 빛깔도 형상도 없는 이치인 부처. ②보신. 인(因)에 따라서 나타난 불신. 아미타불과 같음. 곧 보살위(菩薩位)의 어려운 수행을 견디고, 정진 노력한 결과로 얻은 영구성이 있는 유형(有形)의 불신. ③응신. 보신불을 보지 못하는 이를 제도하기 위하여 나타나는 불신. 역사적 존재를 인정하는 석가모니와 같음. 응신을 화신(化身)이라고도 함.

846) 교지(教旨) : 가르침의 요지(要旨). 가르침의 근본 뜻. 가르침의 요점.

847) 표식(表式) : ①모범. 본보기. ②표창(表彰)함.

대적선사의 문도(門徒) 가운데에는 많은 뛰어난 선승(禪僧)[848]들이 있어서 어떤 이는 그 명성이 천자[849]에게까지 알려져서 벼슬길[850]로 들어가 서울[851]로 가기도 하고, 어떤 이는 한 지방에서 자비를 베풀어서[852] 군(郡)과 나라를 각기 안정시키기도 하였다.

오직 대사만이 숨어서 드러나지 않음을 즐겨하여 외로운 곳[853]에 머물렀다. 명성을 버렸으나 그 덕에 대한 칭송은 더욱 높았고, 홀로 갔으나 배우는 무리는 더욱 많이 모였다. 교학(敎學)을 공부하는 곳[854]을 두루 찾아다니기도 하고 선(禪)의 관문(關門)에 골고루[855] 이르기도[856] 하다가 만약 막혀 뚫어내지 못하거나 공(空)과 유(有)에 여전히 간격이 있으면, 만리(萬里)를 가더라도 마음속에 숨겨 두고 입밖에 내지 않고 있

---

848) 용상(龍象) : 코끼리. 대중 가운데 안목이 뛰어난 승려를 비유한 말

849) 만승(萬乘) : ①1만 량(輛)의 병거(兵車). 4필의 말이 이끄는 수레가 1승(乘)이다. ②천자(天子)를 이르는 말. 주(周)나라 제도에 천자는 천리(千里)의 땅에 병거 1만 량을 낼 수 있다 하여 이르는 말. ③제왕(帝王) 또는 제위(帝位). ④병거 1만 량을 낼 수 있는 큰 나라. 또는 나라를 두루 이르는 말.

850) 의(依) : 녹봉(祿俸). 벼슬.

851) 연(輦) : 진(秦), 한(漢) 이래로 임금이나 왕후가 타던 수레. 전하여 경성(京城)의 별칭.

852) 화흡(化洽) : 은혜를 베풀다. 자비를 베풀다.

853) 운송(雲松) : ①높고 큰 소나무. ②흰구름과 소나무. 흔히 은자(隱者)의 동반자로 여겨졌다.

854) 강사(講肆) : 강의나 강독을 행하는 자리. 강좌(講座), 강석(講席)과 같은 뜻.

855) 역(曆) : 두루. 빠짐없이. 골고루. 낱낱이. 하나하나. =역(歷).

856) 저(抵) : 이르다. 도달하다.

다가⁸⁵⁷⁾ 마침내 한마디 말에서 해결(解決)되지⁸⁵⁸⁾ 않음이 없었고, 의문의 줄이 구름처럼 뻗어 있으면 지혜의 칼날로써 얼음 끊듯이 자르지 않음이 없었다.

이 까닭에 제(齊)⁸⁵⁹⁾ · 노(魯)⁸⁶⁰⁾ · 연(燕)⁸⁶¹⁾ · 대(代)⁸⁶²⁾ · 형(荊)⁸⁶³⁾ · 오(吳)⁸⁶⁴⁾ · 민(閩)⁸⁶⁵⁾ · 촉(蜀)⁸⁶⁶⁾에서 그 그림자를 보고서 급히 좇아왔고⁸⁶⁷⁾ 그 소문을 듣고서 회오리바람처럼 모여들었는데, 그들의 배고픔과 목마름에 응하여 그들이 재빨리 편안함을 얻어 초연히 속박에서 벗어나게⁸⁶⁸⁾ 하였으니, 이 시대에 그런 사람이 있었던 것이다.

大寂之徒, 多諸龍象, 或名聞萬乘, 入依就輦, 或化洽一方, 各安郡國. 唯大師好耽幽隱, 栖止云松. 遺名而德稱益高, 獨往而學徒彌盛. 其有遍探講肆, 歷抵禪關, 滯著未

---

857) 함장(緘藏) : 마음속에 숨겨 두고 입밖에 내지 않다.

858) 취결(取決) : 결정하다. 결정되다. (-에) 달려 있다.

859) 제(齊) : 산동성(山東省) 북부, 하북성(河北省) 남부 지역.

860) 노(魯) : 산동성(山東省) 지역.

861) 연(燕) : 하북성(河北省) 북부, 요녕성(遼寧省) 남부 지역.

862) 대(代) : 하북성(河北省) 울현(蔚縣) 지방.

863) 형(荊) : 춘추시대 초(楚)나라의 옛 이름. 지금의 호남성(湖南省)과 호북성(湖北省) 지역.

864) 오(吳) : 강소성(江蘇省) 남부와 절강성(浙江省) 북부 지역.

865) 민(閩) : 복건성(福建省) 지역.

866) 촉(蜀) : 사천성(四川省) 지역.

867) 성분(星奔) : 유성(流星)처럼 질주하다. 빠르게 달리다. 빠름을 형용함.

868) 현해(懸解) : ①속박에서 벗어나다. ②분명하게 알다. 환히 깨닫다. ③거꾸로 매달린 괴로움에서 풀려나다. 곤경에서 벗어나다.

祛, 空有猶閡, 靡不緘藏萬里, 取決一言, 疑綱云張, 智刀冰斷. 由是齊魯燕代, 荊吳閩蜀, 望影星奔, 聆聲颷至, 當其飢渴, 快得安隱, 超然懸解, 時有其人.

대사는 처음에 석문산(石門山)⁸⁶⁹⁾에 머물며 대적선사(大寂禪師)의 탑에 의지하였고, 다음에 스승의 지위를 맡게 되자 최상승법(最上乘法)⁸⁷⁰⁾을 거듭 널리 펼쳤다. 뒤에 대중이 모여들자 멀고 깊은 곳에 뜻을 두었으니, 백장산(百丈山)⁸⁷¹⁾의 바위가 우뚝 솟은 한 귀퉁이요, 사방으로 인가(人家)와 떨어진 곳이었다.

살 만한 땅을 골라 집을 지으려⁸⁷²⁾ 하자 반드시 보시(布施)⁸⁷³⁾를 기다려야 하였다. 이보새(伊補塞)가 창감정(暢甘貞)과 사귀면서 보시하기를 청하였고, 가산원(家山原)은 경도암(卿導庵)을 위하여 오두막집을 둘레

---

869) 석문(石門) : 강서성(江西省) 정안현(靖安縣)에 있는 석문산(石門山). 석문산(石門山)에는 마조도일(馬祖道一)이 말년에 주석한 보봉사(寶峰寺)가 있고, 마조도일은 여기에서 입적하였으므로, 여기에 탑을 세웠다.

870) 최상승법(最上乘法) : 선종(禪宗)을 가리키는 말. 규봉종밀은『선원제전집도서(禪源諸詮集都序)』에서 선을 분류하면서 보리달마(菩提達磨)가 전한 선이 최상승(最上乘)이라고 하였다.

871) 백장산(百丈山) : 강서성(江西省) 홍주(洪州) 봉신현(奉新縣)에 있는 대웅산(大雄山). 이 산에는 백장(百丈)이나 되는 높은 바위가 솟아 있으므로 백장산(百丈山)이라고 불렀다. 백장회해(百丈懷海)가 여기에 최초로 선종사찰을 지었다.

872) 복축(卜築) : 살 만한 땅을 가려서 집을 짓다.

873) 단나(檀那) : dana의 음역. 타나(陀那)·타낭(馱曩)이라고도 음역하고, 보시(布施)라고 번역함. 남에게 물건을 거저 주는 일. 혹은 남에게 물건을 거저 주는 사람.

874) 공시(供施) : ①제사를 모시는 사람. ②삼보(三寶)에 공양(供養)하는 사람. ③시주(施主).

에 지었다. 보시하는 사람[874]들이 점점 많아지자 대중이 다시 석문산
(石門山)에서보다 더 많아졌다. 그러나 땅의 신령스러운 기운[875]이 멀리
까지 뻗어 있었기, 때문에 죽을 때까지 공부하려는 뜻은 매우 많이 있
었다.[876]

大師初居石門, 依大寂之塔, 次補師位, 重宣上法. 後以衆所歸集, 意在遐深, 百丈山碍
立一隅, 人烟四絶. 將欲卜筑, 必俟檀那. 伊補塞游暢甘貞請施, 家山原爲卿導庵廬環
繞. 供施茆積, 衆又逾於石門. 然以地靈境遠, 頗有終焉之志.

원화(元和)[877] 9년(814년) 정월 17일에 선상(禪床)에서 시멸(示滅)[878]하
였으니, 세수(世壽)[879] 66세 승납(僧臘) 47년이었다. 그해 4월 22일에 전
신(全身)을 받들어 서봉(西峰)에 묻었다. 『바사론(婆娑論)』[880]의 문장에

875) 지령(地靈) : ①산천(山川)이 신령스럽고 빼어나다. ②땅의 신령(神靈). 땅의 신령한
기운.
876) 파유(頗有) : 흔히 있다. 적지 않다. 상당히 많이 있다.
877) 원화(元和) : 당(唐) 11대 헌종(憲宗)의 연호(年號). 806년에서 820년까지 15년간이다.
878) 증멸(證滅) : 멸도(滅度)를 증명하여 보이다. 시멸(示滅)과 같음. 승려의 죽음을 가리
킨다.
879) 보령(報齡) : 세수(世壽). 보(報)는 보신(報身)이니, 과거의 업에 의하여 결과로 나타난
몸이라는 뜻.
880) 바사론(婆娑論) : 『아비달마대비바사론(阿毘達磨大毘婆沙論)』을 이른다. 2세기 중엽 인
도에서 카시니카 왕(王)의 보호 아래 500인의 아라한(阿羅漢)이 편찬한 책이다. 그러나
실제 성립은 3세기경에 편찬된 것으로 보이며 전200권이다. 『대비바사론(大毘婆沙論)』으
로도 불린다. 현장의 한역본만이 현존하고 있으며 『아비달마발지론(阿毘達磨發智論)』 이
후 설일체유부의 사상과 그 발전상을 상세히 서술하고 있어, 소승불교 연구에 매우 중요

의거하여 정행바라문(淨行婆羅門)[881]의 장례법을 사용하였으니 생전에 남긴 뜻[882]을 따른 것이었다.

그 이전에 흰 빛이 방에서 나왔고, 석장(錫杖)[883] 절그렁거리는 소리가 공중에서 들렸다. 계곡[884]은 바야흐로 봄이었지만 시냇물은 말랐고, 삼나무 화톳불이 밤새도록 비추었다. 현묘한 덕(德)이 남몰래 감응(感應)하였으니 어디엔들 있지 않겠는가?

문인(門人) 법정(法正) 등이 일찍이 받들어 모신 것이 모두 조화롭고 순조롭게[885] 되어 번갈아 발휘(發揮)되었으니 부촉(付囑)을 잃어버리지 않고 뒷날 이어져서 당연히[886] 유포될 것이다.

元和九年正月十七日, 證滅於禪床, 報齡六十六, 僧臘四十七. 以其年四月廿二日, 奉全身窆于西峰. 据婆娑論文, 用淨行婆羅門葬法, 遵遺旨也. 先時白光去室, 金錫鳴空.

한 역할을 담당하고 있다. 당(唐)나라 때 현장(玄奘)이 656년 8월에서 659년 7월 사이에 번역하였다. 줄여서 『대비바사』·『대비바사론』·『바사』·『바사론』·『비바사론』·『신바사』라고 한다. 설일체유부의 대표적인 논서인『아비달마발지론』을 토대로 하여 설일체유부의 이론들을 상세하게 설명하고 있는 논서이다. 북량의 부타발마와 도태가 함께 번역한 『아비담비바사론(阿毘曇毘婆沙論)』 60권(439)은 이 책의 구역으로 『구바사』라 한다.

881) 정행바라문(淨行婆羅門) : 베다(Veda)에 통달한 바라문교의 수행자. 여기에선 불법(佛法)을 철저히 공부한 사문(沙門)을 가리킴.

882) 유지(遺旨) : 고인(故人)이 생전에 남긴 뜻.

883) 금석(金錫) : 석장(錫杖).

884) 영계(靈溪) : 시내를 아름답게 이르는 말.

885) 조유(調柔) : 조화롭고 순조로움.

886) 자당(自當) : 물론. 당연히. 응당.

靈溪方春而涸流, 杉燎竟夕以通照. 妙德潛感, 于何不有? 門人法正等, 嘗所稟奉, 皆得調柔, 遞相發揮, 不墜付屬, 他年紹績, 自當流布.

　문인 담서(談敍)는 스승의 은혜를 영원히 기억하고자 탑(塔)을 아름답게 꾸미면서[887] 흙을 북돋우고 돌을 쌓는 일에 힘을 다하고 마음이 고달프도록 애를 썼다. 문인 신행(神行)과 범운(梵雲)은 스승의 미묘한 말씀[888]들을 모아서 어본(語本)[889]을 편찬하였으니, 오늘날 배우는 자들이 백장[890]의 문하(門下)를 방문하지 않고도 삼가 스승의 법으로 삼게 되었다.

　애초 복건성(福建省)[891]의 영애(靈藹) 율사(律師)는 시종일관(始終一貫)[892] 교종(敎宗)으로서 삼학(三學)에 귀의하여 숭앙(崇仰)하다가 일찍이 불성(佛性)의 유무(有無)를 가지고 사람을 통하여 소문으로[893] 질문을 하였는데, 대사는 편지를 보내어 그 의문을 풀어 주었다. 지금 그 편지가 어

---

887)　광숭(光崇) : ①아름답게 건립하다. ②크게 숭배하다. 널리 숭배하다. ③아름답게 꾸미다.

888)　미언(微言) : 깊은 불법의 뜻을 설명한 미묘한 말. 경문(經文)의 숨겨진 본래 뜻.

889)　어본(語本) : 어록(語錄). 석가모니의 가르침을 기록한 것을 경(經)이라 하고, 선승의 가르침을 기록한 것을 어록(語錄)이라 하는데, 어록은 애초에는 어본(語本)이라고 불렸다. 어록이라는 이름은 『송고승전(宋高僧傳)』에서 처음 등장한다. 당대(唐代)에는 일상적으로 자연스레 행해진 설법(說法)과 문답을 속어로 기록하였다.

890)　민(閩)은 곧 민(閩) 출신인 백장을 가리킨다.

891)　민월(閩越) : 민중(閩中). 복건성(福建省) 지역.

892)　일천(一川) : 시종일관(始終一貫). =상천(常川).

893)　향풍(響風) : 소문으로 전하다. 사람들의 입을 통하여 전하다.

본(語本)과 더불어 후학들에게 유통되고 있다.

익(翊)[894]은 강서부(江西府)에서 벼슬을 살면서[895] 대사의 법을 실컷 맛보았기 때문에 여러 사람들의 부탁을 거절하지 못했으니, 그가 쓴 문장은 다음과 같다.

門人談敍, 永懷師恩, 光崇塔宇, 封土累石, 力竭心瘁. 門人神行梵云, 結集微言, 纂成語本, 凡今學者, 不踐門閫, 奉以爲師法焉. 初闓越靈藹律師, 一川敎宗, 三學歸仰, 嘗以佛性有無響風發問, 大師寓書以釋之. 今與語本, 幷流于後學. 翊從事于江西府, 備嘗大師之法味, 故不讓衆多之托, 其文曰:

(1)
부처님[896]이 가르침을 베푸심에
방편도 있고 진실도 있도다.
아직 돈문(頓門)에 들어오지 못했다면

---

894) 『오등회원(五燈會元)』 제4권에 의하면, 백장회해(百丈懷海)의 제자인 백장열반(百丈涅槃)의 비문(碑文)을 당(唐)나라 문인(文人) 황무익(黃武翊)이 썼다고 했는데, 혹시 여기의 익(翊)도 황무익이 아닐까?

895) 종사(從事) : ①일을 처리하다. ②어떤 일에 참여하다. 어떤 일에 힘을 다하다. ③처치하다. 해결하다. ④시중을 들다. 추종하다. 봉사하다. ⑤(적과) 상대하다. 공방전을 전개하다. ⑥벼슬 이름. 한(漢) 이후 삼공(三公)이나 주군(州郡)의 장관이 개인적으로 거느리던 관리.

896) 범웅(梵雄) : 석가모니에 대한 존칭. 석가모니 부처님.

모두 어두운 방 안에 있는 것이라네.

조사(祖師)가 중국에 이르러[897]

비로소 비밀스러운 법을 전했도다.

마치 매우 어두운 밤에

문득 밝은 태양이 뜬 것과 같았다네.

梵雄設敎, 有權有實. 未得頓門, 皆爲暗室. 祖師戾止, 方傳秘密. 如彼重昏, 忽懸白日.(其一)

(2)

오직 이 보살[898]만이

바른 종지(宗旨)를 두루 이어받았도다.

비록 현묘한 수행을 닦는다고 하여도

진공(眞空)에 머물 수는 없으리.

방편(方便)에 의지하지 않고서

어찌 매끄럽게 갈아짐을 기대하랴?

편안히[899] 근본으로 돌아가면

온갖 경계에 두루 통하리라.

---

897) 여지(戾止) : 도착하다. 이르다.

898) 대사(大士) : 마하살(摩訶薩)의 번역. 보살(菩薩)과 같은 뜻.

899) 염연(恬然) : 편안하고 조용하다. 태연하다.

唯此大士, 宏紹正宗. 雖修妙行, 不住眞空. 無假方便, 豈俟磨礱? 恬然返本, 萬境圓
通.(其二)

(3)

백 명 천 명의 사람들 무리가

모두 병을 물리치고 열이 내렸구나.

그들 모두가 다 얻었으나

나는 진실로 할 말이 없다네.

마음은 본래 생겨나지 않으니

모습도 그와 같이 사라졌도다.

이 땅에서는 불타 사라졌지만

다른 곳에선 물 속의 달⁹⁰⁰⁾이 되었도다.

百千人衆, 盡祛病熱. 彼皆有得, 我實無說. 心本不生, 形同示滅. 此土灰燼, 他方水
月.(其三)

(4)

법을 전하니 사람이 번갈아 나타나지만

탑은 감추어지고 산은 원래대로 있다네.

---

900) 수월(水月) : 물에 비친 달. ①눈에는 보이나 얻을 수는 없는 심법(心法)을 가리킴. 마
음을 가리키는 말. ②눈에는 보이나 잡을 수 없는 환상을 가리킴.

전나무 숲은 날마다 깊어가지만

절과 탑은 여전히 그대로 있구나.

많고 많은 배우는 무리가

이 문을 찾지 않은 이가 없다네.

오로지 깨달아 비추어 볼 수 있어야

스승의 은혜에 보답하는 것이로다.

法傳人代, 塔閉山原. 杉松日暗, 寺塔猶存. 藹藹學徒, 無非及門. 唯能覺照, 是報師

恩.(其四)

원화(元和) 13년(서기 818년) 10월 3일에 제출하다.

이융(李融).

융관직학사(融官直學士)이고, 정원(貞元)[901] 연간에는 의성절도사(義成節

度使)를 하였다.

元和十三年十月三日建.

李融.

融官直學士, 貞元中爲義成節度使.

---

901) 정원(貞元): 당(唐) 9대 덕종(德宗)의 연호. 785년부터 805년까지 21년 동안이다.

2. 조당집(祖堂集)

제14권 백장화상(百丈和尙)

(1)

어떤 승려가 서당(西堂)에게 물었다.

"물음이 있고 답이 있는 것은 묻지 않겠습니다. 묻지도 않고 답하지도 않을 때에는 어떻습니까?"

서당이 답했다.

"만약[902] 썩어 버리면[903] 어쩌겠느냐?"[904]

백장이 이야기를 전해 듣고서 말했다.

---

902) 파(怕) : ①두려워하고 무서워하다. ②설마 −하겠는가? 설마 −란 말인가?(그럴 리는 없겠지라는 반어법) ③만약. =약(若). ④(추측이나 우려를 나타냄) 아마. 아마도. 어쩌면. ⑤박(迫)과 통용.

903) 난(爛) : ①불로 익히다. 삶다. ②음식물이나 과실이 너무 익어서 무르다. ③흐물흐물하다. 물렁물렁하다. ④매우 잘 알다. 정통하다. ⑤몹시. 매우. ⑥마음대로. 자유로이. ⑦방종하여 절제가 없다. ⑧데다. 화상을 입다. ⑨썩어 문드러지다. 부패하다. ⑩부서지다. 해져서 너덜너덜하다. ⑪손상이 심하다. ⑫마음이 몹시 초조하다. 마음이 몹시 괴롭다. ⑬뒤죽박죽이다. ⑭욕하는 말. ⑮빛나다. ⑯색채가 현란하다. ⑰화려하다. ⑱많은 모양. 무성하다. 성대하다.

904) 나작마(那作摩) : 작마(作麼)에 나(那)를 붙여 의문의 뜻을 강조한 것. ①어째서? 왜? ②어떻게? ③어떠하냐? ④무엇하려?

"예전부터 이 늙은이를 의심했었다."[905]

승려가 물었다.

"스님께서 말씀해 주십시오."

백장이 말했다.

"하나로 합해진 모습[906]은 얻을 수 없다."[907]

僧問西堂: "有問有荅則不問. 不問不荅時如何?" 荅曰: "怕爛却, 那作摩?" 師聞擧云:
"從來疑這个老漢." 僧云: "請師道." 師云: "一合相不可得."

(2)

백장이 행각(行脚)[908]할 때에 선권사(善勸寺)에 이르러 경전을 보고자
하였으나, 주지가 허락하지 않고서 말했다.

"선승(禪僧)은 의복이 깨끗하지 못하니,[909] 경전을 더럽힐까 봐 걱정
됩니다."

---

905)   의(擬) : (안목을 갖춘 선지식이 아닐까 하고) 의심하다. (안목이 있는 듯하다고) 생각하
     다.
906)   일합상(一合相) : 하나로 합해진 모습. 한 덩어리. 분리할 수 없는 하나의 전체.
907)   『전등록』과 『사가어록』에도 동일한 내용이 있다.
908)   행각(行脚) : 선종의 승려가 공부하기 위하여 여러 지방의 안목(眼目) 있는 고승(高僧)
     을 찾아 여행하는 것. 선승의 행각에는 일정한 규범이 있으며, 선의 중요한 기연들이 행각
     중에 성립된다.
909)   선승(禪僧)의 의복은 분소의(糞掃衣)라고 하여 버린 헝겊을 주워서 기워 입었기 때문
     에 더럽다고 한 것이다.

그러나 백장이 경전을 보고자 하는 뜻이 간절하자 주지는 곧 허락하였다. 백장은 경전을 보고서 곧 대웅산(大雄山)으로 가서 출세(出世)[910]하였다. 그 뒤에 공양주(供養主)[911]를 맡은 승려가 선권사로 가서 주지를 만났는데, 선권사의 주지가 물었다.

"어느 곳에서 왔습니까?"

"대웅산에서 왔습니다."

"누가 주지인가요?"

"우리 절 주지 스님이 행각하실 때에 이 절에 와서 경전을 보셨다고 합니다."

주지가 말했다.

"회해(懷海) 상좌입니까?"

"그렇습니다."

주지가 곧 합장하고서 말했다.

"저는 사실 범부입니다. 그때 그분이 인천(人天)의 선지식(善知識)임을 알아보지 못했으니까요."

그리고 다시 물었다.

---

910) 출세(出世) : ①세속을 버리고 불도 수행에 들어감. ②속세에 나가서 세상 사람들을 교화하는 것. 불보살이 사바세계에 출현함과 같은 것. ③선종(禪宗)에서는 지혜와 덕행을 갖추고, 수행을 마친 뒤에 다른 이의 추대를 따라 다른 절로 가서 대중을 지도하는 주지(主持)가 되는 것을 말함.

911) 공양주(供養主) : ①우리나라에서는 공사(供司)·반두(飯頭)라고도 하여, 절에서 죽·밥을 짓는 소임. ②삼보(三寶)에 재물을 시주하는 이. ③시주하기를 권하거나 공양 받는 이. 여기에선 ③번 뜻으로 보임.

"여기는 무슨 일로 오셨습니까?"

공양주승(供養主僧)이 답했다.

"소(疏)를 하려고[912] 왔습니다."

주지가 스스로 소(疏)를 행하여 모든 것을 보시(布施)[913]하고 나서 공양주와 함께 백장산으로 올라갔다. 백장은 이 소식을 알고서 곧 산 아래로 내려와 영접하여 함께 절로 돌아왔다. 인사가 끝난 뒤에 백장은 선권사 주지에게 선상(禪牀)[914]에 오르기를 청하며 말했다.

"저에게 있는 한 개 일을 주지 스님께 묻고자 합니다."

주지는 사양하시 못하고 곧 법좌에 올랐다. 백장이 물었다.

"주지 스님께선 경전을 강설하실 때에 어떻게 하십니까?"

주지가 말했다.

---

912) 착소(着疏) : 소(疏)하다. 소(疏)를 행하다. 소(疏)는 일반적으로는 경론(經論)의 주석서를 가리키지만, 선문(禪門)에서는 보통 사륙변려체(四六騈儷體)를 사용한 표백문(表白文)을 가리킨다. 선문의 소는 크게 나누어 입사소(入寺疏), 임한소(淋汗疏), 간연소(幹緣疏) 등 3종이 있다. 입사소는 새로운 주지의 임기가 시작될 때, 그 선원 또는 그 선원 주변에 있는 여러 절의 주지와 도우(道友) 혹은 동문(同門) 등이 부임(赴任) 즉 입사(入寺)를 배알 또는 축하하는 문장을 가리킨다. 임한소는 선원에서 불사(佛事)를 할 때, 그 비용을 모금하는 문장이다. 간연소는 일반적으로 말하는 권선문(勸善文)으로서, 여러 가지 일로 보시를 권할 때 그 취지를 알리는 문장이다. 여기에서는 뒤에 주지가 모든 것을 보시하고서 함께 백장을 찾아갔다고 하는 것으로 보아 간연소(幹緣疏)를 가리키는 듯하다.

913) 교화(敎化) : ①교도전화(敎導轉化)의 뜻. 사람을 가르쳐 범부를 성인이 되게 하고, 의심하는 이를 믿게 하고, 그릇된 이를 바른 길로 돌아가게 하는 것. ②교훈. 가르침. ③남에게 물건을 보시(布施)하는 것.

914) 선상(禪牀) : ①승당(僧堂) 안에서 좌선을 할 때 앉는 의자(椅子). ②법당(法堂)에서 상당설법(上堂說法)할 때에 앉는 의자. 여기에선 ②번 의미이다.

"금쟁반 위에서 구슬을 놀리듯이 합니다."

백장이 말했다.

"금쟁반을 치우면 구슬은 어디에 있습니까?"

주지가 답이 없자 백장이 다시 물었다.

"경전에서 말하기를 '불성을 또렷이 보지만, 오히려 문수(文殊)와 같다.'[915]고 하였습니다. 그런데 이미 불성을 또렷이 본다면 부처님과 같아야 하는데, 어찌하여 도리어 문수와 같을까요?"

주지는 역시 대답하지 못했다. 이 일로 말미암아 선권사의 주지는 곧 납의(衲衣)[916]를 입고 선(禪)을 배우게 되었는데, 법호(法號)를 열반화상(涅槃和尙)이라 하였으니 그가 곧 제이대(第二代) 백장(百丈)이다.

師行脚[却]時, 到善勸寺, 欲得看經, 寺主不許云: "禪僧衣服, 不得淨潔, 恐怕汚却經典." 師求看經志切, 寺主便許. 師看經了, 便去大雄山出世. 出世後, 供養主僧到善勸寺, 相看寺主, 寺主問: "離什摩處?" 對曰: "離大雄山." 寺主問: "什摩人住?" 對曰: "恰似和尙行脚[却]時, 在當寺看經." 寺主曰: "莫是海上座摩?" 對曰: "是也." 寺主便合掌:

---

915) 『대반열반경』 제20권 「범행품(梵行品) 제8-6」에 나오는 게송의 한 구절. 본래 '了了見 佛性 猶如妙德等.'라고 하였는데, 묘덕(妙德)은 문수(文殊)를 가리키는 말이다.

916) 납의(衲衣) : 선승(禪僧)의 승복(僧服). 법의(法衣)의 일종. 또는 납가사(衲袈裟)·분소의(糞掃衣)라고 함. 납(衲)은 기웠다는 뜻으로, 세상 사람들이 내다버린 여러 가지 낡은 헝겊을 모아서 누덕누덕 기워 만든 옷. 승려는 이런 것으로 몸을 가리므로 납자(衲子)·납승(衲僧)이라 하고, 또 자기를 낮추어서 야납(野衲)·포납(布衲)·미납(未衲)·노납(老衲)·병납(病衲) 등으로 쓴다. 다른 일설(一說)에는 납(衲)은 납(納)이니, 받아들인다는 뜻으로, 남들이 버린 것이나 하찮게 여기는 낡은 헝겊을 주워 옷을 만들었다는 의미라 함.

"某甲實是凡夫. 當時不識他人天善知識." 又問: "來這裏爲个什摩事?" 對曰: "著▨."
寺主自行▨, 敎化一切了, 供養主相共上百丈. 師委得這个消息, 便下山來迎接歸山.
一切了後, 請寺主上禪牀. "某甲有一段事, 要問寺主." 寺主推不得, 便昇座. 師問: "寺
主正講時作摩生?" 主云: "如金盤上弄珠." 師云: "拈却金盤時, 珠在什摩處?" 寺主(無
對), 又問: "敎中道: '了了見佛性, 猶如文殊等.' 旣是了了見佛性, 合等於佛, 爲什摩却
等文殊?" 又(無對). 因此便被納學禪, 号爲涅槃和尙, 便是第二百丈也.

(3)

　백장이 어느 날 밤이 깊어 잠을 자고 있을 때에 문득 잠이 깨어 끓
인 물을 마시고 싶었다. 그러나 시자(侍者)도 잠이 들어서 부를 수가
없었다. 그런데 오래지 않아 어떤 사람이 시자가 자는 방의 문을 두드
려 시자를 불러 말했다.

　"스님께서 끓인 물을 마시고 싶어 하십니다."

　시자는 곧 일어나 물을 끓여 백장이 있는 곳으로 가져왔다. 백장이
놀라서 물었다.

　"누가 너에게 이렇게 물을 끓여 오라고 시켰느냐?"

　시자가 앞서의 일을 모두 말하니, 백장이 손가락을 퉁기며 말했다.

　"나는 결국 수행할 줄 모르는구나. 만약 수행할 줄 아는 사람이라
면, 사람도 알지 못하고 귀신도 알지 못할 것이다. 오늘은 토지신(土地
神)이 내 마음을 알아보고서 이런 일을 한 것이다."

師有一日夜深睡次, 忽然便覺, 欲得喫湯. 然侍者亦是睡, 喚不得. 非久之間, 有人敲門, 喚侍者云: "和尙要喫湯." 侍者便起, 煎湯來和尙處. 和尙便驚問: "阿誰敎你与摩煎湯來?" 侍者具陳前事, 師便彈指云: "老僧終不解修行. 若是解修行人, 人不覺鬼不知. 今日之下, 被土地覰見我心識, 造与摩次第."

(4)

백장은 운암(雲嵒)[917]을 만나자 곧 다섯 손가락을 들어 보이며[918] 말했다.

"몇 개냐?"

운암이 말했다.

"옳지 않습니다."

백장이 말했다.

"어찌하여 그렇냐?"

師見雲嵒, 便提起五指, 云: "何个而也?" 雲嵒云: "非也." 師云: "豈然乎?"

---

917) 운암담성(雲嵒曇晟) : 782-841. 청원(靑原) 문하의 당대(唐代) 스님. 속성은 왕 씨. 어려서 출가하여 백장회해(百丈懷海)에게 참학한 후 약산유엄(藥山惟儼)의 법을 이음. 조동종(曹洞宗)의 개조인 동산양개(洞山良价) 스님이 운암담성의 법을 이음. 세수 60세로 입적.

918) 제기(提起) : ①제시(提示)하다. ②손에 잡다. 들어 올리다. ③드러내 보이다.

(5)

백장이 하루는 법당에 내내 앉아서 사경(四更)919)에까지 이르렀다. 그
때 시자는 곧 운암(雲嵒) 화상이었는데, 세 번이나 와서 백장의 곁에 모
시고 서 있었다. 세 번째 왔을 때에 백장은 갑자기920) 소리 내어921) 침을
뱉었다. 이에 시자가 물었다.

"스님께선 아까 무슨 일이 있어서 침을 뱉었습니까?"

백장이 말했다.

"네가 알 수 있는 일이 아니다."

시자가 말했다.

"스님께 여쭙니다. 저는 스님의 시자인데, 저에게 말씀하지 않으시
면 누구에게 말씀하십니까?"

백장이 말했다.

"물을 필요 없다. 그대가 물을 일이 아니다. 또 내가 말할 일도 아니
다."

시자가 말했다.

"스님께 여쭙니다. 백년 뒤에라도 알고 싶으니, 스님께서 자비를 베
풀어 주십시오."

백장이 말했다.

---

919) 사경(四更) : 하룻밤을 다섯으로 나눈 넷째 부분. 곧 새벽 1시-3시 사이.

920) 맥저(驀底) : =맥지(驀地). 갑자기. 돌연. 문득.

921) 실성(失聲) : ①자기도 모르게 소리를 내다. 엉겁결에 소리를 지르다. ②(너무 비통하
      여) 목이 메다.

"참으로 사람을 괴롭히는구나! 이 늙은이[922]가 아직 공부를 이룬 사람[923]이 아니구나. 아까 문득 보리열반(菩提涅槃)을 기억하였는데, 그 때문에 그렇게 침을 뱉었다."

시자가 말했다.

"스님께 여쭙니다. 만약 그렇다면, 그렇게 많은[924] 시간 동안 무슨 까닭에 보리열반과 요의(了義)·불료의(不了義)를 말씀하셨습니까?"

백장이 말했다.

"남에게 줄[925] 수 없다.[926] 그러므로 너에게 말한 것이다. 네가 물을 일이 아니고, 네가 알 수 있는 것도 아니라고."[927]

師有一日法堂裏坐, 直到四更. 當時侍者, 便是雲嵒和尚也, 三度來, 和尚身邊侍立. 第三度來, 和尚驀底失聲便唾. 侍者便問: "和尚適來有什摩事唾?" 師云: "不是你境界." 侍者云: "啓師. 某甲是和尚侍者, 若不与某甲說, 爲什摩人說?" 師云: "不用問. 不是你問底事. 兼不是老僧說底事." 侍者云: "啓師. 百年後要知, 乞和尚慈悲." 師云: "苦殺人! 老漢未造人在. 適來忽然憶著菩提涅槃, 所以与摩唾." 侍者云: "啓師. 若也如此,

---

922) 노한(老漢) : 늙은이. 노인. 늙은 남자를 부르는 말. 여기에선 시자인 운암(雲巖)을 가리키는 말.

923) 조인(造人) : 학업(學業)에 성취가 있는 사람. 학문(學問)을 이룬 선비. =조사(造士).

924) 여허다(如許多) : 이렇게 많은. 이만큼. 꽤 많은. 상당한 숫자의.

925) 분부(分付) : ①맡기다. 당부하다. ②주다. 공급하다.

926) 불착(不著) : =불용(不用), 불수(不須). ①-할 필요 없다. ②-할 수 없다. =용불착(用不着).

927) 네 스스로 안목이 생겨야 알지, 말해 주어도 알 수 없다.

如許多時因什摩說菩提涅槃, 了義不了義?" 師云: "分付不著人. 所以向你道. 不是你
問底事, 兼不是你境界."

(6)

백장이 수어(垂語)⁹²⁸⁾하여 말했다.

"옛사람은 한 손을 들기도 하고 한 손가락을 세우기도 하며 선(禪)이
요, 도(道)요, 하였는데, 이 말이 사람을 얽어매어 그칠 때가 없구나.
설사⁹²⁹⁾ 말하지 않는다고 하더라도 역시 말하는 허물⁹³⁰⁾이 있다."

부상좌(怤上座)가 이 이야기를 들어 취암(翠嵓)에게 물었다.

"이미 말하지 않는데 무슨 까닭에 도리어 말하는 허물이 있습니
까?"

취암이 말했다.

"단지 말하지 않기 때문입니다."

부상좌는 곧 취암을 손바닥으로 때렸다.⁹³¹⁾ 이틀 뒤에 취암이 도리어
부상좌에게 물었다.

"지난날 그렇게 응답한 것이 상좌의 뜻에 들어맞지⁹³²⁾ 않았습니다.

---

928) 수어(垂語) : 시중(示衆)이라고도 하며, 종사가 학인들에게 설법(說法)하는 것.

929) 가요(假饒) : 설사 —일지라도. 설령 —라 하더라도.

930) 구과(口過) : ①말실수. ②입 냄새. ③말하는 허물. 말할 수 없는 불가사의한 해탈을 말
하는 허물.

931) 곽(摑) : 손바닥으로 때리다.

932) 칭(稱) : 부합하다. 들어맞다. 칭의(稱意), 칭정(稱情) 등으로 사용함.

청컨대 상좌께선 자비를 버리지 마시고 방편을 자세히 베풀어 주십시
오. 이미 말하지 않았는데 무엇 때문에 도리어 말하는 허물이 있습니
까?"

　상좌는 손을 들었다. 이에 취암은 오체투지(五體投地)[933]로 절을 올리
고는 소리 내어 울었다.

師垂語云:"古人擧一手, 竪一指, 是禪是道, 此語繫縛人, 無有住時. 假饒不說, 亦有口
過." 怘上座拈問翠嵒:"旣不說, 爲什摩却有口過?" 翠嵒云:"只爲不說." 怘上座便摑.
隔兩日, 翠嵒却問怘上座:"前日与摩祗對, 不稱上座意旨. 便請上座, 不捨慈悲, 曲垂
方便. 旣不說, 爲什摩却有口過?" 上座擧起手. 翠嵒五體投地礼拜, 出聲啼哭.

(7)

　백장이 시자를 시켜 제일좌(第一座)[934]에게 묻게 하였다.

　"실제이지(實際理地)[935]에서는 하나의 티끌도 용납하지 않지만, 불사

---

933)　오체투지(五體投地) : 불교 신자가 삼보(三寶)께 올리는 큰절을 말한다. 고대 인도에서
　　　행하여지던 예법 가운데 상대방의 발을 받드는 접족례(接足禮)에서 유래한 것이다. 자기
　　　자신을 무한히 낮추면서 불·법·승 삼보에게 최대의 존경을 표하는 방법으로, 양 무릎과
　　　팔꿈치, 이마 등 신체의 다섯 부분이 땅에 닿기 때문에 이 이름이 붙었다.

934)　제일좌(第一座) : 수좌(首座). 선종의 승당(僧堂)에서 한 대중의 우두머리 되는 이. 좌
　　　원(座元)·선두(禪頭)·수중(首衆) 등이라고도 함.

935)　실제이지(實際理地) : 실제(實際)는 참된 끝이란 뜻으로 진여법성(眞如法性)을 가리킴.
　　　이지(理地)는 도리가 있는 진실한 경지(境地). 즉, 실제이지(實際理地)는 깨달은 사람의
　　　진실한 절대경지, 진여(眞如)를 가리킴.

문중(佛事門中)[936]에서는 하나의 법도 버리지 않는다. 이 말은 요의교(了義敎)에 속합니까? 불료의교(不了義敎)에 속합니까?"

제일좌가 말했다.

"요의교에 속합니다."

시자가 돌아와서 백장에게 그대로 말하니, 백장은 곧장 시자를 때려서 절에서 쫓아내었다.

師敎侍者問第一座:"實際理地不受一塵, 佛事門中不捨一法. 是了義敎裏收? 是不了義敎裏收?"第一座云: "是了義敎裏收." 侍者却來, 擧似和尙, 和尙便打侍者趂出院.

(8)

물었다.

"어떤 것이 대승(大乘)에서 도(道)에 들어가 문득 깨닫는 법입니까?"

백장이 답했다.

"그대는 먼저 모든 인연을 버리고 온갖 일을 쉬어라.

좋은 것이든 좋지 않은 것이든 세간의 온갖 것들을 전부 내려놓아라.

기억하지도 말고, 생각하지도[937] 말고, 몸과 마음을 내버리고 자재(自在)하게 되어라.

---

936) 불사문중(佛事門中) : =불사문(佛事門). 불법(佛法)으로써 중생을 교화하는 일. 방편문(方便門), 장엄문(莊嚴門)과 같은 말.
937) 연념(緣念) : 대상을 생각하는 것. 생각하는 것. 대상을 인식하는 것.

마음이 나무나 돌과 같으면, 입은 말이 없고 마음은 행하는 것이 없다.

마음이 허공과 같으면 지혜의 태양이 저절로 나타나니, 마치 구름이 열리고 해가 나타나는 것과 같다.

모든 얽매임[938]을 모두 쉬어서 탐냄 · 성냄 · 좋아함 · 집착함 · 더러움 · 깨끗함 등의 분별심[939]이 사라지고, 오욕(五欲)[940]과 팔풍(八風)[941]을 만나도 보고 · 듣고 · 느끼고 · 알고에 묶이지 않고, 온갖 경계에 정신을 빼앗기지[942] 않는 신통묘용(神通妙用)[943]이 저절로 갖추어지니, 곧 해탈한 사람이다.

온갖 경계를 만나 마음에 고요함과 시끄러움이 없고, 마음이 모이

---

938) 반연(攀緣) : ①(물건을) 타고 기어오르다. 붙잡고 기어오르다. ②얽매이다. 집착하다. 관계하다. 매달리다.

939) 정(情) : 식정(識情). 정식(情識). 분별의식. 분별심.

940) 오욕(五欲) : 색욕(色欲) · 성욕(聲欲) · 향욕(香欲) · 미욕(味欲) · 촉욕(觸欲) 등 다섯 가지 욕망을 가리키거나, 재욕(財欲) · 색욕(色欲) · 음식욕(飮食欲) · 명예욕(名譽欲) · 수면욕(睡眠欲) 등의 다섯을 가리킨다.

941) 팔풍(八風) : 수행자의 마음을 흔들리게 하는 8가지 장애. 이(利) · 쇠(衰) · 훼(毁) · 예(譽) · 칭(稱) · 기(譏) · 고(苦) · 낙(樂)을 합쳐 8풍이라 한다. 이(利)는 뜻에 맞는 것, 쇠(衰)는 뜻에 거스르는 것, 훼(毁)는 뒤에서 비방하는 것, 예(譽)는 뒤에서 칭찬하는 것, 칭(稱)은 면전에서 칭찬하는 것, 기(譏)는 면전에서 비방하는 것, 고(苦)는 신심(身心)을 괴롭히는 것, 낙(樂)은 신심(身心)을 즐겁게 하는 것.

942) 혹(惑) : 현혹(眩惑)시키다. 정신을 빼앗기다. 갈팡질팡하다.

943) 신통묘용(神通妙用) : 신령스러이 통하고 묘하게 작용한다. 걸림 없이 자재한 깨달음의 경지를 표현한 말.

지도 않고 흩어지지도 않고 모든 소리와 색깔을 뚫고 벗어나 장애[944]가 없으면, 일러 도인(道人)이라 한다.

모든 선함·악함·더러움·깨끗함처럼 유위(有爲)[945]인 세간(世間)의 복과 지혜에 얽매이지 않기만 하면 일러 부처의 지혜라고 한다.

옳음·그름·아름다움·추함·바른 도리·그른 도리 등 모든 지견(知見)[946]에 전혀 얽매이지 않고 곳곳에서 자재(自在)하면, 일러서 처음 발심(發心)한 보살이 곧장 부처님의 지위에 오르는 것이라고 한다.

問: "如何是大乘入道頓悟法?" 師答曰: "汝先歇諸緣, 休息万事. 善与不善, 世間一切諸法, 並皆放却. 莫記憶, 莫緣念, 放捨身心, 令其自在. 心如木石, 口無所辯, 心無所行. 心地若空, 慧日自現, 猶如雲開日出相似. 俱歇一切攀緣, 貪嗔愛取垢淨情盡, 對五欲八風, 不被見聞覺知所縛, 不被諸境惑, 自然具足神通妙用, 是解脫人. 對一切境, 心無靜亂, 不攝不散, 透一切聲色, 無有滯▨, 名爲道人. 但不被一切善惡垢淨有爲世間福智拘繫, 卽名爲佛慧. 是非好醜是理非理諸知見, 惣盡不被繫縛, 處處自在, 名爲初發心菩薩便登佛地.

---

944) 체애(滯碍): 장애(障碍), 막힘. 걸림, 질애(窒碍), 체애(滯碍).

945) 유위(有爲): 위(爲)는 위작(爲作)·조작(造作)의 뜻. 분별하여 행하고 조작하는 모든 일을 가리킨다. 이렇게 분별하여 행하고 조작하는 모든 일들은 반드시 생(生)·주(住)이(異)·멸(滅)의 변화를 따르는 허망(虛妄)한 일이다.

946) 지견(知見): 지식(知識)으로써 아는 것.

모든⁹⁴⁷⁾ 법은 본래 스스로 말하지 않으니, 공(空)도 스스로 말하지 않고 색(色)도 스스로 말하지 않는다.

옳고 그름과 더러움과 깨끗함에도 사람을 얽어매는 마음이 없다.

다만 사람이 스스로 허망하게 헤아려서 여러⁹⁴⁸⁾ 종류의 이해를 만들고 여러 종류의 지견을 만들 뿐이다.

만약 더럽고 깨끗한 마음이 사라져서 얽매임에도 머물지 않고 풀려 벗어남에도 머물지 않고 온갖 유위(有爲)니 무위(無爲)니 하는 이해가 없는 평등한 마음⁹⁴⁹⁾이 삶과 죽음을 대하여 있으면, 그 마음은 자재하여 결코 헛된 환상·번뇌⁹⁵⁰⁾·오온·십팔계·삶과 죽음 등 여러 경계와 뒤섞이지 않고, 전혀⁹⁵¹⁾ 의지함이 없고 어디에도 얽매이지 않고 가고 머묾에 장애가 없어서, 삶과 죽음을 오가는 것이 마치 문을 여닫는 것과 같을 것이다.

---

947) 『사가어록(四家語錄)』 제3권 「백장광록(百丈廣錄)」에는 이 구절의 앞에 다음의 구절이 부가되어 있다 : 물었다. "하나의 경계를 대하여 어떻게 마음이 나무나 돌과 같을 수 있습니까?" 백장이 말했다.(問: "對一境, 如何得心如木石去?" 師云:)

948) 약간(若干) : ①얼마 되지 않음. 얼마간. 얼마쯤. 얼마 안 되는. ②여러. 여러 가지. 다양한.

949) 심량(心量) : ①유심(唯心)과 같음. ②중생이 마음에 미혹을 일으켜 갖가지 외계의 대상을 생각하는 것. ③마음의 영역.

950) 진로(塵勞) : 번뇌의 다른 이름. 두 가지 뜻이 있다. ①진(塵)은 육진(六塵), 노(勞)는 노권(勞倦). 객관세계인 6진의 경계를 따라 마음의 번뇌가 일어나 피곤해지므로 번뇌를 진로라 함. ②진은 오심(汚心), 노는 근고(勤苦). 번뇌는 마음을 어지럽게 하여 우리로 하여금 괴롭고 애쓰게 하므로 진로라 함. 이것은 종밀(宗密)이 지은 『원각경소초』 제1권에 풀이되어 있다.

951) 형연(逈然) : 매우. 심하게.

一切諸法, 本不自言, 空不自言, 色亦不言. 是非垢淨, 亦無心繫縛人. 但人自虛妄計

著, 作若干種解, 起若干種知見. 若垢淨心盡, 不住繫縛, 不住解脫, 無一切有爲無爲

解, 平等心量處於生死, 其心自在, 畢竟不与虛幻塵勞縕界生死諸入和合, 逈然無寄,

一切不拘, 去留無导, 往來生死, 如門開合相似.

    만약[952] 여러 가지 괴로움과 즐거움을 만나서 자기의 뜻과 사정에 들어맞지[953] 않더라도 싫어하여 물러나는 마음이 없고, 명성(名聲)[954]과 의식주(衣食住)를 고려하지 않고 온갖 공덕과 이익을 탐내지 않는다면, 세간의 일에 얽매여 있지 않을 것이다.

    마음이 비록 괴로움과 즐거움을 좋아하더라도 가슴속에 품고 있지 않고, 소박한 음식으로 목숨을 연명하고 누더기를 기워서 추위와 더위를 견디면서도 우뚝 서서[955] 어리석은 듯하고 귀가 먹은 듯하다면, 조금 가까운 면이 있다.

    삶과 죽음 속에서 널리 지식을 배우고 복을 구하고 지혜를 구한다면, 마침내 이익은 없고 지식과 이해의 경계 위에서 떠돌다가 삶과 죽음의 바다 속으로 돌아갈 것이다.

---

952) 『사가어록』 제3권 「백장광록」에는 이 구절 앞에 다음의 구절이 부가되어 있다 : 무릇 도를 배우는 사람이(夫學道人)

953) 칭(稱) : 부합하다. 들어맞다. 칭의(稱意), 칭정(稱情) 등으로 사용함.

954) 명문(名聞) : 명성(名聲). 이름이 널리 알려짐.

955) 올이(兀爾) : ①고요히 멈춘 모습. ②아둔한 모습. 어두운 모습. 혼미한 모습. ③우뚝 서서 움직이지 않는 모습.

부처는 구함이 없는 사람이니 구하면 어긋나고, 도리(道理)는 구함 없는 도리이니 구하면 잃는다.

그러나 만약 구함 없음에 집착한다면, 다시 구함 있음과 같아질 것이다.

이 법은 진실하지도 않고 허망하지도 않다.

만약 일생 동안 마음이 나무나 돌과 같아서 오온ㆍ십팔계ㆍ오욕(五欲)ㆍ팔풍(八風)에 휩쓸리지 않을 수 있다면, 삶과 죽음의 원인이 끊어져서 가고 머묾에 자유로울 것이고 모든 유위(有爲)의 인과(因果)에 얽매이지 않을 것이다.

뒷날 다시 얽매임 없는 몸으로 중생들과 함께하여 중생들을 이롭게 하고, 얽매임 없는 마음으로 모든 것에 대응하고 얽매임 없는 지혜로 모든 결박을 푼다면, 또한 병에 응하여 약을 쓸 수 있는 것이다."[956]

若遇種種苦樂, 不稱意事, 心無退屈, 不念名聞衣食, 不貪一切功德利益, 不与世法之所滯. 心雖親愛苦樂, 不干於懷, 麤食接命, 補衣寒暑, 兀兀如愚如聾相似, 稍有相親分. 於生死中, 廣學知解, 求福求智, 於理無益, 却被知解境風漂, 却歸生死海裏. 佛是無求人, 求之則乖, 理是無求理, 求之則失. 若取於無求, 復同於有求. 此法無實亦無虛. 若能一生心如木石相似, 不爲陰界五欲八風之所漂溺, 則生死因斷, 去住自由, 不爲一切有爲因果所縛. 他時還与無縛身同利物, 以無縛心應一切, 以無縛慧解一切縛,

---

956) 이 내용은 『경덕전등록』과 『사가어록』 제3권 「백장광록(百丈廣錄)」에도 동일하게 나온다.

亦能應病与藥."

(9)

물었다.

"지금 계(戒)를 받아 몸과 입이 깨끗하고 온갖 선(善)을 갖추었다면, 해탈할 수 있습니까?"

백장이 답했다.

"조금은 해탈하겠으나, 마음의 해탈은 얻지 못하고 모든 해탈도 얻지 못한다."

물었다.

"어떤 것이 마음의 해탈입니까?"

백장이 답했다.

"부처를 구하지도 않고, 지식을 구하지도 않고, 더럽거나 깨끗한 의식이 사라지고, 다시 구함이 없는 것을 옳다고 지키지도 않고, 의식이 사라진 곳에 머물지도 않고, 지옥의 구속을 두려워하지도 않고, 천당의 즐거움을 좋아하지도 않고, 어떤 것에도 얽매이지 않는다면, 비로소 해탈하여 장애가 없다고 일컬으니, 그렇다면 몸과 마음과 모든 것을 전부 일러 해탈이라고 한다.

그러나 그대는 '선한 행위를 할[957] 이유가 조금은 있으므로 그렇게

---

957) 계선(戒善) : 악행을 하지 말고 선행을 하면 천상에 태어난다는 시계천(施戒天)의 가르침. 일반적으로는 선한 원인에는 선한 결과가 따르고 악한 원인에는 악한 결과가 따른다는 가르침을 말한다.

알⁹⁵⁸⁾ 뿐이다.^{"959)}라고 말하지 마라.

갠지스 강의 모래알 만큼 많은 무루(無漏)의 계정혜(戒定慧)가 있다고 하더라도, 털끝만큼도 관계가 없다.

힘써 맹렬히 공부하여 얼른 성취하고,⁹⁶⁰⁾ 귀가 먹고 눈이 어둡고 머리가 하얗게 세고 피부가 쭈글쭈글해질 때까지 기다리지 마라.

늙음의 괴로움이 몸에 닥치면 눈에는 눈물이 흐르고 마음속은 허둥대며⁹⁶¹⁾ 갈 곳이 없을 것이니, 이러한 때에 이르면 손발도 말을 듣지 않을 것이다.

설사 복과 지혜와 보고 들은 것이 많다고 하더라도 전혀 구제받지 못할 것이니, 마음의 눈이 아직 열리지 않아서 오직 경계를 생각으로 분별할⁹⁶²⁾ 뿐 자기 마음을 되돌아볼⁹⁶³⁾ 줄 모르고 또 도를 알지도 못하기 때문이다.

일생 동안 가지고 있던 악업(惡業)이 모두 앞에 나타나면 즐거워하기도 하고 두려워하기도 하지만, 육도(六道)의 오온(五蘊)이 앞에 나타나면 위엄 있고 아름다운 주택·선박·수레 등을 모두 보게 되는데,

---

958) 장위(將爲) : ─라고 여기다. ─라고 알다. ─라고 인정하다.

959) 변료(便了) : ─하면 된다. ─뿐이다.

960) 조여(早與) : 이르게 하라. 빨리 하라. 앞서라. 여(與)는 뜻 없는 접미사.

961) 장황(惝惶) : 당황하다. 허둥대다. =장황(張皇), 장광(惝狂), 장광(獐狂).

962) 연념(緣念) : 대상을 생각하는 것. 생각하는 것. 대상을 인식하는 것.

963) 반조(返照) : ①눈길을 돌려 내면을 비추어 본다는 반시내조(返視內照)의 준말. 자기 마음을 되돌아보다. 자기의 본성을 되돌아보다. ②해질녘에 되비치는 석양을 가리킴.

그 밝은 빛이 뚜렷이 나타난다.[964]

자기의 마음이 제멋대로 탐내고 좋아하기 때문에 보이는 모든 것들이 변하여 아름다운 경계가 되고, 보이는 것을 따라 거듭 머물며 새로 태어나니 자유로울 까닭이 조금도 없고 용이 될지 가축이 될지 양민이 될지 천민이 될지는 전혀 정해지지 않는다.[965]

問: "如今受戒, 身口淸淨, 已具諸善, 得解脫不?" 師答曰: "小分解脫, 未得心解脫, 未得一切解脫." 問: "如何是心解脫?" 師答曰: "不求佛, 不求知解, 垢淨情盡, 亦不守此無求爲是, 亦不住盡處, 亦不畏地獄縛, 不愛天堂樂, 一切法不拘, 始名爲解脫無㝵, 卽身心及一切皆名解脫. 汝莫言: '有小分戒善, 將爲便了.' 有恒沙無漏戒定慧門, 都未涉一毫在. 努力猛作早与, 莫待耳聾眼暗頭白面皮皺. 老苦及身, 眼中流淚, 心中惆惶, 未有去處, 到与摩時, 整理脚手不得. 縱有福智多聞, 都不相救, 爲心眼未開, 唯緣念諸境, 不知返照, 復不見道. 一生所有惡業悉現於前, 或忻或怖, 六道五蘊現前, 盡見嚴好舍宅舟舡車轝, 光明現赫. 爲縱自心貪愛, 所見悉變爲好境, 隨所見重處受生, 都無自由分, 龍畜良賤, 亦惣未定."

---

964) 죽음에 이르러 육도로 윤회하는 장면을 묘사한 것이다.

965) 이 내용은 『경덕전등록』과 『사가어록』 제3권 「백장광록(百丈廣錄)」에도 동일하게 나온다.

(10)

물었다.

"어떻게 자유를 얻습니까?"

백장이 답했다.

"지금 오욕(五欲)·팔풍(八風)을 대하여 마음에 취하거나 버림이 없고 더러움과 깨끗함이 모두 없다면, 해와 달이 허공에 있어서 이유 없이 비추는 것과 같고, 마음은 나무나 돌과 같을 것이고, 또 코끼리가 흐르는 강을 건너는 것처럼 다시는 가로막는 의문이 없을 것이니, 이런 사람은 천당에도 지옥에도 구속되지 않는다."[966]

問: "如何得自由?" 師答曰: "如今對五欲八風, 情無取捨, 垢淨俱亡, 如日月在空, 不緣而照, 心如木石, 亦如香象, 截流而過, 更無疑滯, 此人天堂地獄不能攝也."

(11)

다시 말했다.

"경을 읽고 가르침의 말씀을 살펴보는 것은 모두 이렇든 저렇든[967]

---

966) 이 내용은 『경덕전등록』과 『사가어록』 제3권 「백장광록(百丈廣錄)」에도 동일하게 나온다.

967) 완전(宛轉): ①누워서 이리저리 몸을 뒤척이다. 전전(輾轉)하다. ②노랫소리가 구성져서 들을 만하다. ③힘써 버티는 모습. 발버둥치는 모습. 발악하는 모습. ④정처 없이 빈둥거리며 움직이는 모습. 유유히 노니는 모습. ⑤순종하여 변화하다. ⑥빙빙 돌다. 구불구불 이어지다. 빙글빙글 감돌다. ⑦물체가 쉬지 않고 움직이다. ⑧함축성 있고 변화가 많다. 완곡(婉曲)하다. ⑨애틋한 정에 끌리다. 다정하여 잊지 못하게 하다. ⑩여러 손을 거치거

자기에게로 돌아와야만 하는 것이다.

다만 모든 가르침의 말씀은 지금의 거울처럼 깨어 있는 본성을 밝히는 것일 뿐이다.

단지 스스로 있거나 없는 온갖 경계에 휘둘리지 않기만 하면 된다.

이 까닭에 도사(導師)께선 있거나 없는 온갖 경계를 확실히 살펴서 알 수 있다.[968]

이것은 금강(金剛)[969]이니 곧 자유롭게 독립할 자격이 있다.

만약 이와 같이 될 수 없다면, 설령 12부경[970]을 외웠다고 하더라도 [971] 다만 증상만(增上慢)이 될 뿐이니 도리어 부처를 비방하는 것일 뿐, 경을 읽고 가르침을 살피는 수행이 아니다.

나 이리저리 옮겨 다니다. ⑪우여곡절이 많다. ⑫변통하거나 알선하다.

968) 조파(照破) : 확실히 살펴서 알다. 분명히 알다. 파(破)는 완료를 나타내는 조사.

969) 금강(金剛) : vajra. ①금강석(金剛石)은 굳고 예리한 두 가지 덕을 가지고 있으므로, 불멸의 진여(眞如)를 가리키는 비유로 씀. ②금강신(金剛神). 금강신(金剛神)은 불교의 수호신으로 절 문의 양쪽에 안치해 놓은 한 쌍의 신장(神將)을 가리킨다. 손에 금강저(金剛杵)를 들고, 허리만 가린 채 억센 알몸을 드러내는 등 용맹한 형상(形相)을 나타낸다. 금강역사(金剛力士), 혹은 인왕(仁王)이라고도 한다.

970) 십이위타경(十二圍陀經) : 위타(圍陀)는 veda의 음역. 베다는 인도 바라문교 사상의 근본 성전이며 가장 오래된 경전으로서, 기원전 2000년부터 기원전 1100년에 이루어졌으며, 인도의 종교·철학·문학의 근원을 이루는 것으로 리그베다, 야주르베다, 사마베다, 아타르바베다의 네 가지가 있다. 여기의 십이위타경(十二圍陀經)은 불교의 십이부경(十二部經)을 가리킨다. 십이부경(十二部經)은 석가모니의 교설을 그 성질과 형식에 따라 구분하여 12부로 분류하여 놓은 불교 경전으로서 십이분경(十二分經)·십이분교(十二分教)라고도 한다.

971) 종령(縱令) : 설사 —라 하더라도. 설령 —일지라도.

만약 단지 세간(世間)이라면 이것[972]이 좋은 일이겠지만, 만약 도리에 밝은 사람 쪽에서 헤아린다면, 이것은 꽉 막힌 사람이다.

십지(十地)의 사람이라도 흐름[973]을 벗어나지 못하면, 삶과 죽음의 강 속으로 들어간다.

문자의 뜻과 지식과 이해는 구하지 말아야 한다.

지식과 이해는 탐냄에 속하고, 탐냄은 변하여 병이 된다.

단지 지금 있거나 없는 온갖 것들에서 몽땅 벗어나 삼구(三句) 밖으로 뚫고 나가면, 저절로 부처와 차별이 없을 것이다.

이미 스스로가 부처인데, 부처가 말할 줄 모를까 왜 걱정하겠는가?

다만 부처가 되지 못하여 있거나 없는 온갖 것들에 휘둘려 자유를 얻지 못할까 봐 두려울 뿐이다.

이 까닭에 도리가 아직 바로 서지 못하고서 먼저 복(福)과 지혜를 얻는다면 마치 천한 것이 귀한 것을 부리는 것과 같으니, 도리가 먼저 바로 선 뒤에 복과 지혜가 있는 것이 낫다.

그때에 이르면 흙을 집어서 금으로 만들 수 있고, 바닷물을 바꾸어 치즈로 만들 수 있고, 수미산을 부수어 가루로 만들 수 있고, 하나의

---

972) 12부경을 외우는 것.

973) 유(流) : =사폭류(四暴流). 폭류는 홍수가 나무가옥 따위를 떠내려 보내는 것처럼, 선(善)을 떠내려 보낸다는 뜻에서 번뇌를 가리킨다. ①욕폭류(欲暴流). 욕폭계에서 일으키는 번뇌. 중생은 이것 때문에 생사의 세계를 쳇바퀴 돌듯 한다. ②유폭류(有暴流). 색계·무색계의 번뇌. ③견폭류(見暴流). 3계의 견혹(見惑) 중에 4제(諦)마다 각각 그 아래서 일어나는 신견(身見)·변견(邊見) 등의 그릇된 견해. ④무명폭류(無明暴流). 3계의 4제와 수도(修道)에 일어나는 우치(遇癡)의 번뇌. 모두 15가지가 있음.

뜻에서 헤아릴 수 없는 뜻을 만들 수 있고, 헤아릴 수 없는 뜻에서 하나의 뜻을 만들 수 있을 것이다."[974]

又云: "讀經看敎語言, 皆須宛轉歸就自己. 但是一切言敎, 只明如今鑒覺性. 自己但不被一切有無諸境轉. 是故導師能照破一切有無境法. 是金剛, 卽有自由獨立分. 若不能任摩得, 縱令誦得十二圍阤經, 只成增上慢, 却是謗佛, 不是修行讀經看敎. 若唯世間是好善事, 若向理明人邊數, 此是壅塞人. 十地之人, 不脫去流, 入生死河. 但不用求覓知解語義句. 知解屬貪, 貪變成病. 只如今俱離一切有無諸法, 透過三句外, 自然与佛無差. 旣自是佛, 何慮佛不解語? 只恐不是佛, 被有無諸法轉, 不得自由. 是以理未立, 先有福智載去, 如賤使貴, 不如於理先立, 後有福智. 臨時作得捉土爲金, 變海水爲蘇酪, 破須弥山爲微塵, 於一義作無量義, 於無量義作一義."

---

974) 이 내용은 『경덕전등록』에는 동일하게 나오나 『사가어록』 제3권 「백장광록(百丈廣錄)」에는 나오지 않는다.

3. 송고승전(宋高僧傳)

당(唐) 신오현(新吳縣) 백장산(百丈山) 회해(懷海) 전(傳)⁹⁷⁵⁾

석회해(釋懷海)는 민(閩)⁹⁷⁶⁾ 사람이다. 어려서 세속⁹⁷⁷⁾을 떠나 오랫동안 돈문(頓門)⁹⁷⁸⁾을 노닐었다. 성품(性稟)이 본래 꾸밈이 없어서 애써 권할 필요가 없었다.⁹⁷⁹⁾ 대적선사(大寂禪師)가 남강(南康)⁹⁸⁰⁾에서 처음 교화한다는 소식을 듣고서 의지하여 따르려고⁹⁸¹⁾ 마음을 먹었다.⁹⁸²⁾ 아무것도 모르고 찾아갔다가 도(道)를 얻어서 돌아왔으니,⁹⁸³⁾ 참으로 종장(宗

---

975) 『송고승전(宋高僧傳)』제10권. 『송고승전』은 송(宋) 단공(端拱) 원년(元年)인 988년에 편찬되었다.

976) 민(閩) : 복건성(福建省) 지역. 복건성에는 민강(閩江)이 있다. 백장은 복건성 복주(福州) 장락(長樂) 출신이다.

977) 후택(朽宅) : 썩어 구린내가 나는 집. 곧 세속(世俗)을 가리킴.

978) 돈문(頓門) : 돈오문(頓悟門) 즉 선종(禪宗).

979) 불유(不由) : 허용하지 않다. 따르지 않다. -때문이 아니다.

980) 남강(南康) : 강서성(江西省) 남강현(南康縣). 마조도일(馬祖道一)이 법을 펼친 곳.

981) 의부(依附) : 의지하여 따르다. 의존(依存)하다. 종속되다.

982) 조심(操心) : 마음가짐. 마음을 -게 가지다.

983) 허왕실귀(虛往實歸) : 빈 마음으로 갔다가 채워서 돌아옴. 아무것도 모르고 갔다가 얻어서 돌아옴. 본래 『장자(莊子)』「덕충부(德充符)」에 있는 다음의 구절에서 비롯된 말: 노(魯)나라에 발 하나가 잘린 왕태(王駘)란 사람이 있었는데, 그를 따라다니는 자들이 공자(孔子)의 제자들과 맞먹을 정도였다. 상계(常季)가 공자에게 물었다. "왕태는 형벌로 발이 하나 잘린 사람인데도 그를 따라 배우는 자들이 노나라에서 선생님의 제자들과 맞먹는 숫

匠)⁹⁸⁴⁾이 되었던 것이다.

뒤에 신도(信徒)⁹⁸⁵⁾들이 청하여 신오(新吳)⁹⁸⁶⁾의 경계에 머물게 되었으니, 그곳에는 일천(一千) 척(尺)도 넘는 높은 봉우리가 있었기 때문에 백장(百丈)이라고 불렀다. 회해선사(懷海禪師)가 그곳에 머물자, 선객(禪客)들이 멀다고 찾아오지 않는 자가 없어서 절집이 좁을 정도였다. 다시 말했다.

"나는 대승(大乘)의 법을 행하는데, 어찌 소승(小乘)⁹⁸⁷⁾ 여러 부파(部派)의 가르침을 따라서 행하겠는가?"

그러자 어떤 이가 물었다.

자입니다. 그는 서서도 가르치지 않고 앉아서는 말이 없는데도, 아무것도 모르고 그를 찾아갔던 자가 무언가를 얻어서 돌아옵니다. 본래 말 없는 가르침이 있어서 겉으로 나타나진 않아도 마음에선 도를 이룬 사람일까요? 어떤 사람입니까?"(魯有兀者王駘, 從之遊者, 與仲尼相若. 常季問於仲尼曰: "王駘, 兀者也, 從之遊者, 與夫子中分魯. 立不敎, 坐不議, 虛而往, 實而歸. 固有不言之敎, 無形而心成者邪? 是何人也?")

984) 종장(宗匠) : =종사(宗師). 종지(宗旨)를 체득종장(宗匠) : =종사(宗師). 종지(宗旨)를 체득하여 만인의 모범이 될 만한 학덕(學德)을 겸비한 고승.

985) 단신(檀信) : ①단월(檀越)인 신도(信徒)를 축약한 명칭. 시주(施主). 신도(信徒). ②단월의 신시(信施) 즉 단시(檀施). 보시(布施).

986) 신오(新吳) : 신오현(新吳縣) 지금의 강서성(江西省) 홍주(洪州) 봉신현(奉新縣) 서쪽 30리에 위치. 백장회해가 절을 지은 대웅산(大雄山) 즉 백장산(百丈山)이 여기에 있다.

987) 아급마(阿笈摩) : agama의 음역. 아가마(阿伽摩)·아함모(阿含暮)·아함(阿含)이라고도 음역. 전(傳)·교(敎)·법귀(法歸)라 번역. ①전(傳)은 차례차례 이어받는 의미로 3세 제불의 전설(傳說)하는 것이란 뜻. ②교(敎)는 법이란 뜻. ③법귀(法歸)는 만선(萬善)이 돌아가는 곳이란 뜻. 소승교(小乘敎)의 총명(總名).

"『유가론(瑜伽論)』⁹⁸⁸⁾과『영락경(瓔珞經)』⁹⁸⁹⁾은 대승의 계율이니, 어찌 의

지하고 따르지 않겠습니까?"

회해 선사가 말했다.

"나는 대소승 속에서 널리 배우고 닦아 언행과 예의범절을 바르게

---

988) 유가론(瑜伽論) : 유가사지론(瑜伽師地論)의 준말. Yogacar(y)abhumisastra. 100권. 미
     륵보살 짓고, 무착보살 엮음. 당(唐)나라 때 현장(玄奘)이 646년에서 648년 사이에 홍
     복사(弘福寺) 또는 대자은사(大慈恩寺)에서 번역하였다. 별칭으로『광석제경론(廣釋諸
     經論)』·『십칠지론(十七地論)』이라고도 한다. 유가행자(瑜伽行者)의 경(境)·행(行)·과
     (果) 및 아뢰야식설·삼성설·삼무성설·유식설 등에 대해 해설한 논서로서 미륵보살이
     무착(無着)을 위하여 중천축(中天竺)의 아유사(阿踰闍) 대강당에서 4개월 동안 매일 밤마
     다 강설한 것이라고 한다. 이것은 대승불교 완성기의 사상을 대표하는 논서로서, 유식학
     파의 중도설과 연기론 및 3승교의 근거가 된다. 모두 5분(分)으로 이루어져 있으며, 각 분
     은 여러 품으로 나누어져 있다. 법상종(法相宗)의 중요 논서이다. 주석서로는 최승자(最
     勝子) 등이 지은『유가사지론석(瑜伽師地論釋)』1권·규기(窺基)의『유가사지론약찬(瑜伽
     師地論略纂)』16권·둔륜(遁倫)의『유가론기(瑜伽論記)』24권 등이 있다.

989) 영락경(瓔珞經) : 보살영락경(菩薩瓔珞經)의 준말. 14권. 전진(前秦)시대에 축불념(竺
     佛念)이 376년에 장안(長安)에서 번역하였다. 별칭으로『현재보경(現在報經)』이라고도 한
     다. 보칭품·식공품·장엄도수품·용왕욕태자품·법문품·식계품·제불권조품·여래품
     음향품·인연품으로부터 무아품·등승품·삼계품 등의 45품으로 이루어져 있으며, 주로
     보살도(菩薩道)에 대하여 설한 경전이다. 부처님께서 마갈계(摩竭界)의 보승(普勝) 강당
     에 머무실 때, 여러 비구와 보살·천신 등이 함께 모인 자리에서 보조(普照)·보살의 질
     문에 대해 보살도를 수행하는 10가지 공덕과 보살법의 영락 등을 설명하신다. 또한 부처
     님께서는 보살 영락 8만 법문을 비롯하여 6법 청정(淸淨)·영락(瓔珞)·공혜(空慧)·무
     착행(無着行)·4신족행(神足行)·12인연법·4성제·3선(禪)·3승(乘)·10종 무상법(無
     相法)·10종 부사의행(不思議行)·10종 무아행(無我行) 등을 상세히 설명하신다.

990) 박약(博約) : =박문약례(博文約禮). 널리 학문을 닦고 언행과 예의범절을 바르게 하다.

991) 절중(折中) : =절충(折衷). 서로 다른 사물이나 의견, 관점 따위를 알맞게 조절하여 서
     로 잘 어울리게 함.

함$^{990)}$에 서로 잘 어울리게 하여$^{991)}$ 규범을 세우니 힘써 행하면 좋은 결말이 있을 것이다."

그리하여 새로 고안하여$^{992)}$ 율종(律宗)$^{993)}$의 제도를 따르지 않고 따로 선원(禪院)을 건립하였다. 애초 달마(達磨)가 법을 전할 때부터 육조(六祖)에까지 이른 이래로 도(道)를 보는 눈을 얻은 자를 일러 장로(長老)라고 하였으니, 서역(西域)에서 도가 높고 법랍(法臘)$^{994)}$이 오래된 자를 수보리(須菩提)$^{995)}$라고 부른 것과 같다.$^{996)}$ 그러나 선사(禪師)들은 대부분

---

992) 창의(創意) : 새로 의견을 내다. 새로운 고안을 하다.

993) 율종(律宗) : 율장(律藏)에 의하여 세운 종지(宗旨). 석존 1대의 설법 중에서 제자가 부정한 행위를 할 때마다 낱낱이 그 근기(根機)에 응하여 율(律)을 말하여 바로잡은 것이 시초이다. 석존 멸후 제1결집 때에 우파리(優波離)가 80회에 나누어 외워 내어 팔십송율(八十誦律)을 결집하였다. 중국에는 250년(우의 가평(嘉平) 2년) 중인도의 담가가라(曇柯迦羅)가 처음으로 『사분율(四分律)』의 1분(分)을 전하고, 그 후 150여 년을 지나 요진(姚秦) 때에 구마라집(鳩摩羅什)이 404년 『십송률(十誦律)』을 번역하였고, 불타야사(佛陀耶舍)가 408년 『사분율』을 번역하였다. 그리하여 여러 가지 율서(律書)가 유행하였다. 여기에서 율종(律宗)이란 중국에서 선종(禪宗)이 등장하기 이전의 교종(敎宗)을 가리키는 말.

994) 납(臘) : 또는 납(臈). 세말(歲末)에 제사 지내는 것을 한(漢)나라에서 납이라 하였다. 불교에서는 비구가 출가하여 비구계를 받은 뒤부터 해마다 여름 석 달 동안 행하는 안거(安居)를 마치는 것을 납이라고 한다. 이 납에 따라 비구가 출가한 뒤의 연령을 세고, 이 나이를 법랍(法臘)·하랍(夏臘)·계랍(戒臘)이라 한다. 비구가 앉는 자리의 차례는 그 납이 많고 적음에 따라 정한다.

995) 수보리(須菩提) : Subhuti. 석가세존의 10대 제자 가운데 한 명. 선현(善現)·선길(善吉)·선업(善業)·공생(空生) 등이라 번역. 온갖 법이 공(空)인 이치를 깨달은 첫째가는 이라 하여 해공제일(解空第一)이라고 함. 『증일아함경(增壹阿含經)』에 전기가 있음.

996) 이 말에는 착오가 있다. 수보리(須菩提)는 고유명사로서 사람 이름이고, 장로(長老)라는 뜻은 구수(具壽)라고 번역되는 ayusmat이다.

율사(律寺)⁹⁹⁷⁾ 속에 머물렀고, 다만 별원(別院)⁹⁹⁸⁾이 달랐을 뿐이다.

唐新吳百丈山懷海傳

釋懷海閩人也. 少離朽宅, 長遊頓門. 稟自天然, 不由激勸. 聞大寂始化南康, 操心依

附. 虛往實歸, 果成宗匠. 後檀信請居新吳界, 有山峻極可千尺許, 號百丈歟. 海旣居之

禪客無遠不至, 堂室隘矣. 且曰: "吾行大乘法, 豈宜以諸部阿笈摩敎爲隨行邪?" 或曰:

"『瑜伽論』『瓔珞經』是大乘戒律, 胡不依隨乎?" 海曰: "吾於大小乘中, 博約折中設規,

務歸於善焉." 乃創意不循律制, 別立禪居. 初自達磨傳法至六祖已來, 得道眼者號長

老, 同西域道高臘長者呼須菩提也. 然多居律寺中, 唯別院異耳.

다시 지위 고하를 막론하고 모두 승당(僧堂)⁹⁹⁹⁾에 들어가도록 하였는

997) 율사(律寺) : =율원(律院). 선원(禪院), 교원(敎院)에 상대되는 말. 오로지 계율(戒律)
    을 학습하는 율승(律僧)이 생활하는 사원(寺院).
998) 별원(別院) : 사(寺)는 승원(僧園)의 총칭(總稱), 원(院)은 절 안의 여러 집들. 사원(寺
    院)은 총(總)과 별(別)을 아울러 일컫는 말이니, 사(寺) 속에 여러 별원(別院)이 있는 것
    임. 인도의 기원정사(祇園精舍), 중국의 백마사(白馬寺)가 그 시초임.
999) 승당(僧堂) : 선승들이 기거하며 좌선하는 선방(禪房). 선당(禪堂) · 운당(雲堂) · 좌선
    당(坐禪堂) · 좌당(坐堂) · 선불당(選佛堂) · 성승당(聖僧堂) · 고목당(枯木堂) 등이라고도
    하며, 칠당가람(七堂伽藍)의 하나. 선종에서 가장 중시하는 장소로, 좌석의 위계와 행동
    거지가 엄격하다. 온돌이 아닌 의자와 침상 생활을 하는 중국에서는 선방의 형태가 우리
    나라와는 다르다. 일반적인 형태를 보면, 앞뒷문을 제외한 집 안의 벽을 따라 설치된 ㄷ자
    형태의 마루인 장련상(長連床) 즉 선상(禪床)에 좌구(坐具)를 깔고 앉아 좌선을 하고, 또
    누워서 잠잘 수 있도록 되어 있다. 마루 앞의 집 안 중앙은 마루가 없는 벽돌 바닥이고, 그
    한가운데에는 보통 성상(聖像)을 모셔 두었다.

데, 승당 속에는 장련상(長連床)¹⁰⁰⁰⁾을 시설하고 시렁¹⁰⁰¹⁾을 만들어서 도구(道具)¹⁰⁰²⁾를 걸어¹⁰⁰³⁾ 두도록 하였다. 누울 때에는 반드시 장련상의 가장자리¹⁰⁰⁴⁾에 베개를 비스듬히 하고 누웠으니, 일러 칼 찬 사람의 수면(睡眠)¹⁰⁰⁵⁾이라 하였다. 좌선(坐禪)한 것이 이미 오래되었으면, 잠시 누워¹⁰⁰⁶⁾ 쉴 뿐이었다.

아침 법문¹⁰⁰⁷⁾과 저녁 법문¹⁰⁰⁸⁾이 있었다. 먹고 마시는 것은 형편에 따라 적절하게¹⁰⁰⁹⁾ 하였으니, 절약과 검소함을 나타내 보인 것이었다. 보청법(普請法)¹⁰¹⁰⁾을 행함에는 아랫사람과 윗사람이 고루 힘을 쓰는 모습

1000) 장련상(長連床) : 승당(僧堂) 속에 있는 기다란 평상(平床). 이 위에서 보통 10여 명 정도가 좌선을 하기도 하고, 누워 자기도 하고, 앉아 식사를 하기도 한다. 승당 내에 설치된 선승(禪僧)들의 생활 공간이다.

1001) 이가(椸架) : 시렁. 횃대. 옷걸이.

1002) 도구(道具) : 불도 수행을 돕는 가사(袈裟), 발우(鉢盂) 따위의 기구.

1003) 괘탑(掛搭) : 괘(掛)는 석장(錫杖)을 거는 것, 탑(搭)은 걸망을 놓아둔다는 뜻. 곧 승당(僧堂)에서 안거(安居)하는 것을 말함. 우리나라에서는 방부(榜付)라 함. =괘석(掛錫), 괘의(掛衣).

1004) 상순(床脣) : 평상(平床)의 가장자리. 평상의 바깥 테두리.

1005) 대도수(帶刀睡) : =대도와(帶刀臥). 오른쪽 옆구리를 바닥에 대고 눕는 것. 왼쪽 옆구리에 칼을 찬 병사는 오른쪽 옆구리를 바닥에 대고 누워 잘 수밖에 없으므로 이르는 말.

1006) 언아(偃亞) : ①눕다. ②눌리어 아래로 늘어진 모양.

1007) 조참(朝參) : 또는 조참(早參). 아침에 하는 법문(法門).

1008) 석취(夕聚) : 저녁 법회. 만참(晚參)과 같음. 저녁에 조실(祖室)이 대중에게 설법(說法)하는 것. 약식 설법으로서 소참(小參)이라고 함.

1009) 수의(隨宜) : 일을 형편에 따라 적절히 처리함.

1010) 보청법(普請法) : 보청(普請)과 같음. 공덕을 널리 청해 바란다는 뜻. 선림(禪林)에서 승중(僧衆)을 모이게 하여 노역에 종사(作務)시키는 것. 선원(禪院)의 수행자가 모여 노역

을 드러내었다. 장로는 방장(方丈)[1011]에 머물렀으니, 유마(維摩)[1012]의 한 개 방과 같았다. 불전(佛殿)[1013]을 세우지 않고 오직 법당(法堂)[1014]만 세웠으니, 말과 모습을 벗어난 법을 나타낸 것이었다.

선원(禪院)의 여러 제도(制度)는 율사(律師)[1015]에 비하면 갑절이나 늘

에 종사하는 것. 대중 울력.

1011) 방장(方丈) : 4방으로 1장(丈)이 되는 방. 절의 주지가 거처하는 방. 유마 거사가 4방 1장(丈; 10척. 약 3미터) 되는 방에 병들어 누워 있으면서 그 방 안에서 『유마경』을 설법하였다는 말에서 비롯됨.

1012) 정명(淨名) : 유마(維摩, Vimalakirti)의 번역어. 유마힐(維摩詰)·비마라힐(毘摩羅詰) 등이라고 음역하고, 정명(淨名)·무구칭(無垢稱)이라 번역. 인도 비야리국 장자로서, 속가에 있으면서 보살행을 닦은 이. 그 깨달음이 높아서 부처님의 제자도 미칠 수 없었다. 『유마경(維摩經)』의 주인공.

1013) 불전(佛殿) : 불당(佛堂). 불보살의 상(像)을 모신 전당. 인도에서는 향전(香殿)이라 하였다. 중국 선종(禪宗)에서는 당대(唐代)에는 불전을 세우지 않았고, 선원(禪院)에 불전이 마련되게 된 것은 송(宋) 초기경인 듯 하다. 중국 선원의 일반적인 구조를 보면, 불상(佛像)을 모신 불전(佛殿), 수행승들에게 설법을 베푸는 법당(法堂), 수행승들이 좌선을 하며 기거하는 승당(僧堂), 주지(住持)가 기거하는 방장(方丈), 식량을 보관하고 음식을 조리하는 고리(庫裏), 삼해탈(三解脫)을 상징하며 사원의 출입문이 되는 삼문(三門), 목욕시설인 욕옥(浴屋), 화장실인 서정(西淨; 혹은 東司) 등이 기본적으로 설치되었다. 이 중 승당·욕옥·서정에서는 일체의 말(言語)을 하지 않기 때문에 이를 삼묵당(三默當)이라 한다. 삼문·불전·법당·방장을 일렬로 순차적으로 배치하고 삼문의 남쪽에 총문, 방장의 북쪽에 고리를 세운다. 그밖에 장경각·객당(客堂)·종루(鐘樓) 등을 세워서 선원 특유의 가람배치를 이루었다.

1014) 법당(法堂) : 법(法)을 드러내어 전해 주는 집이라는 뜻으로, 불상(佛像)을 모신 불전(佛殿)과 대비되는 말이다. 조실(祖室)이나 방장(方丈) 등 사찰의 지도자가 대중을 위하여 법(法)을 말하여 이심전심(以心傳心)의 장소로 삼았다.

1015) 비니사(毘尼師) : 율사(律師). 계율을 종지로서 공부하는 승려. 비니(毘尼)는 비나야(毘奈耶) 즉 계율(戒律).

어난 것이었다. 천하(天下)에 선종(禪宗)의 교화가 널리 퍼졌으니,[1016] 선문(禪門)이 단독으로 행해진 것은 회해 선사가 그 시초이다.

원화(元和) 9년 갑오세(甲午歲; 818년) 정월(正月) 17일에 회해 선사는 시적(示寂)하였으니, 향년 95세였다.[1017] 목종(穆宗)이 장경(長慶)[1018] 원년 (元年; 821년)에 대지선사(大智禪師)란 시호(諡號)를 내렸고, 탑(塔)은 대보승륜(大寶勝輪)이라 불렀다.

又令不論高下盡入僧堂, 堂中設長連床, 施椸架挂搭道具. 臥必斜枕床脣, 謂之帶刀睡. 爲其坐禪旣久, 略偃亞而已. 朝參夕聚. 飮食隨宜, 示節儉也. 行普請法, 示上下均力也. 長老居方丈, 同維摩之一室也. 不立佛殿唯樹法堂, 表法超言象也. 其諸制度與毘尼師一倍相翻. 天下禪宗如風偃草, 禪門獨行由海之始也. 以元和九年甲午歲正月十七日歸寂, 享年九十五矣. 穆宗長慶元年, 敕諡大智禪師, 塔曰大寶勝輪.

1016) 여풍언초(如風偃草): 바람이 불면 풀이 눕는 것과 같이 덕 높은 종사의 교화가 천하에 널리 퍼지다. 『논어(論語)』 제12편 「안연(顔淵)」에 있는 "군자의 덕은 바람이고, 소인의 덕은 풀이니, 풀 위에 바람이 불면 풀은 반드시 눕는다."(君子之德風 小人之德草 草上之風 必偃)라는 구절에서 온 말로서, 종사(宗師)의 가르침이 있으면 학인이 교화되는 것을 가리킨다. =풍행초언(風行草偃), 풍취초동(風吹草動), 초언풍행(草偃風行).

1017) 백장 사후 4년 뒤에 작성된 탑명(塔銘)에는, 백장이 세수(世壽) 66세 승납(僧臘) 47년을 살았다고 하였으니, 95세까지 살았다는 것은 잘못이다.

1018) 장경(長慶): 당(唐) 12대 임금 목종(穆宗)의 연호. 821년에서 824년까지 4년간이다.

언계(彦系)가 말했다.

"한(漢)나라 때에 불법(佛法)이 전해진[1019] 이래로 승려들의 거처에 선(禪)과 율(律)의 구분이 없었다. 이 까닭에 선(禪)에 통달한 자나 법(法)에 통달한 자나 모두 동일한 사(寺) 속에 머물렀고, 다만 원(院)에 차이가 있었을 뿐이다. 백장에 이르자 선종의 제도(制度)를 세워 방편으로 쓸 뜻을 내었으나, 역시 두타(頭陀)[1020]의 부류이다.

잘못을 바로잡아 바름을 좇는 것은 간단하고 쉬운 일이다. 옛 격식에 얽매이지 않고 손수 새로운 방법을 만들어 낸다(自我作古)[1021]고 하는데, 고(古)는 고(故)이니 결국 옛날부터 전해온 일[1022]이다. 마치 큰일을 일으켜서[1023] 이루어 내면[1024] '이로부터 시작이다.'고 말하고, 이루어

1019) 중국에 불교가 처음 전래된 것은 보통 후한(後漢) 명제(明帝) 영평(永平) 10년(서기 67년) 명제가 꿈에 금인(金人)을 보고 구법(求法)의 사절을 대월씨국(大月氏國)에 보내 『사십이장경(四十二章經)』을 베껴 오게 했을 때라고 한다. 그러나 명제의 이종동생인 초왕(楚王) 영(英)이 불교를 알고 있었다고 하는 연대가 영평(永平) 8년(서기 65년)이므로 아마 불교는 그 이전에 전래되었던 것 같다. 그러나 정확한 연대는 알 길이 없다.

1020) 두타(頭陀) : ①번뇌의 티끌을 떨어 없애고, 의식주에 탐착하지 않으며, 청정하게 불도를 수행하는 것. ②두타를 행하는 승려. 선승(禪僧)을 가리킴. ③걸식수행을 말함.

1021) 자아작고(自我作古) : 옛 격식에 얽매이지 않고 손수 새로운 방법을 만들어 냄. =자아작고(自我作故).

1022) 고사(故事) : ①옛날 일. 지나간 일. ②전례(前例). 옛날의 전장제도(典章制度). ③수작. 술수. ④예부터 전해 오는 내력 있는 일. 전고(典故).

1023) 입사(立事) : ①사무를 보는 하급 관리. ②공업(功業)을 세움. ③큰일을 일으킴. 거사(擧事)함. ④일을 훌륭하게 처리하다.

1024) 극성(克成) : 이루어 내다. 실현하다.

내지 못하면 '스스로 법도를 바로 세울 수 없다.'[1025]고 하는 것과 같다.

지금 회해 선사가 옛 격식에 매이지 않고 손수 새로운 방법을 만들어 천하가 그것을 따르는 것은 이익이 많고 손해가 적기 때문이다. 회해 선사의 시호(諡號)를 대지선사(大智禪師)라고 한 것도 그렇기 때문이 아니겠는가?

속담에 말하기를 '이익이 백 가지가 되지 않으면 격식을 바꾸지 않는다.'고 하였으니, 이 격식을 바꾸어 그 이익이 많음을 비로소 알 수 있다. 미사색(彌沙塞)[1026]의 계율에는 여러 가지가 있으니, 비록 불교의 제도가 아니라고 하더라도 여러 곳에서 깨끗하게 여긴다면 행하지 않을 수 없을 것이다."

焉系曰: "自漢傳法, 居處不分禪律. 是以通禪達法者皆居一寺中, 院有別耳. 至乎百丈, 立制出意用方便, 亦頭陀之流也. 矯枉從端, 乃簡易之業也. 所言自我作古, 古故也, 故事也. 如立事克成則云自此始也, 不成則云無自立辟. 今海公作古, 天下隨之者, 益多而損少之故也. 諡海公爲大智, 不其然乎? 語曰: '利不百不變格.' 將知變斯格厥利多矣. 彌沙塞律有諸, 雖非佛制, 諸方爲淸淨者, 不得不行也."

1025) 무자립벽(無自立辟) : 스스로 법도를 바로 세울 수 없다. 『시경(詩經)』「대아(大雅)」에 나오는 구절인 "백성들에게 잘못이 많이 있으면, 스스로 법도를 세우지 못한다."(民之多辟, 無自立辟.)는 구절에서 온 말이다.

1026) 미사색(彌沙塞) : Mahishasaka. 율부(律部)의 이름. 화타(化他)라 번역. 우바국다(憂婆趜多)의 다섯 제자 중 한 사람이 율(律)의 주인이 되어 일으킨 부(部)를 화지부(化地部)라 하며, 18부파 가운데 하나이다. 그 율본(律本)을 『오분율(五分律)』이라 한다. 여기에선 오분율(五分律)을 가리킨다.

4. 경덕전등록(景德傳燈錄)

제5권 홍주백장산회해선사(洪州百丈山懷海禪師)

(1)

백장이 대중에게 말했다.

"어떤 사람은 늘 밥을 먹지 않는데도 배고프다고 말하지 않고, 어떤
사람은 종일 밥을 먹으면서도 배부르다고 말하지 않는다."

대중 가운데 이 말에 응대하는 사람이 없었다.

師謂衆云: "有一人長不喫飯不道饑, 有一人終日喫飯不道飽." 衆皆無對.

(2)

운암(雲巖)이 물었다.

"스님은 매일 분주하게[1027] 누구를 위하십니까?"

백장이 말했다.

"요구하는 사람이 하나 있다."

운암이 말했다.

"무엇 때문에 그 사람 스스로 하도록 시키지 않습니까?"

1027) 구구(區區) : 분주하고 고생하는 모습. 바삐 지내며 고생하는 모습.

백장이 말했다.

"그에게는 살림살이[1028]가 없다."

雲巖問: "和尚每日區區爲阿誰?" 師云: "有一人要." 巖云: "因什麼, 不教伊自作?" 師
云: "他無家活."

(3) 선문규식(禪門規式)

백장대지(百丈大智) 선사(禪師)는, 선종(禪宗)이 소실(少室)[1029]에서 시작
하여[1030] 조계(曹溪)[1031]에 이른 이래로 대부분의 선승(禪僧)들이 율사(律
寺)에 머물렀는데, 비록 별원(別院)이라 하더라도 설법(說法)[1032]하고 주
지(住持)[1033]를 함에는 법도(法度)에 맞지 않았던 까닭에 늘 신경을 쓰고

1028) 가활(家活): 가산(家産). 살림살이.
1029) 소실(少室): =소실산(少室山), 소실봉(少室峰). 중국 하남성(河南省) 하남부(河南府)
       등봉현(登封縣)의 서북쪽에 있는 산. 오악(五岳)의 하나인 숭산(嵩山)의 뾰족한 세 봉우리
       중, 동봉(東峰)을 대실(大室)이라 함에 대하여 서봉(西峰)을 말함. 이 산에 소림사(少林
       寺)가 있고, 여기서 북위(北魏) 때 보리류지(菩提流支)가 범본(梵本)을 한역(漢譯)하였고,
       또 달마 대사가 9년을 머물면서 혜가(慧可)에게 선(禪)의 종지(宗旨)를 전하였다.
1030) 조자(肇自): -로부터. -에서 시작하여.
1031) 조계(曹溪): 조계는 곧 육조혜능(六祖慧能)을 가리킨다. 원래는 중국 광동성(廣東省)
       소주부의 동남쪽 30리 쌍봉산(雙峰山) 아래 있는 땅이름. 육조혜능이 667년 조숙량(曹叔
       良)에게 이 땅을 희사(喜捨)받아 보림사(寶林寺)를 짓고 선풍(禪風)을 크게 떨쳤다. 입적
       한 뒤에 전신(全身)을 이곳에 묻었으므로 육조의 별호가 되었다. 육조혜능을 조계고불(曹
       溪古佛) 혹은 조계고조(曹溪高祖)라고 존칭한다.
1032) 설법(說法): 창도(唱導)·설교(說敎)·법담(法談)·찬탄(讚歎)·담의(談義)·권화
       (權化)·설경(說經)·시중(示衆)이라고도 함. 불교의 가르침을 사람들에게 말해 주는 것.
1033) 주지(住持): 보호하다. 머물러 떠나지 않다. 지키다. ①사찰의 주권자(主權者). 절에

있다가 드디어 말했다.

"조사(祖師)[1034]의 도(道)를 널리 선포(宣布)하고[1035] 교화(敎化)[1036]하여 후대(後代)[1037]에 사라지지 않기를 바란다면, 어찌 여러 아함경(阿含經)(원주: 아함(阿含)은 범어(梵語)의 구역(舊譯)이고 신역(新譯)은 아급마(阿笈摩)라 하니, 곧 소승(小乘)의 가르침이다.)의 가르침을 따라 행하겠는가?"

어떤 이가 말했다.

"『유가론(瑜伽論)』과 『영락경(瓔珞經)』은 대승(大乘)의 계율(戒律)이니 어찌 의지하고 따르지 않으랴?"

백장이 말했다.

"우리의 종지(宗旨)[1038]는 대승이나 소승에 머물러 있지도 않지만 대승이나 소승과 다르지도 않다. 마땅히 널리 배우고 닦아 언행과 예의

거주하면서 그 재산과 법려(法侶)들을 보호 유지하는 이. ②부처님의 가르침에 잘 머물고 잘 간직하여 흩어지게 하거나 잃어버리지 않음.

1034)   조사(祖師) : 조(祖)는 선조(先祖), 시조(始祖)라는 뜻. 석가모니를 부처님이라고 하는 반면에 석가모니가 이심전심(以心傳心)으로 법을 전했다고 하는 마하가섭(摩訶迦葉)을 조사(祖師)라고 한다. 마하가섭 이후 인도에서 대대로 조사들이 법을 전해 와서 제28대 조사가 보리달마(菩提達摩)인데, 보리달마가 다시 중국으로 와서 법을 전하니 보리달마는 또 중국에서 제1대 초조(初祖)가 된다. 중국의 2대 조사는 혜가(慧可)이고, 6대까지 전해져서 중국의 6대 조사는 혜능(慧能)이다. 혜능은 조사의 법이 이제 널리 세상에 퍼졌으니 조사의 징표인 금란가사와 발우를 더 이상 전할 필요가 없으므로 전하지 말라고 유훈하여, 이후에는 조사라는 말 대신 선사(禪師)라는 말을 사용한다.

1035)   탄포(誕布) : 널리 선포(宣布)하다.

1036)   화원(化元) : ①조화(造化), 조화의 본원(本源). ②교화(敎化).

1037)   내제(來際) : =내세(來世), 후대(後代).

1038)   소종(所宗) : 종지(宗旨), 본받는 것. 돌아가는 것. 향하는 것. 높이는 것.

범절을 바르게 함에 서로 잘 어울리게 하며 규범과 제도를 세워 올바르게 행하도록 힘써야 한다."

그리하여 새로 의견을 내어 선원(禪院)을 따로 건립하였다.

禪門規式

百丈大智禪師, 以禪宗肇自少室, 至曹谿以來, 多居律寺, 雖別院然於說法住持, 未合規度故, 常爾介懷, 乃曰: "祖之道欲誕布化元, 冀來際不泯者, 豈當與諸部阿笈摩教爲隨行耶?"(舊梵語阿含, 新云阿笈摩, 卽小乘教也.) 或曰: "『瑜伽論』·『瓔珞經』是大乘戒律, 胡不依隨哉?" 師曰: "吾所宗, 非局大小乘, 非異大小乘. 當博約折中 設於制範務其宜也." 於是創意, 別立禪居.

도(道)를 보는 안목을 두루 갖춘 존경할 만한 덕을 지닌 자를 일러 장로(長老)라고 부르니, 서역(西域)의 도가 높고 법랍(法臘)이 많은 수보리(須菩提) 등과 같은 이들이다.

화주(化主)[1039]가 되면 방장(方丈)에서 머무는데, 유마(維摩)의 방과 같으니 개인적인 침실(寢室)은 아니다.

불전(佛殿)을 세우지 않고 오직 법당(法堂)만 세우는 것은 부처님과 조사가 직접 맡겨서[1040] 전해 준 법(法)이 당대(當代)에 실현되는 것을 존

1039) 화주(化主) : 안목을 갖추어 중생교화의 주인이 되는 이를 뜻하는 말. 사찰의 우두머리인 주지(住持)를 가리킴.

1040) 부촉(付囑) : 부촉(付囑)이라고도 함. 맡겨 주다. 부탁하다. 부처님은 설법한 뒤에 청중 가운데서 어떤 이를 가려내어 그 법의 유통(流通)을 맡기는 것이 상례(常例). 이것을

중함을 나타낸다.

모인 학중(學衆)은 나이가 많든 적든 지위가 높든 낮든 모두 승당(僧堂)에 들어가, 그 속에서 법랍[1041]의 순서로 배치되었다.

승당에는 장련상(長連床)을 설치하고 시렁을 시설하여 도구(道具)를 걸어 놓도록 하였다.

누울 때에는 반드시 장련상의 가장자리에 베개를 비스듬히 하고 오른쪽 옆구리를 상에 눕혀 편안하게[1042] 잔다.

좌선(坐禪)한 지가 오래되었으면 잠시 쉴[1043] 뿐이고, 사위의(四威儀)[1044]를 갖춘다.

凡具道眼有可尊之德者, 號曰長老, 如西域道高臘長, 呼須菩提等之謂也. 既爲化主

부촉 · 촉루(囑累) · 누교(累敎) 등이라 함. 경문 가운데서 부촉하는 일을 말한 부분을 「촉루품(囑累品)」, 또는 부촉단(付囑段)이라 하니, 흔히 경의 맨 끝에 있음. 단, 『법화경』은 예외(例外).

1041) 하(夏) : 4월 16일에서 7월 15일(또는 5월 16일에서 8월 15일)의 여름 90일 동안, 이 시기는 인도의 장마철인 우기(雨期)이다. 비가 많이 와서 비구들이 돌아다니면서 밥을 빌기가 어려우므로, 한곳에 머물러 있으면서 수행함. 이것을 하안거(夏安居) · 우안거(雨安居) · 하좌(夏坐) · 하행(夏行) · 하롱(夏籠)이라고도 하며, 이 하안거에 들어가는 것을 결하(結夏) · 결제(結制)라 하고, 90일의 절반을 반하(半夏)라 한다. 사찰에서 비구의 자리 차례는 하안거를 지낸 횟수, 곧 법랍(法臘)에 따라 정해지는 것이며, 그 법랍을 하랍(夏臘) · 좌랍(坐臘)이라 함.

1042) 길상(吉祥) : ①상서롭다. ②순조롭다. ③편안하다.

1043) 언식(偃息) : 쉬다. 휴식하다.

1044) 사위의(四威儀) : 가고 · 머물고 · 앉고 · 눕는(行住坐臥) 네 가지 동작. 즉, 일상의 행위 동작이 부처님의 재계(制戒)에 꼭 들어맞게 행동하는 것.

卽處于方丈, 同淨名之室, 非私寢之室也. 不立佛殿, 唯樹法堂者, 表佛祖親囑授當代 爲尊也. 所褒學衆無多少無高下, 盡入僧堂中依夏次安排. 設長連床施椸架, 掛搭道 具. 臥必斜枕床脣, 右脅吉祥睡者. 以其坐禪旣久, 略偃息而已, 其四威儀也.

입실(入室)하여 가르침을 받을[1045] 때를 제외하고는 학인들은 부지런히 노력하든 게으름을 피우든 자유였다.

윗사람이나 아랫사람 가운데 간혹 상규(常規)에 구속받지 않고 행동하는 경우도 있었다.

온 선원의 대중이 아침 법문과 저녁 법문에 참여하였다.

장로(長老)가 법당에서 법좌(法座)에 오르면[1046] 주사(主事)[1047]와 대중(大衆)[1048]은 줄지어 서서 귀 기울여 듣는다.[1049]

손님과 주인[1050]이 묻고 답하면서 선종(禪宗)의 요지(要旨)를 북돋우어

1045) 입실청익(入室請益) : 주지(住持)나 장로(長老)의 방에 들어가 가르침을 받는 것. 참 선수행에서 개인지도를 받는 것이다.

1046) 상당승좌(上堂陞座) : 상당(上堂)은 법당(法堂)에 들어가서 설법하다는 뜻. 승좌(陞 座)는 선원(禪院)의 주지가 법당(法堂)의 법좌(法座)에 올라가 대중에게 설법(說法)하는 것으로 상당(上堂)과 같음. 중국 당송대(唐宋代)에는 상당법문 중에 모든 사람이 일어서서 설법을 들었다고 한다.

1047) 주사(主事) : =지사(知事). 선원의 사무를 총괄하는 주사직(主事職). 송초(宋初) 무렵까지는 감원(監院), 유나(維那), 전좌(典座), 직세(直歲) 등 4지사(知事)였다가, 뒤에 부사(副寺; 副院)가 추가되어 5지사가 되고, 다시 도사(都寺)가 추가되어 6지사가 되었다.

1048) 도중(徒衆) : 따르는 무리들. 한 사찰의 학인(學人) 대중(大衆).

1049) 측령(側聆) : 귀를 기울여 듣다.

1050) 손님은 설법을 듣고서 질문하는 학인(學人)을 가리키고, 주인은 설법을 하는 장로나 주지를 가리킴.

불러일으키는[1051] 것은 법에 따라[1052] 머묾을 보여 주는 것이다.

아침식사와 점심식사[1053]를 형편에 따라 적절하게 두 때에 균등하게 고루 나누는 것은 절약과 검소에 힘씀으로써 법과 식사를 함께 운용함[1054]을 나타낸다.

보청법(普請法)을 행함에는 아랫사람과 윗사람이 고루 힘을 쓴다.

십무(十務)[1055]를 두어서 요사(寮舍)라고 불렀는데, 매번 쓸 때에는 우두머리 한 사람이 여러 사람을 관리하여 일을 행하였는데 각자로 하여금 자기가 맡은 일을 책임지고 하도록 하였다.(원주: 식사를 맡은 자를 일러 반두(飯頭)라 하고, 채소를 맡은 자를 일러 채두(菜頭)라 하였는데, 나머지도 모두 이와 같았다.)

除入室請益, 任學者勤怠. 或上或下不拘常准. 其闔院大衆朝參夕聚. 長老上堂陞坐, 主事徒衆雁立側聆. 賓主問酬激揚宗要者, 示依法而住也. 齋粥隨宜二時均遍者, 務于節儉, 表法食雙運也. 行普請法上下均力也. 置十務謂之寮舍, 每用首領一人管多人營事, 令各司其局也.(主飯者目爲飯頭, 主菜者目爲菜頭, 他皆倣此.)

1051) 격양(激揚) : 북돋우어 불러일으키다. 격려하여 진작시키다.

1052) 의법(依法) : 법처럼. 법과 같이. 법에 따라. 여법(如法)과 같음.

1053) 재죽(齋粥) : 선원의 점심식사인 재(齋)와 아침식사인 죽(粥). 점심에는 밥을 먹고 아침에는 죽을 먹는다.

1054) 법식(法食) : 율(律)에 규정된 대로 법에 맞는 음식을 먹는 것.

1055) 십무(十務) : 선원(禪院)에서 열 가지 사찰의 일을 맡은 직책.

간혹 가짜 법명(法名)으로 거짓 승려의 모습을 하고서 청중(淸衆)¹⁰⁵⁶⁾ 속에 섞여 있는 자가 있거나 더불어 별나게¹⁰⁵⁷⁾ 시끄럽고 어지러운 일이 있으면, 승당(僧堂)의 유나(維那)¹⁰⁵⁸⁾가 검거(檢擧)¹⁰⁵⁹⁾하여 본래 있던 승당의 명부에서 뽑아내어 선원 밖으로 쫓아낸 것은 청중을 안정(安定)시키고자 한¹⁰⁶⁰⁾ 것이다.

간혹 그 가운데 계율을 범한 자가 있으면 주장자(拄杖子)¹⁰⁶¹⁾로 때리고 대중을 모아 의발(衣鉢)과 도구(道具)를 불태우고서 쫓아내었는데, 편문(偏門)¹⁰⁶²⁾으로 쫓아낸 것은 치욕(恥辱)을 보여 준 것이다.

이 한 조의 법제(法制)를 상세하게 함에는 네 가지 이익이 있다.

첫째는 청중(淸衆)을 더럽히지 않아서 공손한 믿음을 내기 때문이다.(원주: 삼업(三業)¹⁰⁶³⁾이 선(善)하지 않으면 함께 머물 수 없으니 계율에 의

1056) 청중(淸衆) : 대중(大衆)을 선원(禪院)에서 이르는 말. 대중(大衆)과 같음.

1057) 별치(別致) : 색다르다. 별나다. 독특하다. 신기하다. 특이하다.

1058) 유나(維那) : 선원(禪院)의 기강(紀綱)을 바로잡는 직책. 범어 Karmadana의 음역(音譯)이다. 의역(意譯)으로는 열중(悅衆)이라고 한다.

1059) 검거(檢擧) : 검거하다. 고발하다. 적발하다.

1060) 귀(貴) : ①-해야 한다. =수(須). ②-하고자 하다. =욕(欲). ③존중하다. 귀하게 여기다.

1061) 주장자(拄杖子) : 선승이 행각(行脚)할 때에 몸을 의지하는 지팡이. 설법(說法)할 때에도 불자(拂子)와 함께 사용하는 법구(法具)이다.

1062) 편문(偏門) : 선원(禪院)의 정문(正門)이 아닌 쪽문. 죄를 범한 승려를 내쫓는 부정문(不淨門).

1063) 삼업(三業) : 신업(身業)·구업(口業)·의업(意業). 곧 신체의 동작·언어·의지(意志)의 작용에 의한 업(業).

거하여 범단법(梵壇法)¹⁰⁶⁴⁾을 알맞게 행하여 그를 다스리면 마땅히 선원에서

쫓아내어야 한다. 청중이 안정되면 공손한 믿음이 생긴다.)

둘째는 승려의 모습을 훼손하지 않아서 불교의 제도를 따르기 때문

이다.(원주: 대충 아무렇게나¹⁰⁶⁵⁾ 죄를 처벌하고 법복(法服)¹⁰⁶⁶⁾은 남겨 두면 뒤

에 반드시 그것을 후회할 것이다.)

셋째는 공문(公門)¹⁰⁶⁷⁾을 시끄럽게 하지 않아 쟁송(爭訟)을 줄이기 때

문이다.

넷째는 외부로 내부 사정이 새어 나가지 않도록 하여 종문(宗門)의

기강(紀綱)을 보호하기 때문이다.(원주: 사방에서 찾아와 함께 머무는데 성

인과 범부를 어떻게 판별하겠는가? 본래 여래께서 세상에 나오셨을 때에도

오히려 여섯 무리의 문제아¹⁰⁶⁸⁾들이 있었는데, 하물며 오늘날 상법(像法), 말법

1064) 범단법(梵壇法) : =범단(梵壇). Brahmadanda. 범달(梵怛)이라고도 쓰며, 묵빈(默擯)
이라 번역. 범천법(梵天法)범천치(梵天治)라고도 함. 계율을 어긴 이에 대하여 일종의 처
벌하는 방법. 비구가 계율을 위반하고서도 그에 상당한 벌칙을 받지 아니할 때에 대중은
그와 말도 인사도 왕래도 교회(敎誨)도 하지 않고 외톨이로 만들어 승단(僧團)에서 내쫓
는 법.

1065) 수의(隨宜) : ①마음대로. 좋을 대로. 자유로이. 함부로. 제멋대로 (하다). ②소홀히 하
다. 등한히 하다. 건성으로 하다. 흐리터분하다. 무책임하다. 아무렇게나. 대충.

1066) 법복(法服) : 비구 · 비구니가 입는 의복. 법의(法衣)와 같음.

1067) 공문(公門) : 관청의 문. 관공서.

1068) 육군지당(六群之黨) : 육군비구(六群比丘)와 육군비구니(六群比丘尼). 육군비구(六群
比丘)는 부처님 계실 때에 떼를 지어 나쁜 일을 많이 하던 6인의 악한 비구. 발난타(跋難
陀) · 난타(難陀) · 가류타이(迦留陀夷) · 천노 · 마사 · 불나불(弗那跋). 부처님은 계율의
대부분을 이 6군 비구로 말미암아 정함. 육군비구니(六群比丘尼)는 부처님 계실 때에 6군
비구와 함께 희롱하여 나쁜 짓을 하던 6인의 비구니. 90단타(單墮) 중에 여니동행계(與尼

(末法)의 시대[1069]에 어찌 이러한 무리가 전혀 없을 수 있으랴? 한 승려에게 허물이 있음을 보기만 하면 곧장 천둥이 치듯이 전례(典例)에 따라 꾸짖기만 한다면, 대중을 가벼이 여겨 법을 무너뜨리는 손해가 매우 큼을 전혀 알지 못한 것이다. 오늘날 선문(禪門)에서 만약 조금도 방해(妨害)하는 것이 없다면, 마땅히 백장이 정한 총림(叢林)의 격식(格式)에 의지하여 일을 헤아리고 구분해야 할 것이다. 우선 법을 세우고 삿됨을 방지한다면, 어진 사람이 아니라도 그렇게 할 것이다. 어찌 격식이 있는데 범하는 일이 없겠는가? 범하는 일이 있는데도 가르침이 없을 수는 없다. 오직 백장 선사가 법을 보호한 이익이 클 뿐이로다.)

或有假號竊形混于清衆, 并別致喧撓之事, 卽堂維那檢擧抽下本位掛搭, 擯令出院者, 貴安清衆也. 或彼有所犯, 卽以拄杖杖之, 集衆燒衣鉢道具遣逐, 從偏門而出者, 示恥

同行戒) · 여니동선계(與尼同船戒)는 이 비구니들이 6군 비구와 함께 기약하고 동행하기도 하며, 같이 배를 타고 다니기도 하면서 작난(作難)함을 경계하여 제정한 계율. 4제사니(堤舍尼) 중의 식니지수식계(食尼指授食戒)는 6군 비구니가 여러 비구 중에서 자기와 친한 이에게 좋은 음식을 준 것을 경계하여 제정한 계율. 이 6군 비구니의 이름은 분명하지 아니하나, 아마 6군 비구에 표준하여 명칭을 세운 것인 듯함.

1069) 부처님 열반한 뒤에 교법이 유행하는 시대를 3단으로 나누어, 정법시(正法時) · 상법시(像法時) · 말법시(末法時)로 함. ①정법시는 교법수행증과(證果)의 3법이 완전하게 있는 시대. ②상법시는 증과하는 이는 없으나, 교법수행이 아직 남은 시대. ③말법시는 교법만 있고, 수행증과가 없는 시대. 이 세 시대가 지나면, 교법까지 없어지는 시기가 되니, 이 때를 법멸(法滅) 시대라 함. 석존의 유법(遺法)에 대하여는 말법을 만년이라 함은 같거니와, 정법 · 상법의 시기에 대해서는 다른 말이 있다. 정법 5백년, 상법 1천년 설(說)과 정법 1천년, 상법 5백년 설과 정법 1천년, 상법 1천년 설이 있다.

辱也. 詳此一條制有四益. 一不汚淸衆生恭信故.(三業不善, 不可共住, 準律合用梵壇
法治之者, 當驅出院. 淸衆旣安, 恭信生矣.) 二不毀僧形循佛制故.(隨宜懲罰, 得留
法服, 後必悔之.) 三不擾公門省獄訟故. 四不洩于外護宗綱故.(四來同居, 聖凡孰辨?
且如來應世尙有六群之黨. 況今像末豈得全無? 但見一僧有過, 便雷例譏誚, 殊不知,
以輕衆壞法, 其損甚大. 今禪門若稍無妨害者, 宜依百丈叢林格式量事區分. 且立法
防姦, 不爲賢士然. 寧可有格而無犯? 不可有犯而無敎. 惟百丈禪師護法之益, 其大
矣哉.)

　선문(禪門)이 단독으로 행해진 것은 백장으로부터 말미암는다.

　지금 간략히 그 대강의 요점을 서술하여 후대에 선을 배우는 자들
에게 두루 보여 주는 것은 근본을 잊지 않도록 하려는 것이다.

　그 여러 가지 법도(法度)는 산문(山門)[1070]에 갖추어져 있다.

禪門獨行, 由百丈之始. 今略敍大要遍示後代學者, 令不忘本也. 其諸軌度山門備焉.

1070)　산문(山門) : ①절의 누문(樓門), 곧 삼문(三門)을 말함. ②절의 총칭.